新媒体
运营与推广
从入门到精通（第2版）

黄桓◎编著

清华大学出版社
北京

内 容 简 介

本书是笔者基于新媒体运营方面的经验编写而成的指导书，共包括15章内容，从账号定位、文案写作、图片设计、公众号、大鱼号、头条号、抖音号、快手号、视频号、B站、小红书、短视频、直播营销、商业盈利、学好新媒体等方面进行了全面的讲解，帮助大家快速掌握新媒体运营的技巧和方法。

本书不仅适合新媒体运营新手掌握新媒体各方面的知识点，快速走上新媒体运营之路，而且适合拥有一定运营经验的新媒体运营者提高新媒体发布内容的质量，快速增强新媒体的引流和吸粉能力，为新媒体的带货和盈利创造更好的条件。另外，本书还可作为大专院校营销或传媒专业学生的学习参考教材。

本书封面贴有清华大学出版社防伪标签，无标签者不得销售。
版权所有，侵权必究。举报：010-62782989，beiqinquan@tup.tsinghua.edu.cn。

图书在版编目(CIP)数据

新媒体运营与推广从入门到精通/黄桓编著. —2版. —北京：清华大学出版社，2024.4
ISBN 978-7-302-65842-9

Ⅰ.①新…　Ⅱ.①黄…　Ⅲ.①传播媒介—运营管理　Ⅳ.①G206.2

中国国家版本馆CIP数据核字(2024)第061096号

责任编辑：	张　瑜
封面设计：	杨玉兰
责任校对：	么丽娟
责任印制：	曹婉颖
出版发行：	清华大学出版社
网　　址：	https://www.tup.com.cn, https://www.wqxuetang.com
地　　址：	北京清华大学学研大厦A座　邮　编：100084
社 总 机：	010-83470000　邮　购：010-62786544
投稿与读者服务：	010-62776969, c-service@tup.tsinghua.edu.cn
质量反馈：	010-62772015, zhiliang@tup.tsinghua.edu.cn
印 装 者：	三河市君旺印务有限公司
经　　销：	全国新华书店
开　　本：	170mm×240mm　印　张：15.75　字　数：299千字
版　　次：	2021年4月第1版　2024年4月第2版　印　次：2024年4月第1次印刷
定　　价：	69.80元

产品编号：101851-01

推荐序

移动互联网时代，利用新媒体为企业营销和新零售赋能，成为个人和企业通向财富自由的必由之路。

黄桓老师编著的《新媒体运营与推广从入门到精通》(第2版)，是带领新媒体"小白"从入门成长为"高手"的一本百科全书式的实操手册。

本书以新媒体运营的基本流程——账号定位、平台选择、内容创作、用户研究、粉丝互动、商业盈利为脉络，结合对当前主流的新媒体平台——公众号、大鱼号、头条号、抖音号、快手号、视频号、B站、小红书的流量密码的详细"解密"，为读者清晰、完整地呈现了新媒体运营与推广的底层逻辑和实战方法。

黄桓老师在本书中用言简意赅、深入浅出的文字讲述了干货满满的实用技巧，而且穿插了大量图片和实例加以说明，能够有效地帮助读者提升知识的吸收效率。对于不同文化水平的读者来说，阅读本书不仅不会有沉重的学习压力，而且相反地会对新媒体运营与推广这一领域形成更丰富、更具体的认知。

同时，黄桓老师教授的是思维，是视野，在跟随黄桓老师的方法入门后，实践才是带领每一位读者从入门走向精通的最好方法。在实践中把书读厚、读深，读出自己的感悟和体会，总结出自己的经验和方法，才是本书给读者带来的真正启迪和成长。

陈晞

上海交通大学博士

上海师范大学影视传媒学院副教授

为什么你需要懂一点新媒体

你好，朋友！

现在的你无论是老板、高管，还是年轻的职业经理、职场新人，抑或是想玩新媒体的普通人，我们身处这个日新月异的时代，新的技术与新的观念不断迭代、冲击并改变着每一个人的生活，你、我都会感到莫名的兴奋。与此同时，中华民族五千年积淀下来的深厚的文明底蕴也让我们倍感自信和温暖。

我们生活在人类历史上最和平、最文明、最繁荣的时代，也是最有活力、最有自信、最为渴求繁荣与安定的一个时代。这个时代正以一种超越者的姿态、以堪称全球最快的迭代速度奔向下一个十年，因此，在这个时代里所发生的一切，都以前所有未有的形态呈现在每一个人的面前。

在消费端，我们拥有全球最大的规模效应，商业模式、工作模式和组织模式都在以全球最快的速度演化；而在生产制作和服务的供给端，即将诞生的则是全球最新的产业形态。在这其中，新媒体作为一个非常活跃的因素起到了非常重要的催化剂作用。

作为在移动互联网和新媒体、新零售咨询和培训领域多年的从业者，笔者指导了很多通过新零售商业模式并用新媒体品牌营销实现成功转型的企业。新零售和新媒体的理论与方法在这些企业中的充分应用，使很多企业开始懂得如何玩转新媒体，并以新媒体作为工具和阵地，开展企业品牌营销。

在带领这些企业成长壮大的过程中，笔者深切地感受到新媒体作为一个在移动互联网时代非常有效的品牌营销传播工具，发挥了至关重要的推动作用。

作为企业老板或是企业高管的你，更应该熟悉新媒体知识。新媒体的运营部门在企业里发挥着越来越重要的作用，新媒体营销工具、内容和方法的使用，成为企业继产品研发、生产之后最为核心的企业技能，没有新媒体运营能力的企业不是一个真正现代意义上的企业，更不会具有未来的长久竞争力。

当你知道什么是新媒体及其内在运营规律时，你就能理解现在移动互联网和5G时代最有效的传播工具是什么。与此同时，你还可以洞察年轻的群体在看、在吃、在玩、在学什么，因此你将拥有可以和他们沟通、交流的话语能力，拥有能让他们认可你、喜爱你，并支持你的社交资本，还可以知道他们运用新媒体为企业的品牌营销赋能时为什么会这么想和这么做的思维逻辑。归根结底，你要知道怎么和他们共事，怎么和他们共赢！

作为一位年轻的职业经理或职场新人，你不仅要了解新媒体，还要能玩转新媒体，掌握新媒体的底层规律和实战逻辑。虽然你非常熟悉怎么使用微信、微博、抖音和快手，而且对于最新流行的"网红"、直播、虚拟主持人、5G技术都并不陌生，但除此之外，你还要了解这些新媒体背后运行、发展、传播的规律和逻辑。只有这样，你才能真正玩转新媒体，让它们成为帮助你提升职业能力，积累职业资本的强大工具。

不了解新媒体运营与推广的年轻人，很难成为企业的营销明星和职场达人。相反，当年轻的你能够综合运用新媒体知识为企业的品牌推广和营销服务赋能的时候，你的职业发展道路将会面临多种选择，而且每一种选择都前途无量。

你可以因此成为企业的新媒体总监、销售总监或者销售总经理，甚至你还可以"炒"掉老板，找一家快速成长的企业做一名营销合伙人，或者干脆做自媒体，做一名"网红"或是关键意见领袖，通过与品牌方的合作推广或合作营销，拥有自由职业的你一样可以轻松盈利。

本书凝聚了笔者多年的新媒体理论总结与实战经验，特别是在第1版的基础上，增加了小红书、短视频、直播营销等新内容。

本书在编写过程中，还得到了以下三位同人的帮助，在此深表谢意！

廉小娟：写作小组组长、北大纵横管理咨询合伙人。

樊梵：写作小组组员、新媒体栏目撰稿人、设计师。

王晖：写作小组组员、原迪士尼乐园活动主管、新媒体策划人。

编　者

目录

第1章 账号定位，运营方向............1

1.1 基本介绍，初步了解................2
- 1.1.1 认识新媒体，交流平台......2
- 1.1.2 新媒体营销，简单了解......4

1.2 用户定位，分析市场................4
- 1.2.1 账号定位，明确目的......4
- 1.2.2 用户定位，满足需求......5
- 1.2.3 服务定位，打造特色......6
- 1.2.4 平台定位，决定基调......7

1.3 内容定位，运营基础................8
- 1.3.1 定位方式，吸引关注......8
- 1.3.2 素材来源，助力内容......8
- 1.3.3 内容收集，3个渠道......9
- 1.3.4 内容写作，3个误区......10

第2章 文案写作，内容为王..........13

2.1 爆款标题，10个技巧................14
- 2.1.1 数字符号，利于辨识......14
- 2.1.2 疑问反问，引发思考......14
- 2.1.3 时尚热点，吸引关注......14
- 2.1.4 实用干货，增加收藏......14
- 2.1.5 引用对话，有代入感......15
- 2.1.6 惊喜优惠，吸引注意......15
- 2.1.7 戏剧冲突，制造反差......15
- 2.1.8 好奇悬念，激发渴望......15
- 2.1.9 对比法则，激发兴趣......16
- 2.1.10 对号入座，引发好奇......16

2.2 开头写作，5种方法................16
- 2.2.1 平铺直叙，一气呵成......16
- 2.2.2 指明主旨，干脆爽快......17
- 2.2.3 想象猜测，留下悬念......18
- 2.2.4 分享幽默，拉近距离......18
- 2.2.5 引用名言，吸引眼球......19

2.3 正文写作，4种类型................19
- 2.3.1 情感融入，引起共鸣......19
- 2.3.2 技巧普及，实用为主......20
- 2.3.3 知识展示，专业性强......20
- 2.3.4 促销文案，直白最好......21

2.4 结尾写作，4种方法................21
- 2.4.1 首尾呼应，结构严谨......21
- 2.4.2 抒发情感，以情动人......22
- 2.4.3 祝福用户，传递温暖......22
- 2.4.4 提出号召，产生共鸣......23

2.5 注意事项，3个问题................24
- 2.5.1 提前预览，保证正确......24
- 2.5.2 声明原创，保护权益......24
- 2.5.3 利用连载，迎合习惯......26

第3章 图片设计，迎合喜好..........27

3.1 图片编辑，吸睛技巧................28
- 3.1.1 优质图片，3个特征......28
- 3.1.2 超高颜品，8个要素......28
- 3.1.3 精品美图，4种构图......31
- 3.1.4 图片营销，协助推广......34

3.2 图文排版，提高转发................35

  3.2.1 文章段落，首行缩进......35
  3.2.2 排版要点，加粗调色......36
  3.2.3 文章开头，善用分隔......37
  3.2.4 内部细节，图文搭配......38
  3.2.5 间距问题，内容调整......39
  3.2.6 善用工具，其他编辑器...40

第4章 公众号，享流量红利......41

4.1 创建账号，快速入门......42
  4.1.1 账号注册，拥有专属......42
  4.1.2 账号设置，完善信息......44
4.2 内容管理，增加好感......53
  4.2.1 增加个性，脱颖而出......53
  4.2.2 有实用性，留住用户......54
4.3 搜索运营，吸引用户......54
  4.3.1 抢占入口，两种方法......54
  4.3.2 引导关注，两种方式......55

第5章 大鱼号，创作者天堂......57

5.1 账号入驻，运营前提......58
  5.1.1 入驻规范，遵守要求......58
  5.1.2 注册账号，一步到位......58
  5.1.3 账号信息，修改完善......61
5.2 内容创作，5种形式......65
  5.2.1 创作图文，提高质量......65
  5.2.2 发短视频，获得推荐......66
  5.2.3 发小视频，抢占流量......68
  5.2.4 创作图集，吸引眼球......69
  5.2.5 商品推广，创作技巧......70
5.3 用户增长，增加数量......71
  5.3.1 站内吸粉，平台推广......71
  5.3.2 内容策略，提供价值......71

  5.3.3 关注时事，盯住热点......72

第6章 头条号，获更多盈利......75

6.1 打造账号，助力运营......76
  6.1.1 注册登录，随时随地......76
  6.1.2 信息设置，言简意赅......77
  6.1.3 账号认证，体现价值......79
6.2 五大形式，创作内容......82
  6.2.1 发布文章，规避违规......83
  6.2.2 发微头条，加强互动......84
  6.2.3 创作图集，简单快捷......85
  6.2.4 发小视频，便捷创作......86
  6.2.5 创建音频，不限题材......87
6.3 引导流量，积累用户......88
  6.3.1 视频内容，快速涨粉......88
  6.3.2 头条动态，稳定涨粉......88
  6.3.3 转发抽奖，增强黏性......90
  6.3.4 私信功能，轻松吸粉......92
  6.3.5 互粉互推，合作吸粉......92
  6.3.6 互动话题，内容涨粉......93

第7章 抖音号，受商家青睐......95

7.1 专属账号，信息设置......96
  7.1.1 账号登录，简单直接......96
  7.1.2 修改名字，突出特点......96
  7.1.3 替换头像，展现魅力......98
  7.1.4 填写简介，清晰明了......100
  7.1.5 更换头图，用心运营......100
  7.1.6 其他信息，提高吸引......103
7.2 内容制作，助力运营......104
  7.2.1 拍摄同款，自带流量......104
  7.2.2 选择音乐，增加推荐......105

	7.2.3	转发视频，获取素材......106
7.3	抓住关键，打造爆款...............107
	7.3.1	"惊"到人， 增加点击...................107
	7.3.2	"颜"动人， 增加播放...................108
	7.3.3	"萌"翻人， 一秒吸睛...................108
7.4	账号增粉，实现盈利...............108
	7.4.1	视频引流，优质高效.....109
	7.4.2	直播引流，直接有效.....109
	7.4.3	私信引流，专属流量.....110

第 8 章　快手号，又一流量池..........111

8.1	注册登录，设置信息...............112
	8.1.1	登录账号，无须注册.....112
	8.1.2	设置头像，打造形象.....113
	8.1.3	设置昵称，注意限制.....115
	8.1.4	用户 ID，唯一凭证........116
	8.1.5	封面图片，展示账号.....117
8.2	内容制作，打造爆款...............118
	8.2.1	选择题材，抓住用户.....118
	8.2.2	视频制作，流程简单.....120
8.3	内部增粉，获得流量...............122
	8.3.1	话题标签，开发产品.....122
	8.3.2	快手直播，引导关注.....122
	8.3.3	内容造势，引发围观.....123
	8.3.4	同框视频，借助名人.....123
	8.3.5	作品推广，大量引流.....125

第 9 章　视频号，赢在起跑线........127

| 9.1 | 入驻平台，分享生活...............128 |

	9.1.1	完善信息，做好 "门面"...........................128
	9.1.2	认证账号，赢得推荐.....130
9.2	掌握要点，打造爆款...............132
	9.2.1	找好定位，垂直输出.....132
	9.2.2	满足需求，引起共鸣.....133
	9.2.3	注重原创，运营出路.....134
9.3	遵守规则，规避违规...............135
	9.3.1	账号信息，诱导违规.....135
	9.3.2	权利标识，侵权违规.....135
	9.3.3	搬运视频，作品下架.....136
	9.3.4	其他违规，需要注意.....136
9.4	内部引流，增加粉丝...............137
	9.4.1	"高潮"前置，抓住 用户..............................137
	9.4.2	借势热点，快速涨粉.....138
	9.4.3	添加话题，争取推荐.....138

第 10 章　B 站，更多经济补贴.......141

10.1	打造账号，成为 UP 主............142
	10.1.1	入驻登录，步骤简单...142
	10.1.2	回答转正，成为会员...143
	10.1.3	信息修改，增加吸引...143
	10.1.4	账号认证，增加权重...145
10.2	爆款视频，吸粉绝招...............147
	10.2.1	作品发布，4 种形式....147
	10.2.2	打造爆款，吸引粉丝...151

第 11 章　小红书，百万活跃用户...157

11.1	平台优势，放心之选...............158
	11.1.1	年轻人群，强大驱动...158
	11.1.2	分享生活，定制内容...159

11.1.3 美好真实，多元社区...160
11.1.4 真实口碑，提高信任...161
11.2 商业运作，高效转化...............162
11.2.1 企业运营，专属账号...162
11.2.2 推广合作，广告投放...164
11.2.3 品牌合作，官方认可...165
11.2.4 商家入驻，顺利加入...166
11.3 运营策略，盈利捷径...............168
11.3.1 找到定位，持续曝光...168
11.3.2 平台调性，推荐规则...169
11.3.3 基础技能，互动涨粉...170

第12章 短视频，新流量"巨头"..........................173

12.1 深度解读，推荐机制...............174
12.1.1 算法机制，获得流量...174
12.1.2 抖音算法，精准匹配...174
12.1.3 流量赛马，内容竞赛...175
12.1.4 流量池中，把握机会...176
12.1.5 优质内容，叠加推荐...177
12.2 优化内容，吸引用户...............178
12.2.1 内容定位，精准吸引...178
12.2.2 找关注点，制作视频...179
12.2.3 自身特点，输出内容...179
12.2.4 标准规则，精准把握...180
12.3 爆款内容，快速蹿红...............181
12.3.1 颜值内容，
　　　"一见钟情"...............181
12.3.2 搞笑内容，轻松消遣..182
12.3.3 萌宠内容，治愈心灵...183
12.3.4 专业内容，才艺技能...184
12.3.5 精彩内容，无法言喻...185

12.3.6 情感内容，产生共鸣...185
12.4 创意想法，把握热点...............186
12.4.1 影视混剪，浓缩精华...186
12.4.2 热门话题，精准定位...187
12.4.3 游戏录屏，人气火爆...188
12.4.4 课程教学，分享知识...188
12.4.5 热梗演绎，制造热度...189
12.4.6 节日热点，增加人气...189
12.5 提升流量，增加粉丝...............190
12.5.1 精准流量，利于盈利...191
12.5.2 原创内容，平台鼓励...191
12.5.3 种草视频，独特优势...191
12.5.4 付费工具，引流利器...192
12.5.5 评论功能，方便引流...193
12.5.6 平台热搜，更多曝光...193
12.5.7 矩阵账号，稳定流量...194

第13章 直播营销，用户为主........195

13.1 直播主题，不可或缺...............196
13.1.1 明确目的，做好准备...196
13.1.2 用户为主，迎合口味...197
13.1.3 抓住热点，抢占先机...198
13.1.4 制造噱头，锦上添花...200
13.1.5 围绕特点，展现优势...201
13.2 优质内容，吸引流量...............202
13.2.1 内容包装，增加曝光...202
13.2.2 用户互动，非常关键...203
13.2.3 直播内容，打动人心...203
13.2.4 口碑营销，快速传播...203
13.2.5 病毒营销，广泛传播...204
13.2.6 事件营销，结合热门...204

13.2.7 创意营销，新鲜有趣...205
13.2.8 真实营销，抓住
"痛点"........................205
13.2.9 创新内容，
"无边界"式...........206
13.2.10 增值内容，满足需求.207
13.3 直播推广，7 种方式................207
13.3.1 社交网络，推广预热...208
13.3.2 自身口碑，方便高效...208
13.3.3 论坛推广，内容丰富...209
13.3.4 软文推广，3 种技巧...210
13.3.5 联盟推广，集多平台...211
13.3.6 "地推＋直播"，
新兴推广.....................211
13.3.7 借势造势，联合推广...211

第 14 章　商业盈利，收益增长.......213

14.1 运营盈利，获得收益................214
14.1.1 平台补贴，吸引用户...214
14.1.2 增值插件，添加链接...214
14.1.3 代理运营，另找财路...215
14.1.4 付费会员，获利盈利...215
14.1.5 MCN 模式，IP 聚集....216
14.1.6 账号转让，养号卖号...217
14.1.7 频道电商，精准推荐...217
14.2 内容盈利，灵活运用................218
14.2.1 在线教学，知识付费...218
14.2.2 软文广告，接受度高...219
14.2.3 视频广告，软硬兼施...219

14.2.4 原创认证，获得打赏...220
14.2.5 出版图书，要有实力...221
14.2.6 电商盈利，更具优势...221
14.2.7 第三方支持，
平台合作.....................222

第 15 章　学好新媒体，
做好新零售...................223

15.1 社会化新媒体，数字化
新零售..............................224
15.1.1 新兴媒体，4 个特征....224
15.1.2 创新零售，3 个维度....225
15.1.3 强化体验，最短路径...225
15.1.4 爆品策略，品牌 IP......228
15.2 线上平台，用户引流...............231
15.2.1 新媒体传播，
便捷高效.....................231
15.2.2 关注交互，保持活跃...232
15.2.3 社交认知，制造印象...233
15.2.4 情感认同，交流沟通...233
15.3 线下门店，成交分享...............233
15.3.1 到店停留，体验成交...234
15.3.2 评论分享，忠粉养成...234
15.3.3 私域流量，长期运营...235
15.4 数字化品销，成就未来...........237
15.4.1 矩阵运营，品销合一...237
15.4.2 5G 新媒体，营销元
宇宙.............................238

第 1 章

账号定位，运营方向

学前提示：

新媒体运营者在正式运营账号之前，需要清楚自己到底想要做哪方面的内容，也就是先给账号进行定位，只有明确的定位才能更好地选择内容和制作内容，从而精准地吸引更多的用户，最终达到变现的目的。而且运营者最好做自己擅长的领域，这样后续制作内容时会更方便、更轻松。

要点展示：

➢ 基本介绍，初步了解
➢ 用户定位，分析市场
➢ 内容定位，运营基础

1.1 基本介绍，初步了解

随着移动互联网的迅速发展，新媒体对传统媒体产生了很大的冲击，同时为许多行业的发展提供了新的平台。本节主要带领大家一起走进新媒体，帮助运营者对新媒体的运营和营销进行初步的了解。

1.1.1 认识新媒体，交流平台

．新媒体相对传统媒体而言，它更偏重为用户提供个性化的服务。在注重个性的同时，新媒体也为传播者和用户提供了一个可以交流的平台。如微博、微信等，都属于新媒体。下面，将对新媒体的定义和传播特性进行简要介绍。

1. 定义

目前，业界对新媒体还没有统一、标准的分类规定。具体来说，新媒体的定义主要包括以下两个方面。

- 狭义上，新媒体是继报纸、杂志、广播、电视等传统媒体之后，于最近几年发展起来的一种新的媒体形态，主要包括网络媒体、手机媒体、数字电视等，它是相对传统媒体而言的。
- 广义上，新媒体是指在各种数字技术和网络技术的支持下，通过电脑、手机、数字电视等各种网络终端，向用户提供信息和服务的传播形态，它表现的是一种媒体形态的数字化。

2. 传播特性

无论是报纸、杂志、广播、电视等传统的大众媒体，还是新媒体，它们都有自己独特的传播特性。接下来，将从以下 5 个方面为大家介绍。

1）传播主体多元化

传统的大众传播时代，一般都是媒体单方面地输出信息，用户单方面地接收信息，两者之间缺少互动，大众传媒以传播者身份自居，大众则属于接收者。而新媒体则打破了这种状况，用户不仅可以接收信息，而且可以传播信息。

传播者与接收者之间的身份可以随时相互转化：用户在接收到传播者发布的信息之后，可以以传播者的身份将该信息发布出去，而原来的传播者接收到其他的传播者发布的信息则成为接收者。这样传播者与用户之间的频繁互动，形成了良性循环，用户的参与感更强，运营者也可以随时接收用户的反馈。

2）及时共享信息

新媒体让用户获取信息变得便利。尤其是随着智能手机的发展和普及，用户可以随时随地获取各类信息，增加自己对世界和对社会环境的认知，然后及时发表个

人的观点和评价。

可以说，新媒体对用户来说是一个信息共享的平台，用户可以将信息发布出去与他人共享。例如，百度文库就是一个可供用户分享文档的开放平台，该平台上的文档都是用户上传提供的，其他用户可以在线阅读或者下载阅读。图1-1所示为用户通过百度文库平台分享的文章内容。

图1-1　用户通过百度文库平台分享的文章内容

3）即时传播

随着5G时代的到来，新媒体运营者可以更快速、更方便地将信息第一时间发送出去，用户也可以更便捷地在第一时间接收到信息，可以说，信息是直达用户的。新媒体打破了传统媒体时间上的限制，信息传播的时效性大为增强，有时用户甚至可以参与到新闻信息的采集、加工、制作及后期的编辑等一系列活动中。

4）个性化信息服务

传统媒体对用户进行的是"同质化传播"，用户的地位比较低，自主选择的范围也比较小。而新媒体时代，不仅信息的内容多样化，而且用户的地位与个性也得到体现，他们可以根据自己的需求和喜好在海量的信息中选择自己感兴趣的内容。

随着新媒体技术的发展与进步，运营者开始对用户进行细分，为不同个性的用户提供相应的个性化产品和服务，他们更加注重用户的个性化体验。

5）信息碎片化

新媒体的出现带来了海量的传播信息，而且信息的表现形式多种多样，集文字、图片、视频、音频于一身，给用户带来了更好的体验。但是，这其中的大部分信息都没有经过编辑、整合，仅是零散地堆砌在一起。因此，信息的碎片化使信息缺乏深度和逻辑性，导致内容浅薄偏向娱乐化。

1.1.2 新媒体营销，简单了解

随着新媒体的不断发展与进步，运营者的营销思维也发生了很大的改变，开始更加注重与用户之间的互动和沟通，新媒体营销也应运而生。所谓新媒体营销，就是企业通过新媒体渠道进行的营销活动，属于企业营销战略的一种，是企业重要的营销方式，它加强了与目标用户的沟通，营销的效果更佳。

百度为新媒体营销作出的定义是：新媒体营销是指利用新媒体平台进行营销的模式，就目前行业的发展来说，最具代表性的新媒体营销方式当数手机媒体、交互式网络电视（Internet Protocol Television，IPTV）、移动电视、微博、微信、抖音、快手、小红书等。其中，抖音、快手、小红书在新媒体营销领域发展得尤为迅速。

1.2 用户定位，分析市场

移动互联网时代，新媒体营销推广已成为一种新的营销方式，它能为企业带来巨大的利益，主要包括直接经济效益和无形影响力。而在进行营销推广前，运营者首先需要对其推广的内容进行定位，分析自己的用户喜欢什么样的内容。

1.2.1 账号定位，明确目的

在进行账号定位之前，新媒体运营者需要先明确账号定位的关键点，明确了定位的关键点之后，运营者再次给账号定位时，思路会更加清晰。因此，账号定位之前运营者需要认真思考营销类型和运用方向两个问题，如图1-2所示。

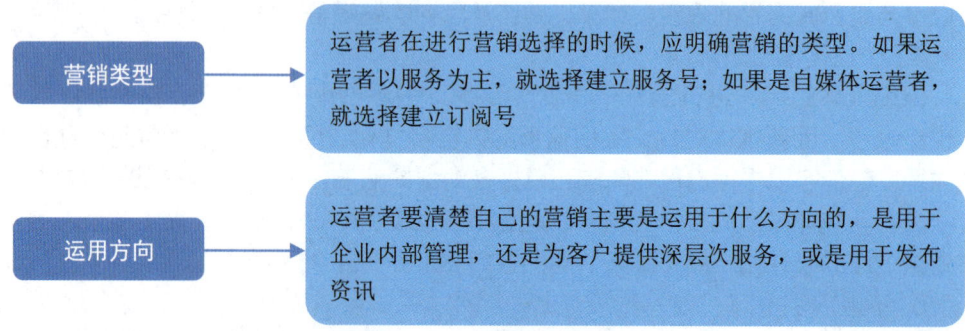

图1-2 账号定位之前的思考

运营者除了要明确自己营销的类型和方向之外，还要明确目的，要清楚自己通

过营销能够得到什么，因为只有运营者清楚自己想要得到什么，才能有选择的依据和方向。

1.2.2 用户定位，满足需求

运营者在运营和营销的过程中，用户定位至关重要。运营者只有了解了自己的目标用户，才能根据这些用户的需求制作出相应的内容，达到最好的营销效果。目标用户定位主要做两件事。

- 第一件事是了解自己的目标用户是谁。
- 第二件事是了解这些目标群体的主要特征。

运营者做好用户定位，对后面的服务定位和平台定位都是有好处的。通常，运营者在对目标群体特征进行分析时，主要从属性和行为两个方面入手，如图1-3所示。

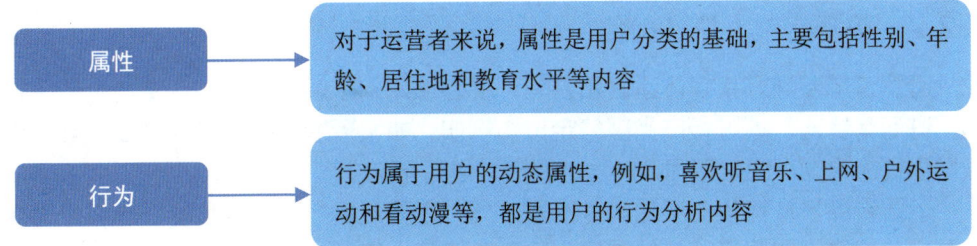

图1-3　对目标群体特征分析的入手点

除此之外，一个优秀的新媒体运营者，还需要对目标用户进行简单的群体特征分析，群体特征分析主要从感同身受性、目标性和应用性3个特性入手，如图1-4所示。

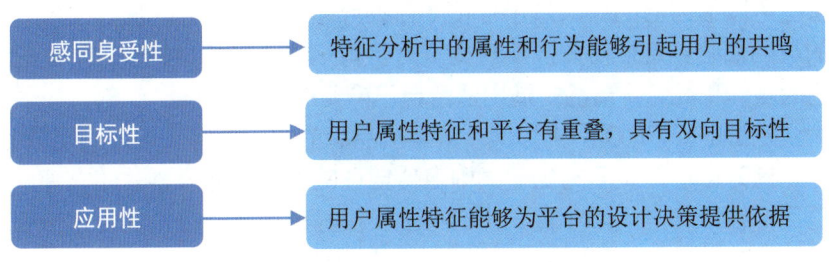

图1-4　群体特征分析的几个特性

了解了目标群体特征分析的内容，下面向大家介绍目标用户定位的流程。通常来说，对目标用户的定位需要收集信息、分类和实现定位3个步骤，如图1-5所示。

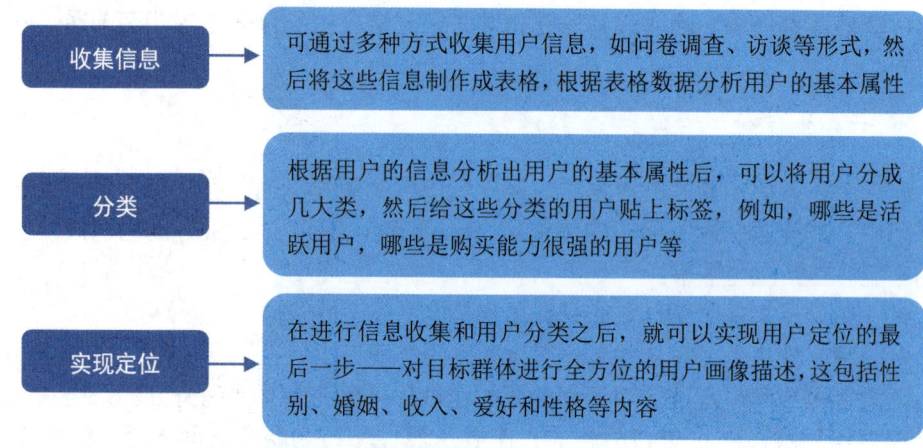

图 1-5 对目标用户定位的 3 个步骤

1.2.3 服务定位，打造特色

运营者想要做好新媒体运营和营销，就必须深入了解自己的产业特色、产品特色，进而有针对性地进行产品服务定位。例如，如果运营者是手机生产商，就应该根据手机的功能，锁定不同年龄层的用户，进行精准化营销和宣传。

运营者除了从竞争对手的角度出发之外，还要从目标用户的角度提炼用户喜爱的差异化服务。如果运营者的差异化服务不是用户需要的，那么即使提供了相关服务，用户可能也不会接受。

互联网时代，在新媒体平台竞争激烈的背景下，运营者想要抢占运营和营销高地，希望自己运营的账号在新媒体平台上脱颖而出，就必须打造出独具特色的新媒体账号。那么，如何去打造呢？

运营者可以给自己的新媒体账号和产品进行差异化的产品和服务定位。而进行差异化的产品和服务定位首先需要对竞争对手有一定的了解，其次分析自己与竞争对手之间的差异和优势，最后打造出适合自己需要的特色服务。

以大众熟悉的 OPPO 手机为例，该手机品牌的宣传抛弃了"广撒网"的方针，并且巧妙地避开自己的竞争劣势，集中宣传自己的优势，如像素、闪充等。品牌方将自己的目标客户瞄准到偏年青一代的身上，很好地把握年轻人的心理特征，提供属于自己品牌的产品和服务特色。

图 1-6 所示为 OPPO 手机的微信公众平台的相关服务和微商城，OPPO 通过该微信平台推出自己的新款产品及抽奖活动。用户可以通过该平台直接进入 OPPO 商城选择自己满意的产品，因此该平台受到不少用户的喜爱。

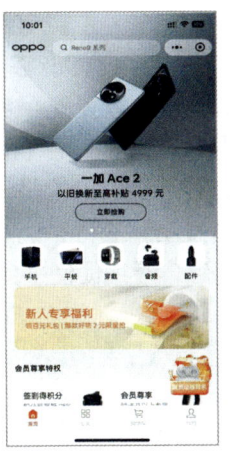

图 1-6 OPPO 手机的微信公众平台的相关服务和微商城

1.2.4 平台定位,决定基调

新媒体运营之前,运营者首先应该确定的是,自己所要运营的平台是一个什么类型的平台,以此来决定平台的基调。平台的基调主要包括 5 种类型,分别是学术型、媒体型、服务型、创意型及恶搞型。

新媒体运营者在进行平台定位时,应该根据自身条件选择具有不同优势和特点的平台类型,具体包括以下两种类型。

(1)自身有足够影响力的平台类型,其特点如下。

- 账号质量比较高。
- 目标用户比较集中。
- 运营稳定性比较强。
- 大部分内容属于干货和学术类。

(2)足够特别的平台类型,运营者只需找到一个最佳的切入口,做该领域的意见领袖。

在新媒体运营中,企业、机构和个人平台运营者主要可通过"网红"、"90 后"创业奇才、行业意见领袖、BAT 背景及学术类这 5 种途径更好地进行新媒体账号的运营。

专家提醒

　　BAT,是中国三大互联网公司百度公司(Baidu)、阿里巴巴集团(Alibaba)、腾讯公司(Tencent)首字母的缩写。

另外，在进行平台定位、选择何种平台类型的同时，运营者还应该对平台的自定义菜单进行相应的规划，以便能够清楚地让用户知道"平台有什么"。对自定义菜单进行规划，究其实质，就是对平台功能进行规划，可以从 4 个维度进行思考和安排，分别是目标用户、用户使用场景、用户需求和平台特性。

值得注意的是，做好平台定位是非常重要的，因此运营者要认真对待，只有做好了平台定位，并对其基调进行了确定，才能为下一步要进行的用户运营和内容运营策略打下坚实的基础，最终促使平台更好地发展。

1.3 内容定位，运营基础

不论运营者运营的是哪一个新媒体平台，内容定位都是运营者需要解决的一个问题。首先，运营者需要清楚自己账号的内容定位是什么，一个好的内容定位是账号运营成功的基础；其次，运营者需要考虑自己应该选择什么样的内容；最后，运营者需要思考自己的内容素材从哪里来，是自己拍摄视频，还是购买有版权的素材，抑或是建立团队来制作素材。

1.3.1 定位方式，吸引关注

互联网和移动互联网作为一种新的信息传播媒介，它对运营内容的定位要求是很严格的，不仅要求内容包罗万象，还要通过多种信息载体和多种媒体形式来传达信息。在网络上，运营者展示内容的方式有文本、图片和视频等。然而，很多运营者既不知道如何对内容进行定位，也不知道要播放什么样的内容才能吸引人。

运营者想要做好新媒体运营和营销的内容定位，首先要对内容的表现形式进行选择。运营者只用文本、图片和视频等方式展示内容是完全不够的，而想要通过更独特的方式去展示内容，就要对展示平台有一定的了解。

例如，有的运营者通过炫酷、有趣的 HTML5（HyperText Markup Language 5，Web 中核心语言 HTML 的规范）等方式展示内容，还有的运营者通过语音，每天推送一段带有关键信息的语音内容。

1.3.2 素材来源，助力内容

对于新媒体平台来说，不可能每一条图文消息都是原创的，这样既浪费时间又浪费精力。因此，运营者如果要获得更多的素材，就必须了解几个合适的素材来源网站。比如以下两个素材来源网站，如图 1-7 所示。

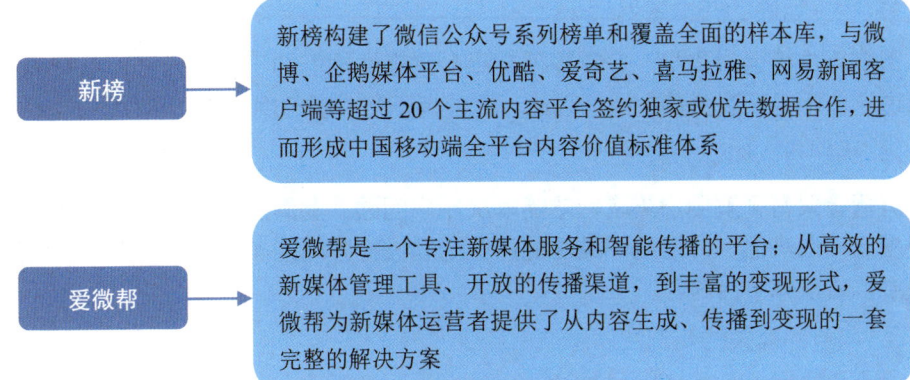

图 1-7 可提供素材的网站

1.3.3 内容收集，3 个渠道

运营者除了要从相关网站上获取素材外，还应该从多个渠道获取内容。也就是说，在编辑内容之前，运营者需要先了解内容有哪些来源渠道，从而决定向哪些人群收集平台的内容。新媒体内容可以从以下 3 个渠道进行收集，如图 1-8 所示。

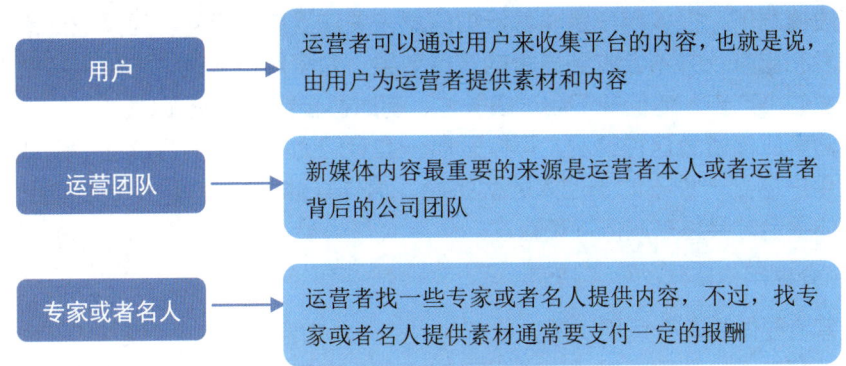

图 1-8 平台内容的提供者

从市面上已经在运营的新媒体平台来看，很多运营者对新媒体账号的运营就是简单建个账号，然后发一些与自己产品有关的广告内容，通常这种纯广告式的新媒体平台是没有什么价值的，且用户的关注度也不高。

建立在满足用户需求上的内容会更加吸引人。因此，新媒体运营者发布的内容应满足用户的需求，这样才能达到预期的效果。那么，关于新媒体平台内容的收集一般有哪些方法呢？以下总结了 5 点，具体介绍如下。

1. 用户反映的有关感受

很多用户会通过微信、QQ 等社交平台来表达他们的不满，当然，也有很多用户通过这些平台表达赞美之情。因此，运营者千万不能忽视这个环节，要加以利用。

2. 用户行为体现的需求

运营者只有了解用户需求，才能解决用户问题。要清楚用户在表达什么，留意用户搜索什么产品，并把用户关注的这些问题进行分门别类的整理，然后针对这些问题制作新媒体平台内容。

3. 与产品有关的知识性信息

通常，一段干巴巴的产品介绍、产品说明是无法吸引用户眼球的。这就要求运营者对所推销的产品进行知识延展。

很多用户喜欢具有知识性的信息。以酒业为例，运营者如果要推销他们的酒，不能只介绍酒的成分、酒精度是多少、口感如何等信息。这些信息固然重要，但是用户更想了解关于酿酒方面的知识，或是关于酒的悠久历史，或是关于品酒的小技巧，抑或是储存方法等。

4. 带给人优待感的优惠信息

一般情况下，很多用户是冲着折扣信息去关注品牌信息的，但是把促销信息一窝蜂地发布出来，并不会收到显著的宣传效果。对于用户来说，这种内容就像街头路边散发的小广告，他们并不会过多关注，有时甚至会感到厌烦。

运营者应该避免这种情况，可以开展一些专门为平台会员打造的活动或优惠活动，让用户感到一种不同于他人的优待感。这样，他们才会有一种被重视的感觉，对新媒体平台才会越来越依赖和喜欢。

5. 分享用户喜欢的他人资源

运营者要做到善于运用资源，分享他人的精华内容来增加平台素材的来源渠道。因此，运营者可以从网上摘录一些经典的文章分享在自己的新媒体平台上，或者收集一些网上最新、最热门的段子，以此迎合用户的喜好。但是，运营者在将这些文章、段子转发到自己平台上时一定要记得注明文章和段子的来源，以免侵权。

1.3.4 内容写作，3 个误区

随着互联网和移动互联网时代的到来，各种营销信息也随之泛滥，太多没有价值的垃圾信息混杂进来，进入大众的视线，占用大众的时间。要想让自己的内容能吸引用户阅读，避开内容写作的误区是至关重要的。新媒体平台内容写作需避开三个误区，具体介绍如下。

1. 无创新——内容千篇一律

运营者创作新媒体文案的目的只有一个，那就是获取更多用户的关注，在平台文章中植入广告也是为了借助内容推销产品。据了解，大多数的运营者把自己的平台文章内容编写成了"路边的宣传单"。

如果运营者的平台内容千篇一律，没有新意，没有趣味，没有实用价值，用户群体是不会关注的，运营者的预期宣传效果也就无法获得。

2. 太烦琐——信息推送过多

新媒体平台推送信息的到达率很高，特别是微信公众号，它的推送信息到达率可以达到百分之百。因此，运营者乐此不疲地推送过多的信息，造成"轰炸"之势，以为这样就能博取用户的青睐。实际上，这些运营者忽略了阅读率，用户群体虽然收到了这些平台的消息，但他们并不会对每一个信息都点开进行查看。

过多的垃圾信息可能会使用户产生逆反心理，不去翻阅，因此，运营者的很多消息并没有真正被用户接受。

3. 无技巧——广告硬性植入

很多运营者的用户人数众多，他们急于宣传，于是在平台信息中硬性植入广告——对技巧和内容的要求相对较低，而且没有技术含量，完全没有考虑用户的感受。事实上，这种广告也不会收到什么效果，只会让用户厌烦，甚至取消关注，最后，运营者得不偿失。

第 2 章

文案写作,内容为王

学前提示:

对于新媒体运营者来说,文案写作是重要的环节,文案的好坏可以决定账号的吸粉能力,甚至影响后期账号的商业变现。

在内容为王的时代,新媒体运营者需要加强在文案写作方面的能力,本章以微信公众号为例,从标题、开头、正文和结尾4个方面具体分析文案写作的方法,希望能帮到大家。

要点展示:

- 爆款标题,10 个技巧
- 开头写作,5 种方法
- 正文写作,4 种类型
- 结尾写作,4 种方法
- 注意事项,3 个问题

2.1 爆款标题，10 个技巧

一篇文章推送之后，通常分享率很高，但是阅读率很低，这种情况的出现，可能使运营者辛辛苦苦写了几千字的文章，质量虽然得到了用户的认可，却败在了十几个字的标题上。因此，新媒体运营者首先要做的是让标题能吸引人的眼球，如果一个标题不能在 3 秒内吸引用户点开文章，那么这篇文章将很难被用户阅读，更不用说分享给其他用户了。因此，标题对于新媒体文章的重要性不言自明。

本节结合以往公众号的标题方法论，总结了 10 个爆款标题的写作技巧，希望能让运营者的文章标题多一些吸引力。

2.1.1 数字符号，利于辨识

例如，《100 个行动，也无法挽救 1 个错误的决策》《30 年前的中国电影，曾如此辉煌》这两个标题，大家首先看到的就是数字，因为，我们的大脑会优先识别数字。在标题中使用数字，能够增加标题的辨识度。

一般来说，带有数字符号的文章让人觉得信息量大。数字的魅力在于能够很好地去总结和概括，进而激发用户打开文章获取有价值信息的欲望，并且简单明了，非常有利于手机阅读。

2.1.2 疑问反问，引发思考

疑问句式的标题可以很好地引发用户的好奇，如果恰好用户也想知道答案，就会点击阅读。如果标题中反问的语气更强烈一些，往往会打破用户的过往认知和思维误区，引发用户的思考。

大家可以通过以下两个标题具体感受一下，《凌晨三点，一个男人惹哭朋友圈：我们要多努力，才配拥有生活？》《容易分手的恋爱关系，问题都出在哪里？》。

2.1.3 时尚热点，吸引关注

现在流量当道，"名人效应"产生的话题量不可小觑，借助这些名人或者一些知名机构发出声音，能够很好地吸引用户的关注。因为，这些名人自带流量，当你将他们的名字写入标题时，就能够引起其他用户的好奇，大部分人都有想知道名人背后故事的欲望。

2.1.4 实用干货，增加收藏

干货类标题的收藏量和阅读量较高，都是要告诉用户这篇文章里有解决问题的方法。总结、梳理某个细分领域的内容，将文章中的知识进行提炼，让用户一眼看去就觉得这篇文章有满满的干货，而且还能节约时间，提高阅读效率。

诸如"8个规律""一篇长文""10 分钟""22 条结论""4 个问题"都用数字体现了非常清晰的利益点。如《仅需 3 招，让 PPT 变得更有设计感！》《10 分钟快速画分镜的 7 个技巧》。

2.1.5　引用对话，有代入感

引用对话是让标题产生共鸣的一种常用方式。而引用对话最简便、最快捷的方法就是把"你""我"这两个字加进去。这种对话可以是好友间的对话，好像用户就在运营者的对面，非常有代入感，仿佛这篇文章是专门写给他看的。如《你的情绪状态，就是身体姿态》。

还有一种目前微信常用的对话形式，就是以吐槽回击的方式去喊话。这种语调让用户看了觉得非常有趣，带着"看好戏"的心情点开内容。如《会 Python 了不起吗？是的，简直开挂！》《"女孩子不要太辛苦？""然后呢？"》。

2.1.6　惊喜优惠，吸引注意

优惠类标题是运营者最常用的标题，很多运营者都是放一条促销信息，再加一句煽动号召。我们在写优惠标题的时候，首先要告诉用户产品的最大亮点：人气旺，销量高，明星青睐，媲美大牌等；其次营造稀缺感，激发用户希望得到优惠的心理。

例如，原标题为《欧美当红款包包超低价秒杀中》，修改之后的标题为《INS 上晒疯了的设计师包包，居然只要 1 元钱》。通过对比这两个标题，可以明显看出，修改之后的标题比原标题更能吸引用户的注意力。

2.1.7　戏剧冲突，制造反差

戏剧化的核心就是制造矛盾，制造冲突，制造反差，这个技巧最常用于故事型标题。某个人有种种矛盾的标签，或者在极端艰难、戏剧化的场景下做了一些反差非常大的事情。如《同事眼中的"愚蠢的绝招"，让他成为这个月的销售冠军》《"你姐好像比你年轻""那是我妈！"》。

2.1.8　好奇悬念，激发渴望

当用户的好奇心被激发之后，运营者往往不是立即揭示答案，而是开始叙述一个看上去不相关的话题。本来对方注意力已经被你吸引过来了，心中有悬念，但你没有直接揭示，那么用户对答案的渴望就会增强。

而这些在文章标题中的表现就是标题激发了用户的好奇心，却不揭示答案，故意遗漏一部分信息，吸引用户点开文章。如《还没等 5000 亿元赌王遗产分清楚，最大赢家早已诞生……》《保持青春不显老的秘密你一定不知道……》《跟风买这些

口红，你只会越来越丑！》。

2.1.9 对比法则，激发兴趣

对比法则，激发兴趣类标题主要是以产品或者观念的差异为出发点，通过数字对比、矛盾体对比、与常识相违背等方法制造冲突和比较。

在标题里通过比较，放大描述对象某一方面的特点，看上去似乎有点夸张但又不觉得浮夸，让用户更有想进一步了解的欲望。如《听完这首英文歌，我把手机里其他歌曲都删了！》《它甜过世界上99%的水果，慕斯般口感好迷人》《天气炎热防蟑螂妙招！无毒无害，比杀虫剂还管用》。

2.1.10 对号入座，引发好奇

一般来说，用户对与自己有关系的东西都会多看一眼。这个"对号入座"可以是自己，也可以是你熟悉的一类人。如《属兔的人鲜为人知的优点！》《长相一般，怎样逆袭成为美女？》。

以上为10个写爆款标题的技巧，希望这些技巧能极大提高文章标题的点击率，让那些高质量的文章点击率更上一层楼。总而言之，一个好的标题就是要让有价值的信息无阻碍传播。

2.2 开头写作，5种方法

对于一篇文章来说，开头的重要性仅次于文章标题及文章主旨。因此，我们在写文章的时候，一定要注意在开头就吸引用户的注意力。只有这样，才能让用户有继续阅读下去的欲望。可见，正文的开头很重要，它决定了用户对这篇文章内容的第一印象，因此运营者对它要极为重视。

2.2.1 平铺直叙，一气呵成

平铺直叙开头法也称为波澜不惊开头法，即在撰写正文开头时，把一件事情或者故事从头到尾、一气呵成地说出来，也有人把这样的方式叫作记流水账。图2-1所示为采用平铺直叙开头法的文案。

平铺直叙型的方式，正文中使用得并不多，它更多的还是运用于媒体发布的新闻稿中。但有些时候，在文案的开头也可以选择使用这种类型的写作方法，例如，重大事件或者名人、明星等的介绍，通过正文表现出来的重大吸引力来吸引用户继续阅读文章。

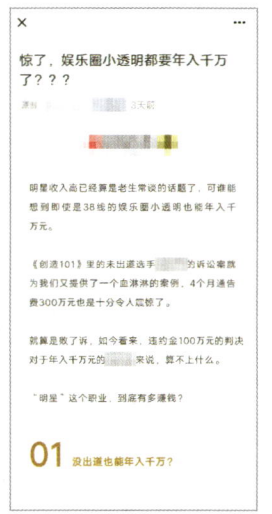 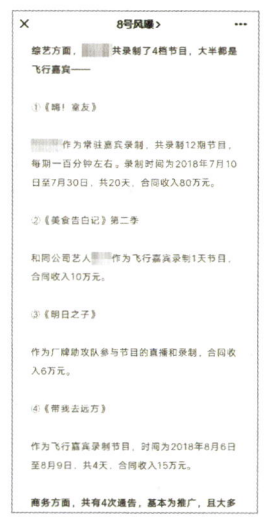

(a)   (b)

图 2-1 采用平铺直叙开头法的文案

2.2.2 指明主旨，干脆爽快

图 2-2 所示为采用指明主旨开头法的文案，作者巧妙地在文章起始部分便揭示了全文的核心主题，并以此为基础，逐步展开详细论述。这种方法有助于读者迅速把握文章的中心思想，并跟随作者的思路进行深入理解。

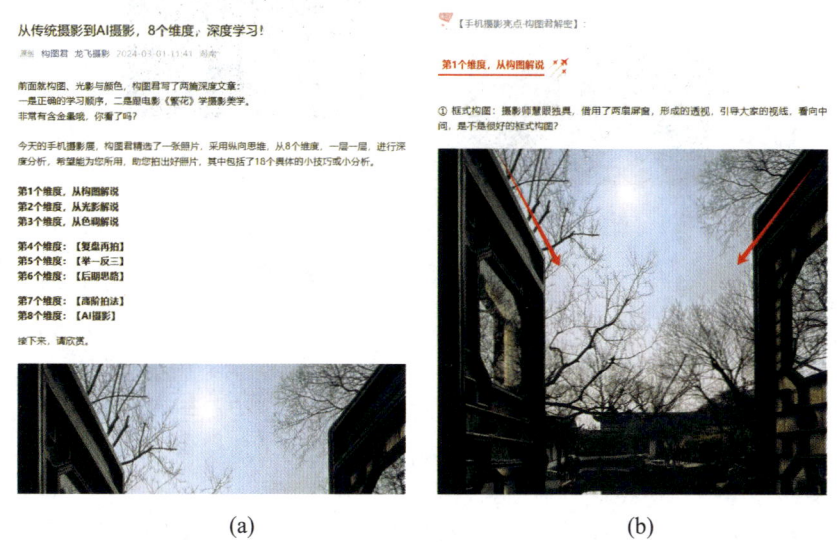

(a)   (b)

图 2-2 采用指明主旨开头法的文案

第 2 章 文案写作，内容为王

17

另外，在使用指明主旨开头法时，运营者需要注意以下两个方面的内容。
- 文章编辑应使用朴实、简洁的语言，直接将自己想要表达的内容写出来，不要故弄玄虚。
- 正文的主题或者事件必须足够吸引人，如果主题或者要表达的事件没办法快速地吸引用户，那么指明主旨开头法尽量不要使用。

2.2.3 想象猜测，留下悬念

在写想象猜测类的文案开头时，可以稍微运用一些夸张的写法，但也不要太过夸张。想象猜测类的文案一般以写实和拟人为主，让用户在看到文字的第一眼就能展开丰富的联想，即可猜测接下来的文章中会发生什么，从而产生强烈的继续阅读文章的欲望。另外，还要注意的就是，开头必须有一些悬念，给用户想象的空间，最好是可以引导用户进行思考。图 2-3 所示为采用想象猜测开头法的文案。

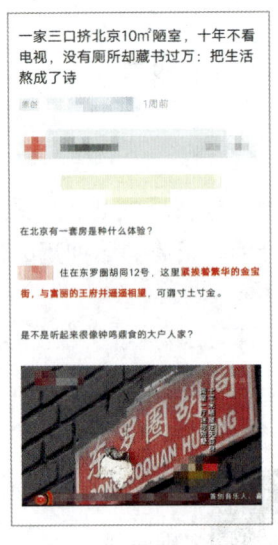
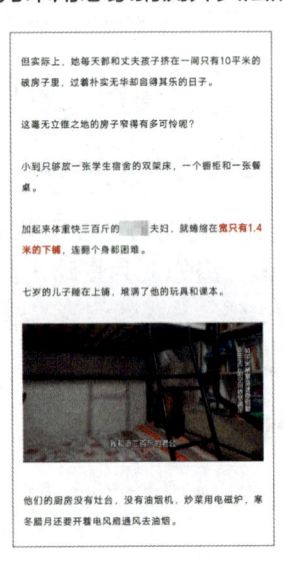

(a)　　　　　　　　　　(b)

图 2-3　采用想象猜测开头法的文案

2.2.4 分享幽默，拉近距离

幽默是与他人沟通时最好的催化剂，能够快速搭建自己与对方的桥梁，拉近彼此的距离。幽默的特点就是令人高兴、愉悦。我们如果能够将这一方法运用到文章正文开头的写作中，将会取得不错的效果。

在各新媒体平台上，很多运营者会选择用一些幽默、有趣的故事作为文章的开头，吸引用户的注意力。相信人们都喜欢看可以给自己带来快乐的东西，这就是幽默故事分享型正文开头的意义。

2.2.5　引用名言，吸引眼球

使用名言名句开头的文章，一般会更容易吸引用户的眼球。因此，我们在写作的时候，可以选择一些与文章主题相关的名人名言或者是经典语录。

文章的开头，如果能用一些既简单、精练，又紧扣文章主题并且意蕴丰富的语句，或者使用名人名言、民间谚语、诗词歌赋等，就能使文章更有内涵。而且这种写法更能吸引用户的注意力，提高文章的可读性，以及更好地凸显文章的主旨和情感。

图 2-4 所示为引用名言开头法的文案。该篇文案开头引用《三字经》和马克·吐温的名言来说明善良的重要性。除了用名言名句，还可以使用一些富于哲理的小故事作为文章正文的开头。小故事一般都很简短但是富有吸引力，能很好地引起用户的兴趣。

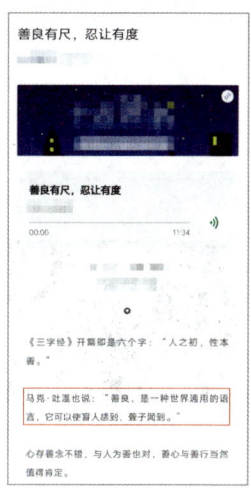
(a)

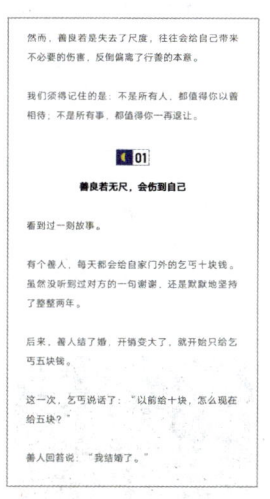
(b)

图 2-4　引用名言开头法的文案

2.3　正文写作，4 种类型

介绍了新媒体平台文案的开头写作技巧之后，本节将为大家介绍正文多种多样的写作类型。

2.3.1　情感融入，引起共鸣

情感的抒发和表达已经成为新媒体营销的重要途径和手段，融入了情感的文案正文可以更好地满足用户的心理需求和情感需求两个方面，一篇有情感价值的文章经常能使很多用户产生共鸣，从而增加用户对品牌的归属感、认同感和依赖感。

情感消费和用户的情绪挂钩，一篇好的文章主要是通过文字和图片的组合写出动人的故事，再通过故事调动用户的情绪。可以说，情感消费是一种基于个人主观想法的消费方式，这类消费人群最关注自己的精神世界与情感需要这两个方面的需求。

因此，写情感类的文章，尽量起到某一方面的作用，即与用户有相同的思想情感内容，能启发用户的智慧和引导思考，具备能产生激励用户感情的作用。

2.3.2 技巧普及，实用为主

技巧普及的正文是指文章以向用户普及一些有用的小知识、小技巧为主题。很多行业的产品都非常适合用这类正文来进行宣传、推广，如某类软件使用方法、生活中某类需要掌握的小技巧等。图 2-5 所示为技巧普及类正文。

(a)　　　　　　　　　(b)

图 2-5　技巧普及类正文

2.3.3 知识展示，专业性强

对于专业性比较强的产品，可以运用知识展示的正文内容来吸引用户的眼球。而且对于特定人群来说，这类文章的内容具有较强的专业性，具有很强的内容可读性。

图 2-6 所示为知识展示类正文，该文案是围绕手机摄影而展开的知识性问题的解答，从专业的角度来解答相关的问题。

 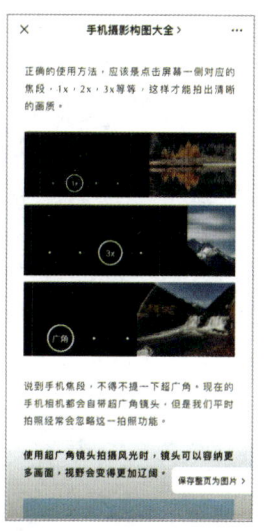

(a)   (b)

图 2-6　知识展示类正文

2.3.4　促销文案，直白最好

促销类文案是一种比较直白的推广文案，它是新媒体运营者用得比较多的一种软广告植入文章营销的方法。一般来说，促销类文案的正文有以下两种形式。

- 纯文字形式：依靠文字向用户推荐品牌或活动的内容、时间等信息。
- 图片搭配促销标签的形式：在产品的图片上或者是活动的图片上，搭配一些促销标签，从而促使用户产生购买欲望。

除了撰写方法外，撰写促销类文案的正文还要注意以下两点，一是不要做没有计划性的创作，因为这样做不仅没有自己的特色，还很容易遭到用户的忽视；二是切忌虚假宣传，一定要实事求是地进行促销类文案的撰写。

2.4　结尾写作，4 种方法

一篇优秀的文案，不仅需要一个好的开头和正文内容，也需要一个符合用户需求、有品位的结尾。那么，一篇优秀的文案结尾该如何写呢？本节将为大家介绍几种实用的文案结尾写作方法。

2.4.1　首尾呼应，结构严谨

首尾呼应法，就是常说的要在文章的结尾点题。这样的结尾法具有非常大的优势，它能够凭借其严谨的文章结构、鲜明的主题思想，给用户留下深刻的印象，引发用户对文章中提到的内容进行思考。

具体来说，在进行文章撰写的时候，如果使用这种方法结尾，就必须做到首尾呼应，文章开头提过的内容、观点在正文结尾的时候要再提一次。

基于此，首尾呼应的写法一般采用的都是总—分—总结构的写作方式。图2-7所示为一篇题为《什么叫"自律"？就是将这两件事做到极致》的文案。

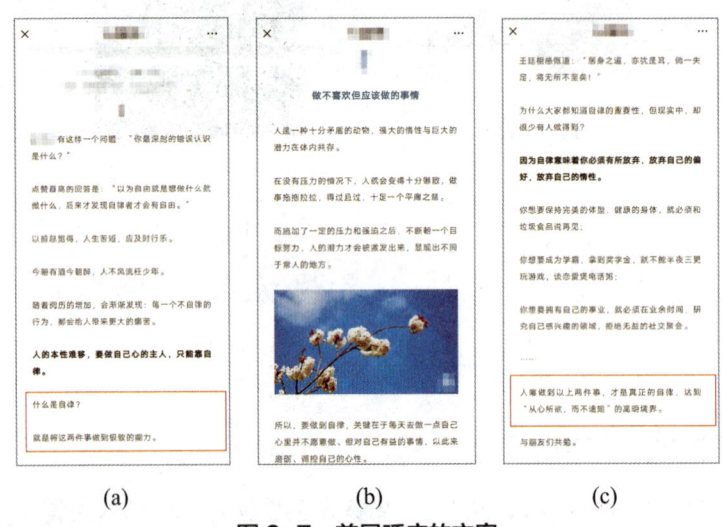

图2-7　首尾呼应的文案

此文案采用的就是总—分—总结构的首尾呼应的写作方式。文章首先在开头点出了该篇文案的主题是自律；其次对这个主题用一些个例进行具体论述介绍；最后在结尾进行总结升华，首尾呼应。

2.4.2　抒发情感，以情动人

前文已经提到，在文案正文中融入情感是一种非常重要且很必要的写作方法。其实，如果把这一理念应用到结尾，就可以让情感进一步得到升华，真正实现以情动人的目的。在结尾抒情的时候，运营者完全没有必要刻意地追求华丽的辞藻、激情的话语，只要能把自己的真实情感抒发出来，就能打动读者，让文案完美收尾。

使用抒情法来写作文章的结尾，通常较多地用于写人、记事、描述等类型的平台文案中。这类文案结尾的写法有一个非常关键的点，那就是运营者在写作的时候一定要将自己心中的真实情感抒发出来，这样才能激起用户情感的波澜，引起用户的共鸣。

2.4.3　祝福用户，传递温暖

祝福法是很多文案撰写者在文章结尾时使用的一种方法，因为这种祝福的内容，能够给用户传递一份温暖，让用户阅读完文章后，感受到蕴含其中的关心与爱护。这也是能够打动用户内心，进而达到以情动人目的的一种文章结尾方法。图 2-8 所示为以祝福法结尾的文案。

 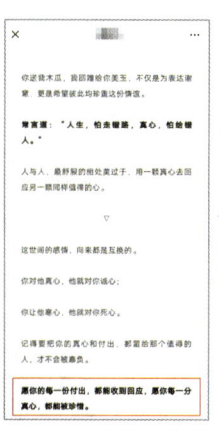

(a)　　　　　　　　(b)

图 2-8　以祝福法结尾的文案

2.4.4　提出号召，产生共鸣

运营者如果想让用户加入某项活动，可以使用号召法撰写文章的结尾。很多公益性平台账号推送的文章中，也有比较多的文章会使用这种方法结尾。号召法结尾的文章能够使用户阅读完文章后，对文章的内容产生共鸣，从而产生一种想加入某项活动的意愿，图 2-9 所示为以号召法结尾的文案。

(a)　　　　　　　　(b)

图 2-9　以号召法结尾的文案

2.5 注意事项，3个问题

运营者写好文案内容，只是完成了爆款文案的写作环节，而要想真正让文案变成爆款文案，还需要运营者通过适当的渠道把它们推送出去。因此，运营者在发布内容之前，还应该注意一些发布过程中可能会出现的问题。

2.5.1 提前预览，保证正确

在众多平台上，运营者编辑完文案内容后都会有一个"预览"按钮，运营者可以点击该按钮预览。且预览的方式也是多种多样的，既有手机端、PC端等不同的客户端预览，也有分享到朋友圈、发送给朋友等预览。预览文章内容的作用，如图2-10所示。

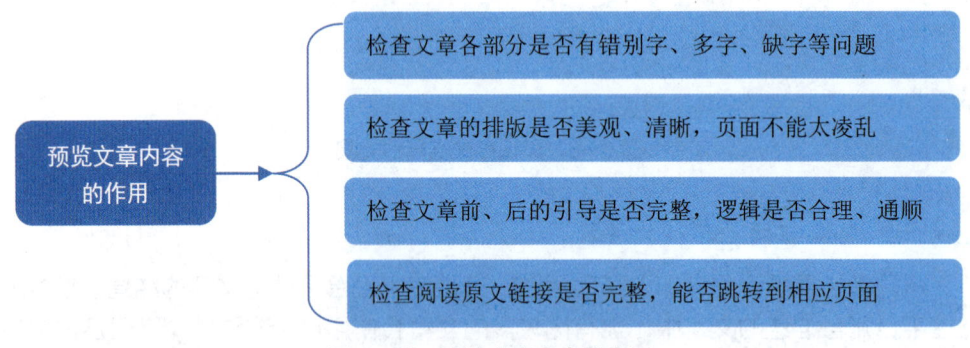

图 2-10　预览文章内容的作用

2.5.2 声明原创，保护权益

随着新媒体平台各项准则的完善，原创内容越来越受到重视，为了体现对其的重视，不少平台推出了"声明原创"这一功能，如今日头条、微信公众号等。图2-11所示为开通了"原创"功能的平台文案。

下面以微信公众号为例，为大家介绍开启一篇文章的原创声明的具体操作。

步骤01 进入"素材库|新建图文消息"页面，页面下方会有"原创：未声明"字样，表示该篇文章还未声明原创，单击下方的"声明原创"按钮，如图2-12所示。

步骤02 执行操作后，弹出"声明原创"对话框，在"须知"页面，仔细阅读该页面的具体内容，然后单击"下一步"按钮，如图2-13所示。

步骤03 执行操作后，进入"原创声明信息"页面，填写作者名称，选择文章类别，单击"确定"按钮，如图2-14所示。

步骤04 执行操作后，即可返回到"素材库|新建图文消息"页面，运营者可以在该页面下方看到"原创详情"信息，如图2-15所示。

图 2-11　开通了"原创"功能的平台文案

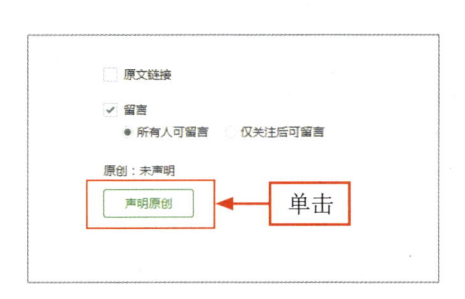

图 2-12　单击"声明原创"按钮

图 2-13　单击"下一步"按钮

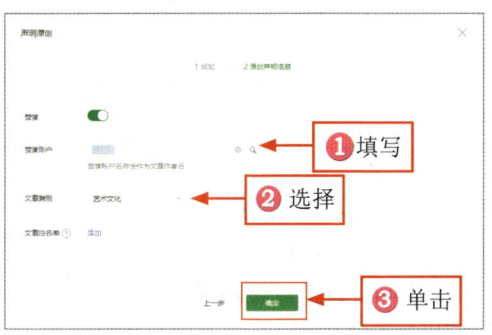

图 2-14　单击"确定"按钮

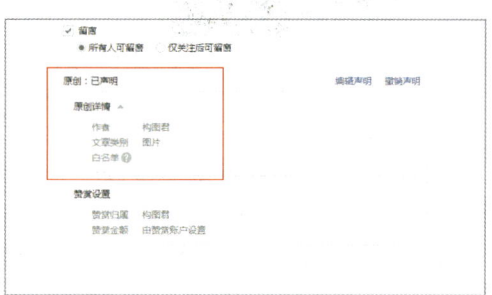

图 2-15　"原创详情"信息

第 2 章　文案写作，内容为王

那么，"声明原创"功能有哪些作用呢？一方面，获得"声明原创"功能的平台，一旦发现有人转载其内容没有注明出处时，各平台会自动为转载的内容注明出处并给予通知。另一方面，如果运营者发送的是自己原创的内容，就可以设置这一功能，在保护自己著作权益的同时，也可以用原创文章为自己吸引更多的粉丝。

2.5.3 利用连载，迎合习惯

用户阅读文章，特别是技巧类和常识性方面的文章，注重的是它的全面性，笔者认为连载的文章推送会更专业，也更容易满足他们广泛了解的需求。因此，在写作文章正文时，可从这方面着手，打造一些经典的、具有代表性的专题，以迎合用户的阅读兴趣和习惯。

例如，某微信公众号连载了一系列关于 LOGO 设计的文章。如图 2-16 所示，其中展示了很多优秀 LOGO 的设计方法。推送的连续专题文章展示了各种 LOGO 设计，让用户不仅感觉符合实际需要，而且很容易满足用户对于 LOGO 设计方面的需求。

(a)　　　　　　　　　(b)　　　　　　　　　(c)

图 2-16　公众号连载的文章

由此可知，利用连载类专题安排文章内容有着极大的优势，具体表现在以下 3 个方面：一是能够解决一段时间内的内容创意问题，有利于节省平台内容安排的时间；二是使每期的内容都有看点，保障了文章的阅读量；三是让用户形成阅读习惯，根据平台的思路定期去阅读专题，寻找想要阅读的内容。

第 3 章

图片设计，迎合喜好

学前提示：

要想提高文章或网页的点击率、增加平台的关注度与曝光度，新媒体运营者就必须使其提供的信息带给用户眼前一亮的感觉。而要做到这一点，图片的选择和设计就尤为重要。

要点展示：

➢ 图片编辑，吸睛技巧

➢ 图文排版，提高转发

3.1 图片编辑，吸睛技巧

对于新媒体运营者来说，图片编辑是不可避免的工作内容。合适的图片可以为文章增光添彩，不合适的图片则会拉低整个文章的质量和档次，导致一部分流量的流失。本节将介绍图片编辑的技巧，以帮助大家更好地设计和选择吸睛图片。

3.1.1 优质图片，3 个特征

用户在搜索关键词之后，跳转的页面会出现一系列文章的封面图片，而图片的质量直接影响新媒体平台的相关推送的阅读量与点击率。如果文章的封面图片切合推送的主题，符合用户的审美标准，那么就能吸引用户的注意力，从而提高文章的阅读量。

那么，优质的图片应具备哪些基本特征呢？下面，笔者以图解的形式介绍优质图片的基本特征，如图 3-1 所示。

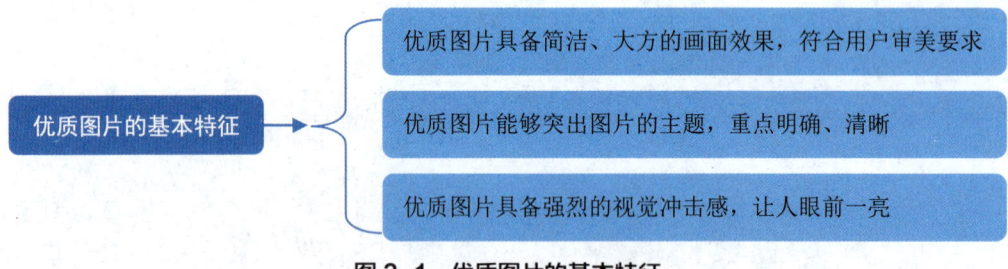

优质图片的基本特征：
- 优质图片具备简洁、大方的画面效果，符合用户审美要求
- 优质图片能够突出图片的主题，重点明确、清晰
- 优质图片具备强烈的视觉冲击感，让人眼前一亮

图 3-1 优质图片的基本特征

一张优质的图片能对用户产生强烈的视觉冲击，一定程度上节约了平台推广的支出成本。对于新媒体平台的运营者来说，好的封面图片会让用户眼前一亮，能向用户传递重要信息，从而能激发用户的阅读兴趣。

3.1.2 超高颜品，8 个要素

图片素材是指没有经过任何艺术加工、零散且没有系统分类的图片。图片素材选择合理，是打造亮眼视觉效果的基础。运营者只有对符合产品主题并且质量较高的图片素材进行适当的艺术加工，才能真正为文章或者产品页面增光添彩。一般来说，一张好的图片包括 8 个方面的基础要素，具体内容如下。

1. 拥有高的清晰度

高清图片是获得平台用户良好的第一印象的重要法宝，它体现了商品价值，直接影响着用户的价值判断。

2. 合适的颜色搭配

好的图片素材除了拥有较高的清晰度外，还应具备一个特点：图片背景应该比较有序或者干净，不能杂乱无序，不然就会给用户留下不好的印象。

合适的图片颜色搭配能够给用户一种舒服、耐看的感觉。对于新媒体平台而言，一张图片的颜色搭配做到合适，需要考虑以下两个方面：一是选择的图片要亮丽夺目；二是选择图片的颜色搭配要与文章的内容相符。

选择的图片素材是否亮丽夺目是能否吸引用户关注的主要原因，舒适、美观的配色有利于提高图片的亮点与辨识度。因此，若没有特殊情况，图片要尽量选择色彩明亮的，这样的图片能给文章带来更多的点击量。下面，笔者以图解的形式介绍选择亮眼图片提高点击量的原因，如图 3-2 所示。

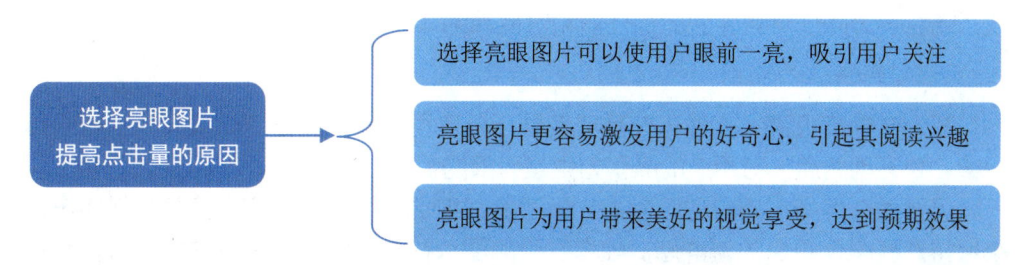

```
选择亮眼图片       ┌─ 选择亮眼图片可以使用户眼前一亮，吸引用户关注
提高点击量的原因 ──┼─ 亮眼图片更容易激发用户的好奇心，引起其阅读兴趣
                  └─ 亮眼图片为用户带来美好的视觉享受，达到预期效果
```

图 3-2　选择亮眼图片提高点击量的原因

很多用户希望在阅读文章的时候能有一个轻松、愉快的氛围，不愿在压抑的环境下阅读，而色彩明亮的图片就不会给用户压抑、沉闷的感觉，恰好能给用户带来舒适、轻松的阅读体验。

当然，图片除了亮丽夺目外，颜色还要与内容相符，这也是对图片的细节处理时需要注意的问题，在新媒体平台上的各种图片处理也是如此。如果推送的内容比较深沉、严谨，最好选择与内容相匹配的颜色的图片，不可使用太过亮丽的颜色，因为这样会使图文调性不符，影响用户的阅读体验。

3. 图片的亮度要适当

一般而言，亮度较高的图片素材比亮度较低的图片素材，更容易带给用户好的视觉享受。如果进行视觉设计时没有把握好图片的亮度，一方面，容易导致呈现的图片无法达到预期的视觉效果；另一方面，这样的图片也不足以引起用户的阅读兴趣。

4. 科学的拍摄角度

要打造好的视觉效果，需要运营者在进行视觉设计时选择具有科学、合理的拍摄角度的图片素材，从而为文章增添亮点，增强文章的可读性，以及增加用户的阅读时长。选择拍摄角度合理的图片素材的好处，如图 3-3 所示。

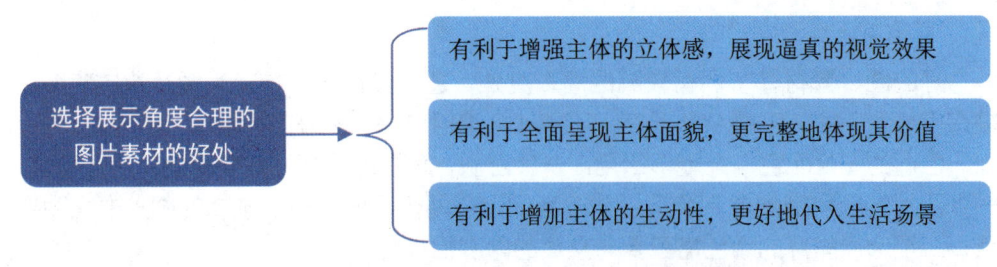

```
┌─────────────┐       ┌──────────────────────────────────────────┐
│ 选择展示角度 │  ──→ │ 有利于增强主体的立体感，展现逼真的视觉效果 │
│ 合理的图片素 │       ├──────────────────────────────────────────┤
│ 材的好处    │  ──→ │ 有利于全面呈现主体面貌，更完整地体现其价值 │
│             │       ├──────────────────────────────────────────┤
│             │  ──→ │ 有利于增加主体的生动性，更好地代入生活场景 │
└─────────────┘       └──────────────────────────────────────────┘
```

图 3-3　选择展示角度合理的图片素材的好处

值得注意的是，选择展示角度合理的图片素材，不仅是新媒体运营者营造最佳视觉效果的前提条件，也是激发用户好奇心，引起用户关注最重要的影响因素。尤其对于企业来说，如果用户无法从接收的图片中找到商品的亮点与独特性，长此以往，就会大大降低其对企业的信任度和对品牌的认可度。

5. 富有创意的设计

图片清晰度再高、光线再充足或者展示角度再准确、立体，如果图片素材千篇一律，缺乏创新点，对用户的吸引力也是有限的。

想要长久保持对用户的吸引力，运营者在视觉设计上需要富有创意，使用户持续保持对新媒体平台的新鲜感。独具匠心的图片往往能够激发用户的好奇心，给予用户最佳的视觉享受，从而增加其对新媒体账号的好感。

6. 图片的美妆效果

运营者在进行新媒体平台运营时是离不开图片的，图片是让平台内容生动的一种重要道具，进而影响文章的阅读量。因此，在使用图片给新媒体平台增色的时候也可以通过一些方法给图片"化妆"，让图片更加有特色，提高画面的精美度，从而吸引更多的用户。

给图片"化妆"可以让原本单调的图片变得更加鲜活。运营者给图片"化妆"，可以通过以下两个方法着手进行，具体介绍如下。

- 图片拍摄时"化妆"。新媒体平台使用的图片来源渠道是多元的，有的是运营者自己拍摄的，有的是从专业的摄影师或者其他地方购买的，还有的是从其他渠道免费得到的。对于自己拍摄图片的运营者来说，只要在拍摄图片时，注意好拍照技巧的运用及拍摄场地布局、照片比例布局等，就能达到给图片"化妆"的效果。
- 图片后期处理时"化妆"。运营者如果对选择的图片还是不太满意，可以通过后期处理来给图片"化妆"。现在用于图片后期的软件有很多，如强大的 PS、美图秀秀等，运营者可以根据自己的实际技能水平选择图片后期编辑软件，通过软件让图片变得更加吸睛。

7. 图片容量要合适

运营者选择新媒体平台推送图片时，除了要选择符合文章主题内容的图片和注重图片的精美度外，还需要选择容量适当的图片，便于用户阅读。运营者应尽量将单张图片的容量大小控制在 2MB 之内。然后在这个容量限制的基础上，对选定的图片素材进行编辑。

之所以要选择合适的图片容量，主要是因为要从提升用户阅读体验的角度出发，不想让容量过大的图片耗费用户大量流量的同时，还耗费用户图片加载的时间，从而给用户带来不佳的阅读体验。以下两种情况介绍了如何选择合适容量的图片。

- 如果平台定位的用户一般习惯晚上 8～9 点阅读文章，而这个时间段基本上人们都待在家里，用户可以使用 Wi-Fi 上网进行阅读，既不用担心耗费用户的流量，也不用担心图片加载过慢，那么运营者就可以适当地将图片的容量放大一些，给用户提供最清晰的图片，让用户拥有最好的阅读体验。
- 如果平台定位的用户大部分都是在早上 7～8 点阅读文章，那么使用手机流量上网的可能性就会比较大，这种情况下如果运营者发送文章，就需要将图片的容量大小控制在前文所说的 2MB 之内，为用户节省流量的同时，也节省图片的加载时间。

8. 图片尺寸要适宜

除了前文提及的几个方面的要素外，新媒体运营者还应注重选择合适的图片尺寸，一方面，便于图片的顺利上传；另一方面，保证整个页面的协调。

图片的尺寸并不仅仅指图片本身的大小（像素），还指在文章排版中图片显示的尺寸。图片在排版中的尺寸一般有一个固定范围，不可以做太大的调整。因此，为了保证图片的清晰度，运营者必须考虑图片本身的尺寸大小，以提高图片的分辨率，这是实现图片高清显示的最基本保障。

3.1.3 精品美图，4 种构图

无论是企业还是个人，在新媒体平台上进行产品营销时，都需要为产品制作精美的图片。那么，在制作精品美图时，我们需要掌握几种构图技巧，如分隔构图、直线构图、发散构图、渐进构图等，具体内容如下。

1. 分隔构图

产品主图需要进行认真的设计，因为不同的构图法打造不同的视觉关注点，从而形成风格各异的产品，给用户带来不同的视觉体验。

例如，针对服装类产品，运用得比较多的就是分隔构图法。图 3-4 所示为采用分隔构图法的产品图片。

(a)   (b)

图 3-4 采用分隔构图法的产品图片

所谓分隔构图法，即在画面中将主图分割成多个部分，每个部分展示产品不同的局部细节，让用户能够清晰地看到产品的特征及产品的细节问题。

分隔构图法的优点有以下两点：一是可以全方位展示产品，让用户买得放心；二是可以呈现产品的不同颜色和款式等特点，从而吸引用户的注意力。虽然，分隔构图法主要用于服装类产品展示，但也不排除有其他品类的产品采用这种构图法。

2. 直线构图

直线构图法就是在展示产品的过程中，采用直线呈现的方式，或在垂直方向上，或在水平方向上，将拍摄对象以直线的形式呈现。这种构图法不仅能够充分展示所拍摄对象的种类和颜色，而且能使用户更好地对产品进行比较。图 3-5 所示为采用直线构图法的产品图片。

(a)   (b)

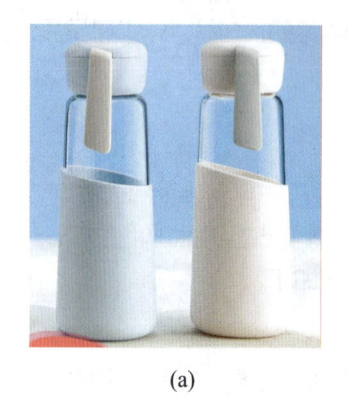

图 3-5 采用直线构图法的产品图片

3. 发散构图

发散构图法就是在展示产品的过程中，产品一端的延长线会集中指向某一点，而另一端则按照一定的规则向四周分散开来。发散构图法一般适用于比较细长的商品类型，其优势如图 3-6 所示。

发散构图法的优势
- 使图片画面的动态感增强，容易吸引用户注意力
- 更有利于突出发散中心的产品，完美地展示产品卖点
- 能够对用户造成强烈的视觉冲击，聚集用户的视觉焦点

图 3-6　发散构图法的优势

图 3-7 所示为发散构图法的产品主图。两张图片的产品都呈发散式扩散，既能够扩展用户的目光，又可以聚集用户视觉的焦点。如果想让用户注意到产品的品牌，运营者在拍摄的时候可以在焦点处放置品牌的标识，以达到宣传、推广的作用。

(a)　　　　　　　　(b)

图 3-7　产品主图的发散构图法

4. 渐进构图

渐进构图法就是对产品有组织、有顺序地进行排列，然后拍摄图片。渐进构图的排列方法有很多，如由大到小、由远及近等。这样构图的优势有很多，主要体现在以下几个方面，如图 3-8 所示。

渐进构图法的优势
- 增强产品主图的空间感，使画面构图更加完美
- 让产品陈列方式更加丰富多彩，吸引用户注意力
- 主体部分重点突出，引导用户更好地了解产品

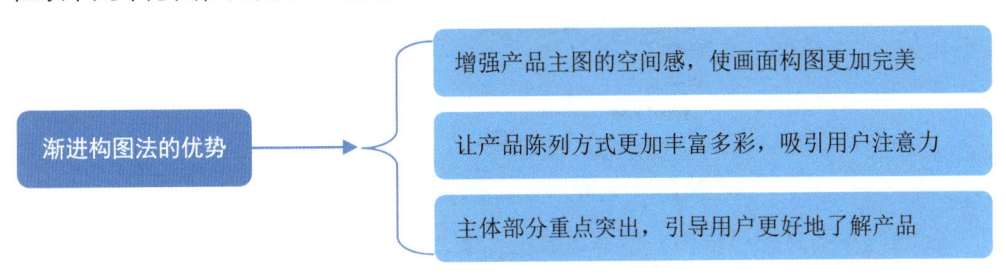

图 3-8　渐进构图法的优势

3.1.4 图片营销，协助推广

新媒体平台之所以要吸引用户的眼球，无非是为了推广平台，获取利益。那么，如何让图片起到推广的作用呢？以下将为大家介绍几种方法。

1. GIF 动图

图片格式多种多样，如 PNG、JPG、GIF、TIFF 等。很多的新媒体运营者在放图片的时候一般都会使用 GIF 动图，因为这种动图确实能为平台吸引不少用户。

与传统的静态图相比，GIF 动图的表达能力会更强大、更有动感。静态图片只能定格在某一瞬间，而一张动图则可以演示一个动作的整个过程，其表达效果自然会比静态图更好。

如果企业或者运营者想把自己的产品通过文章推广出去，并扩大品牌影响力，则可以在文章中加入动图，全方面展示产品特色，以便吸引更多的用户收藏和下单，实现吸粉变现的目标。

2. 长图文

长图文是使发布在新媒体平台上的图片获得更多关注度的一种好方法。长图文将文字与图片融合在一起，借文字描述图片内容的同时使图片所要表达的意思更生动、更形象，二者相辅相成，配合在一起，能够使文章达到意想不到的阅读效果。图 3-9 所示为微博平台上的长图文案例分享。

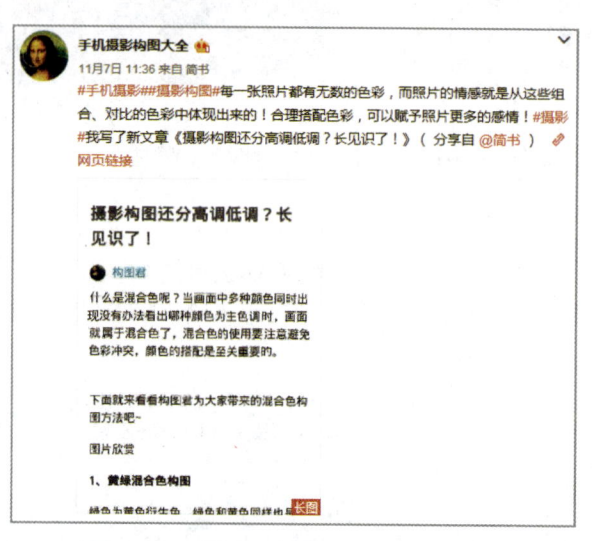

图 3-9 微博平台上的长图文案例分享

在制作长图文的过程中，运营者要注重图片素材选择的连贯性，并保障推送内容的一致性。另外，运营者要想使长图文达到好的视觉效果，还要注重过渡语言的书写。

3. 图片水印

给图片打标签也是新媒体运营者需要关注的一个问题，也就是给新媒体平台的图片加上本平台专属的水印。如微信公众号、App 名称、个人联系方式等。图 3-10 所示为"手机摄影构图大全"头条号发送的文章中添加了水印的图片。

图 3-10　添加了水印的图片

3.2　图文排版，提高转发

如果新媒体运营能够让运营者与用户之间产生思想的碰撞或共鸣，那么，运营者对运营内容的格式布局就是给用户提供的一种视觉上的享受。内容的排版对提升用户的阅读体验有重要作用，它决定了用户能否舒适地看完整篇文章，也影响用户在阅读界面停留时间的长短。

3.2.1　文章段落，首行缩进

首行缩进的效果是使文章看起来更有段落感和层次感，不至于使用户的眼睛产生疲劳感。但不是所有的新媒体平台都适合运用段落首行缩进，例如，不使用首行缩进的文章，在手机上阅读可能会更整齐、更美观，如图 3-11 所示。

只有根据运营平台展示的效果来选择段落是否首行缩进才是其正确的使用方法，一般建议开发了手机 App 的新媒体平台不要有此操作。另外，首行缩进一般都是空两格。

(a)   (b)

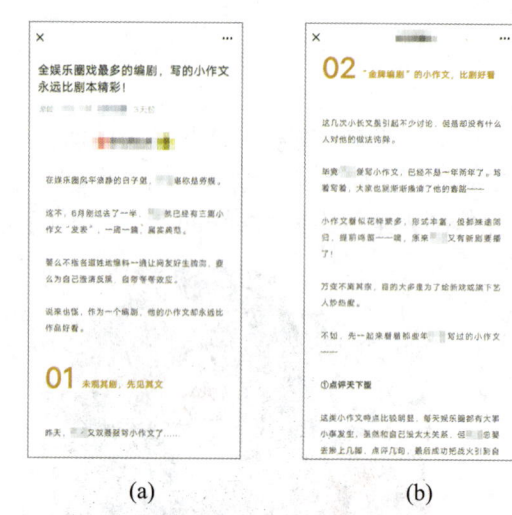

图 3-11　微信公众号推文

3.2.2　排版要点，加粗调色

运用新媒体平台发布文章的时候，要突出主题，可以用"要点加粗、调色"的方法。接下来，笔者以平台中最具代表性的微信公众平台为例进行分析，具体内容介绍如下。

1. 字体加粗

一般的文本编辑都会采用要点字体加粗的方法，这样可以使用户快速地抓住内容的主题，如图 3-12 所示。这种突出要点的操作，可以通过平台的"加粗设置"功能来完成。

(a)   (b)

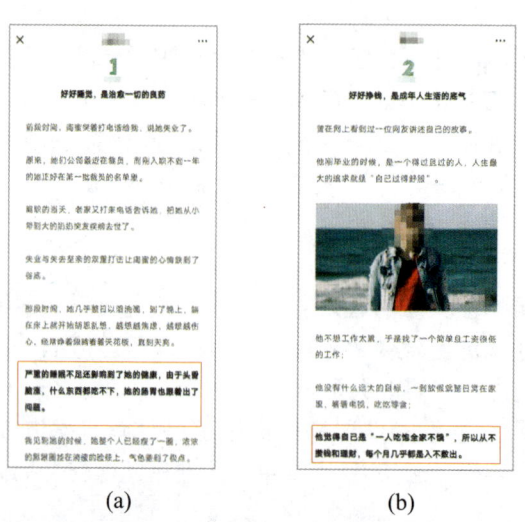

图 3-12　要点字体加粗的案例分享

2. 文字调色

文章中文字的颜色是可以根据需要来设置的。从用户的阅读体验角度出发，将文章中的文字颜色设置为符合用户阅读习惯的颜色是非常有必要的。适当的文字的颜色是文章获得吸引力的一个重要因素，良好的文字颜色搭配不仅能提升用户阅读的舒适感，还能使文章的整体版式更具特色。而当一篇新媒体文章同时满足了这两点时，就很容易成为爆款文章。

运营者在进行文字颜色设置的时候，要以简单、清新为主，尽量不要在一篇文章中使用多种颜色的文字，这样反而会使版面看起来非常花哨，使文章缺少舒适、整齐的感觉。图 3-13 所示为要点文字调色的案例分享。

(a)　　　　　　(b)

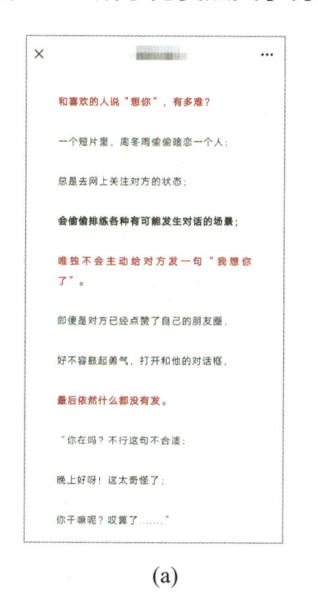

图 3-13　要点文字调色的案例分享

同时，文字的颜色要秉持清晰可见的原则，一般不使用亮黄色、荧光绿色这类容易使用户眼睛不舒适的颜色，尽量使用黑色或者灰黑色。

3.2.3　文章开头，善用分隔

分隔线是将文章中两个不同部分的内容分隔开来的一条线。虽然它叫分隔线，但它不仅是线条这一种形式，还可以是图片或者其他分隔符号，运营者可以根据自己的需要来选择。

分隔线既可以用于内容的开头部分，也可以用于内容的中间部分或结尾部分，主要起到段落分明的作用。图 3-14 所示为微信公众平台中将分隔线用于文章中的案例分享。

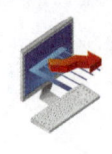

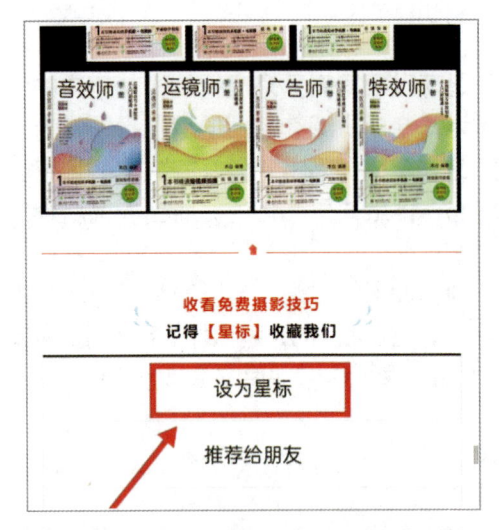

图 3-14　将分割线用于文章中的案例分享

借助分割线将文章的内容分隔开来，这样可以提醒用户注意文章的重点，同时也能增加内容排版的舒适感，给用户带来更好的阅读体验。关于部分新媒体平台提供的分隔线类型少的问题，运营者可以通过其他软件来设计更多不同类型的分隔线。

3.2.4　内部细节，图文搭配

现在的新媒体虽然内容有语音、视频等多种形式，但是大多数新媒体的内容还是以图文结合型为主。运营者在进行图文排版时，如果想让版式看起来更舒适，就需要注意以下几点。

1. 图片版式、大小一致

在同一篇文章中，所用图片与版式要一致，给用户统一、有整体性的感觉。如果运营者在内容的开头用的图片是圆形，那么后面的图片也需要用圆形；如果前面的图片用的是矩形，后面的图片也要用矩形。

2. 图文之间要有间距

图文之间要有间距，可以分为以下两种情况进行分析。

- 一是图片与文字要隔开一段距离，不能挨得太紧凑。如果图片与文字挨得太近，会让版面很拥挤，进而导致用户的阅读体验感不佳。
- 二是图片与图片之间要有一定的距离。如果两张图片之间没有距离，就会让用户误认为是一张图片。尤其是连续在一个位置放多张图片时，特别要注意图片之间的距离。有一些新媒体平台在上传多张图片时，不会自动空开图片之间的距离，因此，运营者在发布文章之前要多加检查和注意。

例如，有的文章可能不需要太多的图片进行辅助说明，图片只是起到了一个丰富内容的作用，那么只用一两张图片进行说明即可；而有的文章则必须配有多张图片来解释说明，才能更好地将文章内容传达给用户。这就是为什么要根据文章内容安排图片数量。

3.2.5 间距问题，内容调整

文字排版中，文字间距的把握很重要，尤其是对于用手机浏览文章内容的用户来说。适当的文字间距主要指以下几个方面的距离要适当，下面同样以微信公众号为例，为大家进行讲解。

1. 字符间距

字符间距，是指横向的字与字的间距，字符间距过大或者过小都会影响用户的阅读体验，也会影响整篇文章篇幅的长短。

例如，微信公众平台的后台，没有可以调节字符间距的功能按钮，因此运营者如果想要对微信公众平台上的文字进行字符间距设置，需要先在其他编辑软件上编辑好，然后再复制和粘贴到微信公众平台的内容编辑栏中。

字符间距对微信公众平台上内容的排版是有一定影响的，还会影响用户的阅读体验，所以微信公众平台的运营者一定要重视字符间距的设置。

2. 行间距

行间距，是指文字行与行之间的距离，行间距的大小决定了每行文字间的纵向间隔的大小，也会影响文章篇幅的长短。在微信公众平台后台的群发功能中，新建图文消息时图文编辑栏中设有行间距排版功能，其提供的可供选择的行间距有 7 种，如图 3-15 所示。

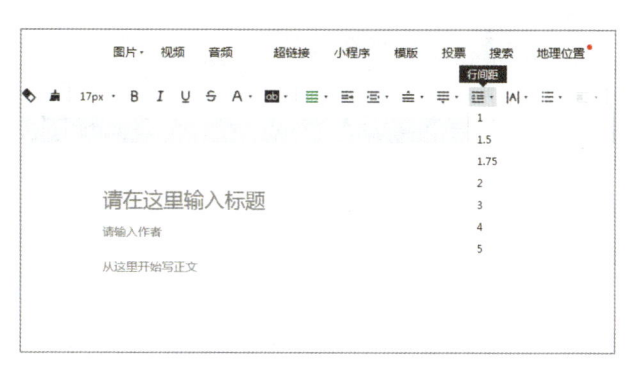

图 3-15 7 种行间距设置

运营者可以把每一种间距选项都进行设置比较一下，看看哪种间距排版的视觉体验效果更好。

3. 段间距

段间距，是指段与段之间的间隔，段间距的大小决定了每段文字间间隔的距离。在微信公众平台后台的群发功能中，新建图文消息的图文编辑栏中设有段间距排版的功能，且分为段前距与段后距两种。

微信公众平台运营者可以根据关注自己账号的用户的喜好选择合适的段间距。如果运营者要想清楚了解用户喜好的段间距风格，可以给用户提供多种间距版式的内容让用户进行投票选择来优化。

3.2.6 善用工具，其他编辑器

微信公众平台虽然作为新媒体运营的重要平台，但其所能提供的编辑功能是有限的，只具有最简单的内容排版功能，这一情况对使用此平台的运营者来说过于单调，不足以吸引用户的眼球。

因此，运营者可以借助一些功能更齐全的第三方编辑器来帮助自己设计出更多有特色的内容版式，吸引用户的眼球，如秀米编辑器、135微信编辑器、i排版编辑器等。第三方编辑器有很多，关键是看大家能否利用好这些编辑器。图3-16所示为秀米编辑器的图文排版功能。

图3-16 秀米编辑器的图文排版功能

第 4 章

公众号，享流量红利

学前提示：

从聊天到创业赚钱，微信已经融入了人们的生活，运营者可以打造属于自己的微信公众号，并实现与该公众号的粉丝在文字、图片、语音上的全方位沟通和互动。

本章将揭秘新媒体运营中最具代表性的微信公众平台的运营技巧。

要点展示：

- ➢ 创建账号，快速入门
- ➢ 内容管理，增加好感
- ➢ 搜索运营，吸引用户

4.1 创建账号，快速入门

新媒体运营者在运营公众号之前，需要先注册一个微信公众账号。然后运营者可以通过微信公众号发表文字、图片、音频等内容。微信公众账号与QQ账号互通，运营者可以通过QQ账号或者电子邮箱进行绑定注册微信公众账号。本节将介绍微信公众账号的注册流程和信息设置。

4.1.1 账号注册，拥有专属

微信公众账号的注册步骤比较简单，具体操作如下。

步骤01 在搜索引擎中搜索"微信公众平台"，然后单击"微信公众平台"的官方链接，如图4-1所示。

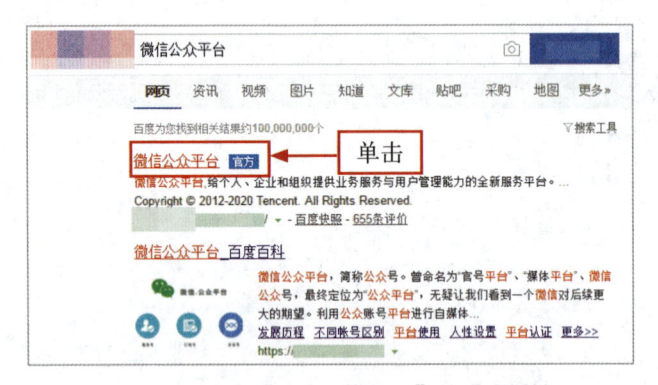

图4-1 单击"微信公众平台"的官方链接

步骤02 执行操作后，进入"微信公众平台"主页界面，单击"立即注册"选项，如图4-2所示。

图4-2 单击"立即注册"选项

步骤03 进入"请选择注册的账号类型"页面，运营者根据自己的需求选择要注册的账号类型。笔者以订阅号为例，选择"订阅号"选项，如图4-3所示。

图4-3 选择"订阅号"选项

步骤04 执行操作后，进入"填写信息"页面，将所需要填写的信息全部填完后，单击"注册"按钮，如图4-4所示。

图4-4 单击"注册"按钮

步骤05 执行操作后登录自己的邮箱，查看微信公众平台发送的激活邮件，如图4-5所示，填写邮箱验证码。

步骤06 以上步骤操作完成后，开始填写个人身份信息，注意填写的信息必须真实、有效，如图4-6所示。

步骤07 用绑定了管理员本人银行卡的微信扫描二维码，并进行管理员信息登记，如图4-7所示。微信公众账号注册成功后，该管理员就可以通过微信扫码直接登录微信公众号了。

图 4-5　微信公众平台发送的激活邮件

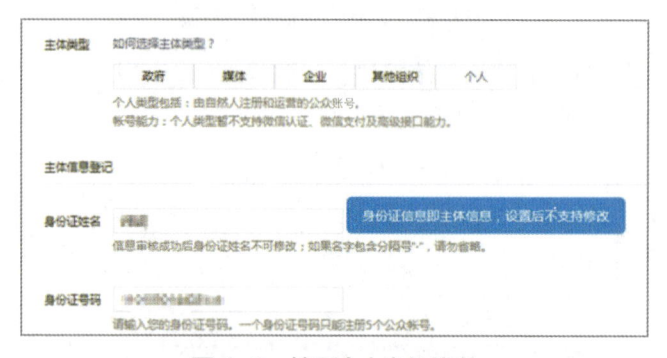

图 4-6　填写个人身份信息

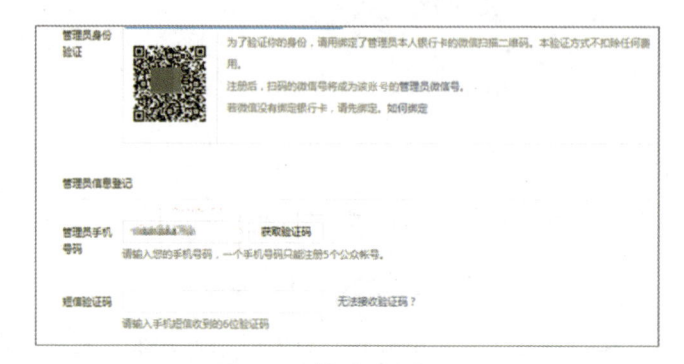

图 4-7　管理员信息登记

4.1.2　账号设置，完善信息

　　微信公众账号注册成功后，运营者就可以进入微信公众号后台进行账号设置了。下面，下面介绍运营者能设置及修改的 6 项账号内容，以便完善账户信息，让账号更吸粉。

1. 头像设置

对于微信公众号来说，头像是一个非常重要的标志。用户搜索公众号时，首先映入眼帘的就是公众号的头像与名称，而头像作为以图片形式呈现在用户面前的账号标志，能带给用户巨大的视觉冲击，实现文字不能实现的视觉效果。那么，如果运营者想要更换一个更好、更吸睛的头像，应该怎么设置呢？下面将进行具体介绍。

步骤 01 登录微信公众平台，进入微信公众号后台首页，单击"公众号设置"链接，如图4-8所示。

步骤 02 执行操作后，进入"公众号设置"页面，选择"账号详情"选项，然后单击账号头像，如图4-9所示。

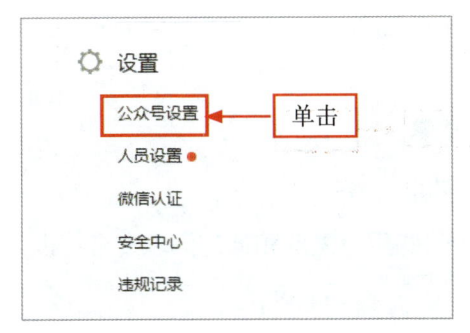

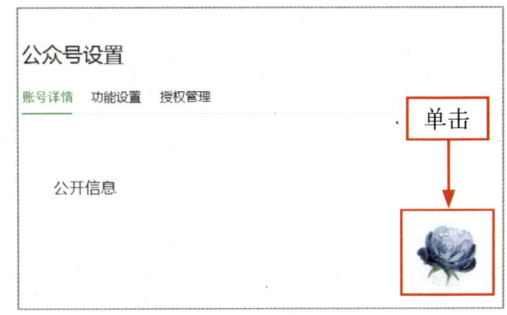

图4-8 单击"公众号设置"链接　　　　图4-9 单击账号头像

步骤 03 执行操作后，弹出"修改头像"对话框，在"修改头像"页面中，显示了头像修改的相关说明。单击"选择图片"按钮，进入相应文件夹，选择一张图片；然后单击"下一步"按钮，如图4-10所示。

图4-10 单击"下一步"按钮

步骤 04 进入"确定修改"页面,单击"确定"按钮,如图 4-11 所示,上述操作完成后,便完成头像的修改。

图 4-11 单击"确定"按钮

运营者在选择新的头像时,应该结合账号的用户情况和推广需求来进行设置,否则就会无法更好地推广和吸引用户。

2. 公众号名称设置

公众号名称作为用户搜索公众号的依据,是独一无二的。运营者可以巧妙利用后台的公众号名称修改功能,设置一个更容易搜索和便于人们记住的名称。

以下将对公众号名称的修改操作进行具体讲解,操作方法如下。

步骤 01 进入"公众号设置"下的"账号详情"页面(前文已经介绍怎么找到"账号详情"页面,这里不再赘述),单击"名称"右侧的"修改"按钮,如图 4-12 所示。

图 4-12 单击"修改"按钮

步骤02 在弹出的"修改名称"对话框中有一个二维码,扫描该二维码进行管理员身份验证,如图 4-13 所示。

图 4-13 扫描二维码进行管理员身份验证

步骤03 管理员身份验证成功后,进入"修改名称"页面的第二步,即"同意协议",运营者须仔细阅读条款,然后单击"同意并进入下一步"按钮,如图 4-14 所示。

图 4-14 单击"同意并进入下一步"按钮

步骤04 进入"修改名称"页面,输入自己准备好的账号名称,并单击"确定"按钮,如图 4-15 所示。

步骤05 执行操作后,进入"修改名称"页面的第五步,即最后确认是否修改公众号名称,如果没有问题,就单击"确定"按钮,如图 4-16 所示。

步骤06 上述操作完成后,最后确认名称修改的信息,如果放弃改名或者名称信息错误,可以在平台规定的时间内进行撤销。确认无误后,单击"关闭"按钮,如图 4-17 所示。

图 4-15 进入"修改名称"页面

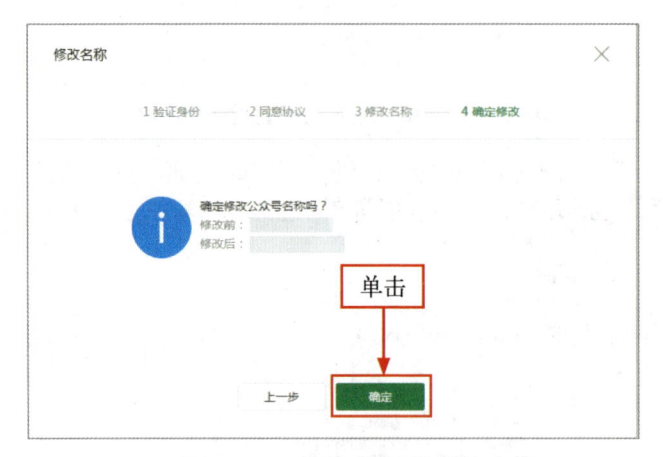

图 4-16 单击"确定"按钮

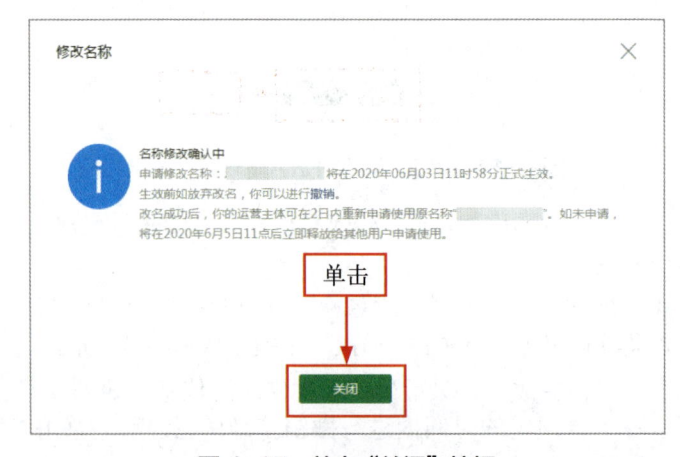

图 4-17 单击"关闭"按钮

3. 账号介绍

资料页面显示的"介绍"内容是用户了解该公众号的入口，假如公众号的介绍引人入胜，能够树立一个好的个人或者企业品牌形象，用户搜索后就会选择关注。运营者在已有公众号的情况下，需要设置一个更吸引用户的"介绍"，那么，应该怎么操作呢？以下将进行详细介绍，具体方法如下。

步骤01 进入"公众号设置"下的"账号详情"页面，单击"介绍"右侧的"修改"按钮，如图4-18所示。

图4-18 单击"修改"按钮

步骤02 在新弹出的"修改功能介绍"页面中，进行第一步的设置，即"修改功能介绍"。在"请输入功能介绍"下面的文本框中输入自己准备好的账号功能相关介绍；然后单击"下一步"按钮，如图4-19所示。

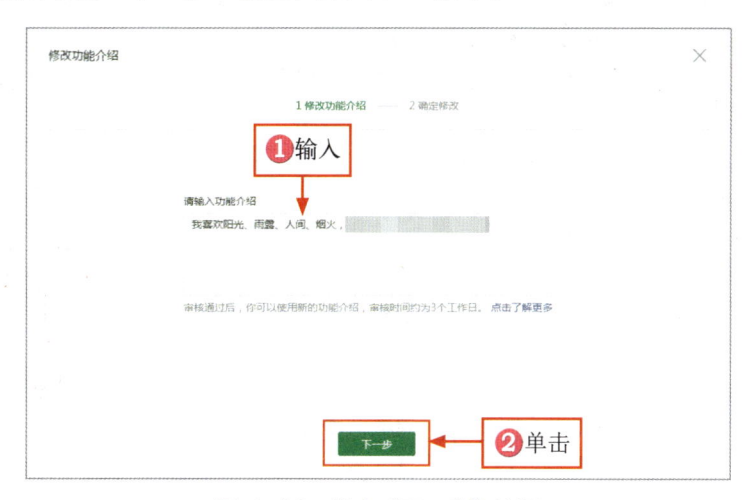

图4-19 单击"下一步"按钮

步骤03 上述操作完成后，进入"确定修改"页面，即检查填写的文字信息是否有误，确认无误后单击"确定"按钮，如图4-20所示。

图4-20 单击"确定"按钮

另外，公众号运营者还需要确认修改后的"介绍"内容没有国家相关法律、法规禁止的内容，因为如果含有违法、违规内容是不能成功提交的。这在"确定修改"页面上有提示，运营者需要加以注意。

4. 隐私设置

公众号的"隐私设置"是非常重要的一项设置，这直接关系公众号的引流涨粉。只有打开了公众号的"隐私设置"，其他用户才能通过公众号名称搜索到运营者的账号并进行关注。因此，运营者注册公众号后一定要进入"公众号设置"中的"功能设置"页面进行相关的设置，具体操作如下。

步骤01 进入"功能设置"页面，单击"隐私设置"那一栏的"设置"按钮，如图4-21所示。

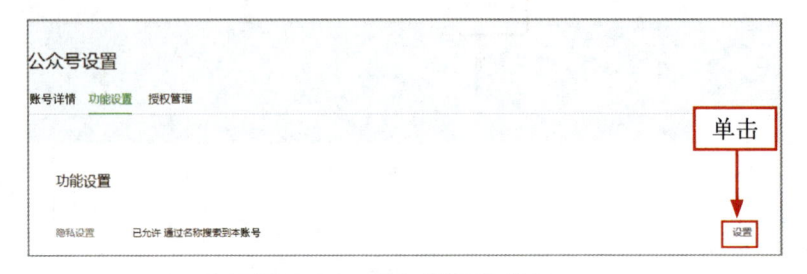

图4-21 单击"设置"按钮

步骤02 执行操作后，弹出"隐私设置"对话框，在"是否允许用户通过名称搜索到本公众号"下方，选中"是"单选按钮，单击"确定"按钮确认操作即可，如图 4-22 所示。

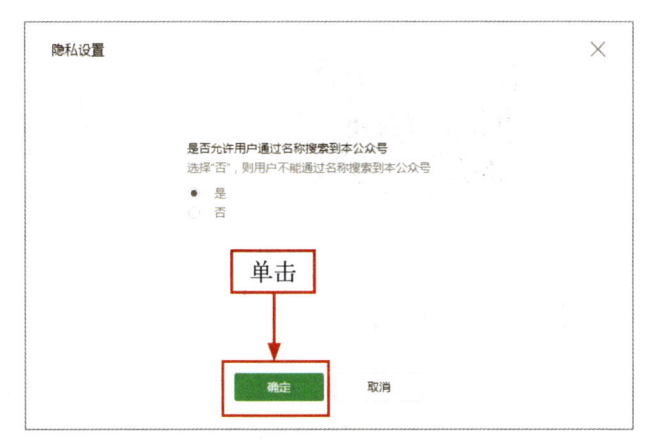

图 4-22 单击"确定"按钮

5. 水印设置

如果运营者想要微信公众号文章的图片吸引更多用户的眼球,进而获得更多用户的喜爱,可以给文章中的图片打上标签,即给公众号的图片加上专属该公众号的水印。同样地,这一操作也可以在"功能设置"页面中完成,具体操作如下。

步骤01 进入"功能设置"页面,单击"图片水印"功能右侧的"设置"按钮,如图 4-23 所示。

图 4-23 单击"设置"按钮

步骤02 执行操作后,就会弹出"图片水印设置"页面,其中有 3 个选项,即"使用微信号""使用名称""不添加",运营者可以根据自己的需求进行选择。一般来说,选中"使用名称"单选按钮,这样便于加深用户的印象;然后单击"确定"按钮,如图 4-24 所示。

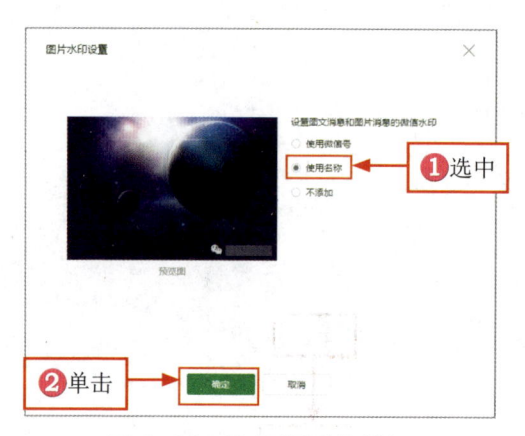

图 4-24　单击"确定"按钮

6. IP 白名单设置

在微信公众号运营的过程中，如果没有开通 IP 白名单，就不能获取访问令牌（access tokens，是 Windows 操作系统安全性的一个概念），自然也就不能调用各接口。换句话说，只有开通白名单才能获取调用各接口的 access tokens。那么，IP 白名单应该如何设置呢？以下将进行详细介绍，具体操作如下。

步骤 01　登录微信公众号，进入微信公众号后台。单击后台左侧菜单栏中的"安全中心"链接，如图 4-25 所示。

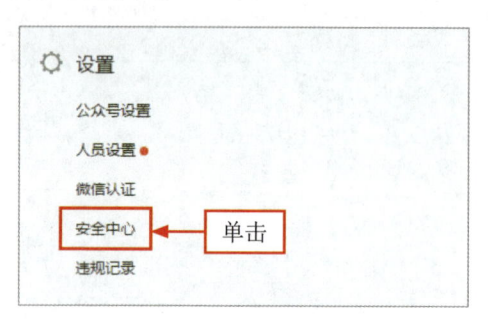

图 4-25　单击"安全中心"链接

步骤 02　进入"安全中心"页面，然后单击 IP 白名单那一栏的"去设置"按钮，如图 4-26 所示。

步骤 03　执行操作后，弹出"IP 白名单设置"对话框，在文本框中输入 IP 地址；然后单击"确认修改"按钮。至于如何确认 IP 地址，在"IP 白名单设置"对话框有一个"单击了解"的文字链接，运营者可以单击该链接查看，此处不再展开叙述，如图 4-27 所示。

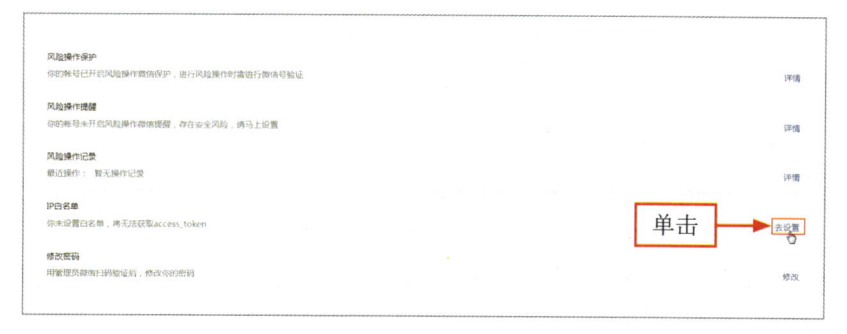

图 4-26 单击"去设置"按钮

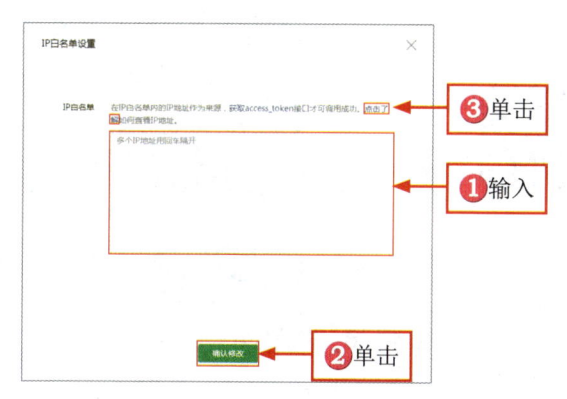

图 4-27 IP 白名单设置

4.2 内容管理，增加好感

运营者要想做好微信公众号运营，就要对文章内容的创作提高要求，因为只有丰富、有趣的内容才能吸引用户。因此，对于微信公众平台内容的管理，运营者一定要非常重视。微信公众平台多以文字、图片和视频等形式来表现主题。在微信公众平台的内容方面，要把握好以下两个要点，具体说明如下。

4.2.1 增加个性，脱颖而出

说到个性化内容，它是运营者最难把握的一个要点，因为运营者在发布微信内容时，无论在报道方式上，还是在内容形式上都倾向于长期保持一致性，只有这样才能给用户一个系统而直观的感受。

对于公众号运营者来说，创作长期的个性化内容往往很难做到，做得不好还容易让运营者对已成的体系失去平衡。但是，如果运营者想要让自己的微信公众号与他人的微信公众号"划清界限"，变得更加容易被用户识别，那么文章内容的个性

化就是必不可少的。个性化的内容不仅可以增强用户的黏性,使用户持久关注自己的微信公众号,还能让自己的微信公众号在众多公众号中脱颖而出。

4.2.2 有实用性,留住用户

在利用微信公众号进行营销的过程中,运营者一定要注意内容的实用性。这里的实用性是指符合用户的需求、对用户有价值的内容,如图 4-28 所示。不论是哪个方面的内容,只要能够帮助用户解决困难,就是好的内容。而且只有实用性的内容,才能留住用户。

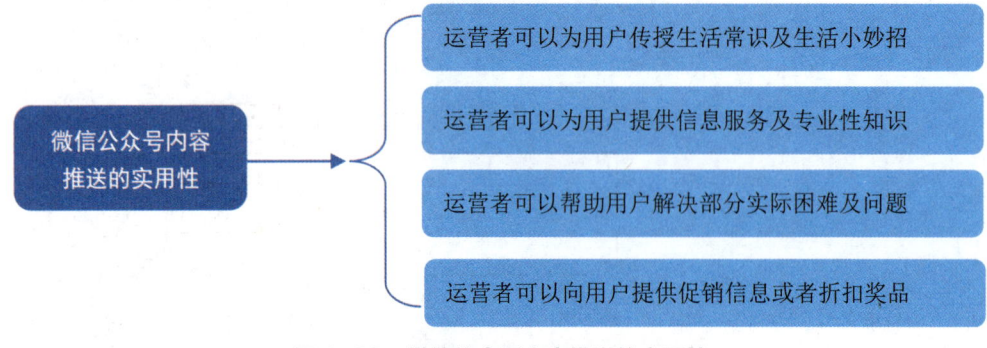

微信公众号内容推送的实用性
- 运营者可以为用户传授生活常识及生活小妙招
- 运营者可以为用户提供信息服务及专业性知识
- 运营者可以帮助用户解决部分实际困难及问题
- 运营者可以向用户提供促销信息或者折扣奖品

图 4-28 微信公众号内容推送的实用性

4.3 搜索运营,吸引用户

微信公众号是微信搜索概率最大的流量入口之一,不仅如此,它还是一个重要的分享和引流入口,因为有了分享的入口和用户入口,公众号的搜索入口流量才会更大。因此,运营者要做好公众号的排名优化工作,以抢占更多的流量和用户。

4.3.1 抢占入口,两种方法

微信搜索入口是用户最常用的一个搜索入口,如果他们有想要查找的目标公众号,并且知道名称,一般都会通过微信搜索入口进行查找。影响公众号搜索排名的因素有很多,不同类型、不同领域的公众号都有其不同的影响因素,运营者首先需要从微信的搜索入口分析,找出能够优化公众号搜索排名的方法。以下将进行详细介绍。

1. 如何给公众号命名

用户主要是使用关键词搜索微信公众号,首先公众号的名称在直观上要给用户一种能够满足其需求的感受。那么,运营者如何给一个在直观感受上就能够吸引用户眼球的公众号命名呢？下面，将从以下 3 个方面进行分析，如图 4-29 所示。

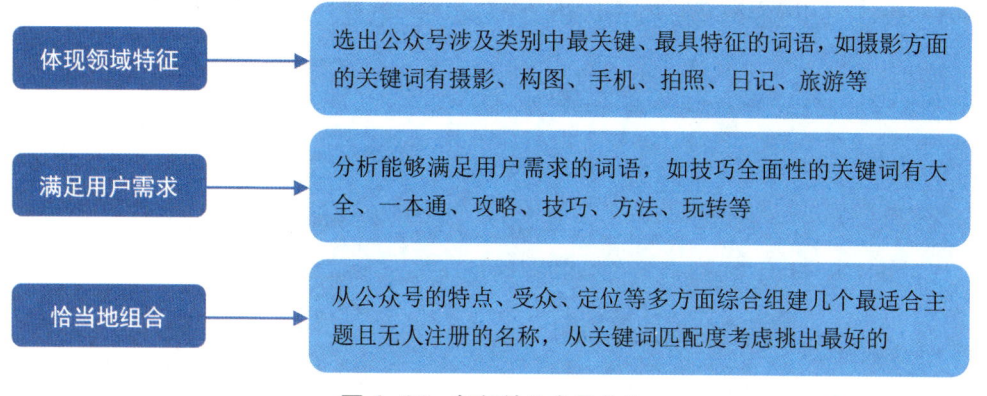

- 体现领域特征 → 选出公众号涉及类别中最关键、最具特征的词语，如摄影方面的关键词有摄影、构图、手机、拍照、日记、旅游等
- 满足用户需求 → 分析能够满足用户需求的词语，如技巧全面性的关键词有大全、一本通、攻略、技巧、方法、玩转等
- 恰当地组合 → 从公众号的特点、受众、定位等多方面综合组建几个最适合主题且无人注册的名称，从关键词匹配度考虑挑出最好的

图 4-29 如何给公众号命名

2. 如何给公众号文章标题命名

公众号文章要想吸引用户，就要重点做好文章标题的选择。因为用户搜索文章是直接用关键词搜索，所以标题中最重要的是关键词。下面将从标题的关键词热度、关键词次数和关键词主题这 3 个方面进行分析，如图 4-30 所示。

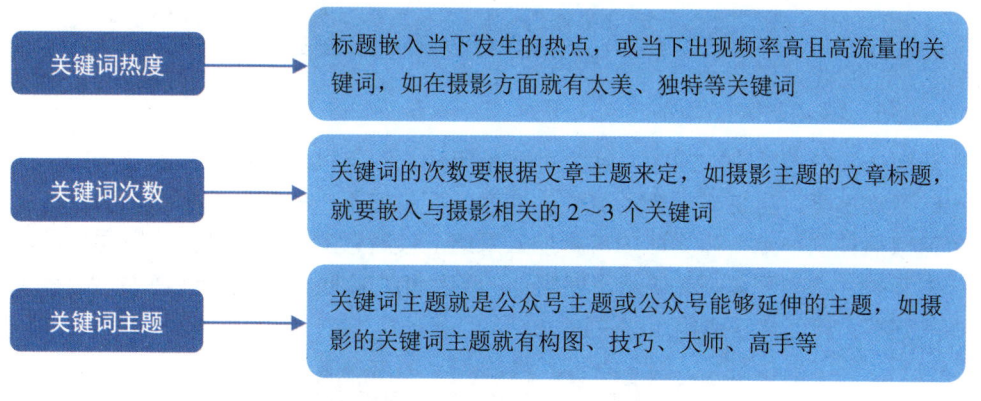

- 关键词热度 → 标题嵌入当下发生的热点，或当下出现频率高且高流量的关键词，如在摄影方面就有太美、独特等关键词
- 关键词次数 → 关键词的次数要根据文章主题来定，如摄影主题的文章标题，就要嵌入与摄影相关的 2~3 个关键词
- 关键词主题 → 关键词主题就是公众号主题或公众号能够延伸的主题，如摄影的关键词主题就有构图、技巧、大师、高手等

图 4-30 如何给公众号文章命名

4.3.2 引导关注，两种方式

在新媒体平台上，运营的重要阶段一定是吸粉导流。运营者要想方设法把信息放入新媒体平台的发文中，把新媒体平台上的用户导入自己需要引流的地方。

1. 文章结尾处放置二维码

大多数新媒体运营者都知道在文章结尾处放入导流语，如此可以对产品或微信公众号进行引流。除此之外，还有一种方式就是在文章结尾处放置二维码，可以在

公众号文章的结尾处放入运营者需要推广的产品、微信公众号或者文章作者的二维码等。图4-31所示为在公众号文章结尾处放置二维码，以引导用户关注。

(a)　　　　　　　　　　(b)

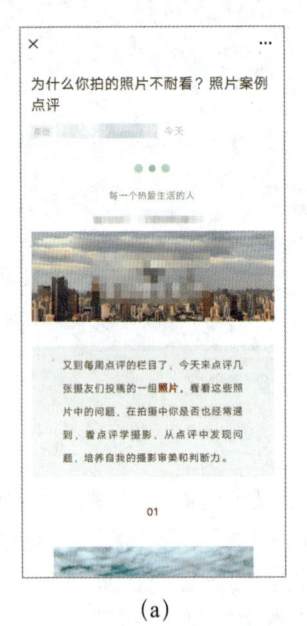

图4-31　在公众号文章结尾处放置二维码

2. 图文求关注

新媒体平台的用户构成中，绝大多数是年轻人，与其他年龄段的人群相比，他们比较喜欢搞笑、奇特或富有潮流性的内容，容易被不一样的形象吸引。因此，运营者可以抓住这一点，在文章内容中加入网络上较新颖的语言、图片，以寻求用户的转发及关注，如图4-32所示。如果你的图片和文字吸引了用户注意力，赢得了用户的好感，自然会获取用户的关注。

图4-32　较新颖的语言、图片

第 5 章

大鱼号，创作者天堂

学前提示：

大鱼号是阿里大文娱旗下的内容创作平台，为运营者提供多个内容分发渠道，包括UC、土豆、优酷等平台。大鱼号在创作收益和原创保护等方面给予运营者充分的支持，在内容服务等方面给予大鱼号用户比较优质的体验，是运营者不可放弃的一块领地。

要点展示：

- 账号入驻，运营前提
- 内容创作，5种形式
- 用户增长，增加数量

5.1 账号入驻，运营前提

大鱼号适合个人、媒体、企业、政府或其他组织入驻。其中，个人新媒体账号适合个人写作者、意见领袖、垂直领域专家等。本节将主要介绍大鱼号的注册方法和账号信息的修改与完善。

5.1.1 入驻规范，遵守要求

大鱼号平台会对运营者的资料严格把关，在账号名称、账号简介、账号头像、授权运营者信息等方面都制定了一些入驻规范，如图 5-1 所示。这些规范是为了保障平台内容生态健康发展，避免低质量的内容在平台上传播，以维护运营者的利益，提升用户体验。

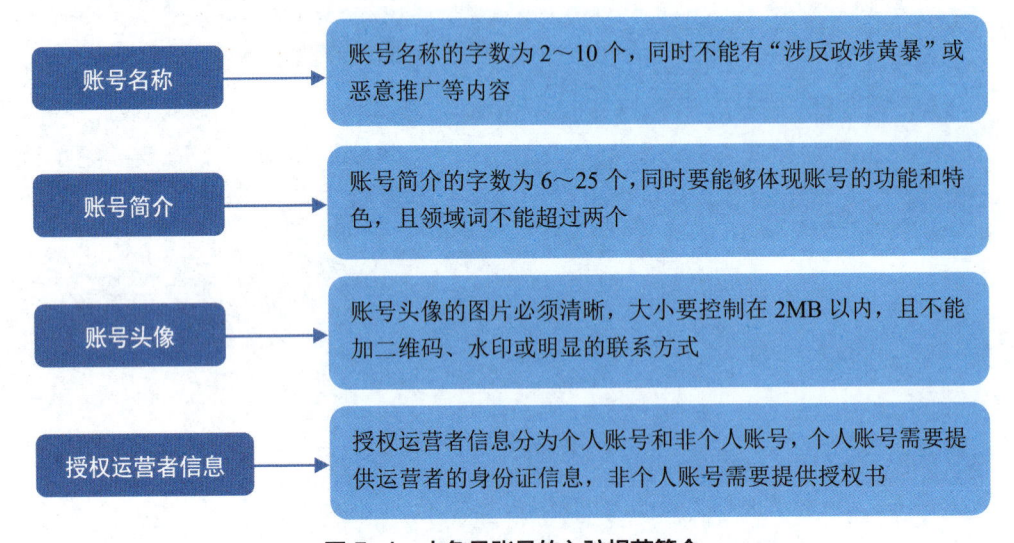

账号名称	账号名称的字数为 2~10 个，同时不能有"涉反政涉黄暴"或恶意推广等内容
账号简介	账号简介的字数为 6~25 个，同时要能够体现账号的功能和特色，且领域词不能超过两个
账号头像	账号头像的图片必须清晰，大小要控制在 2MB 以内，且不能加二维码、水印或明显的联系方式
授权运营者信息	授权运营者信息分为个人账号和非个人账号，个人账号需要提供运营者的身份证信息，非个人账号需要提供授权书

图 5-1 大鱼号账号的入驻规范简介

在授权书中，照片和文字信息必须清晰，同时授权书中的大鱼号名称、授权组织名称、被授权人姓名、身份证号码等信息与账号入驻时申请的大鱼号名称、填写的组织名称、运营者姓名、身份证号码都要一致。

5.1.2 注册账号，一步到位

大鱼号具有强大的推送能力、商业变现能力及用户黏性高等特点，下面将为大家介绍大鱼号的注册流程，具体如下。

步骤 01 利用搜索引擎找到大鱼号的官网并打开，进入"注册"页面并输入手机号，获取验证码并填入，最后单击"登录"按钮，如图 5-2 所示。

步骤02 进入"选择入驻类型"页面，运营者根据自己的需要选择，如个人/新媒体、媒体、企业、政府、其他组织等。笔者这里以个人为例进行讲解，选择其他入驻类型也可以参照个人账号入驻流程，选择"个人/新媒体"选项，如图5-3所示。

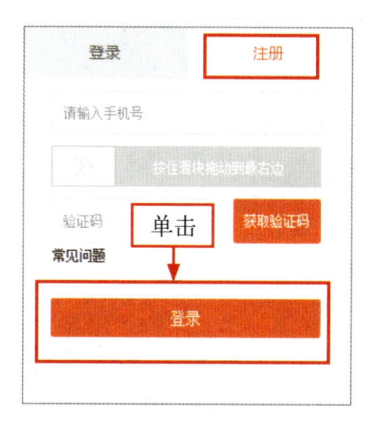

图5-2 单击"登录"按钮　　　　图5-3 选择入驻"个人/新媒体"选项

步骤03 单击"普通入驻"按钮，按照大鱼号平台的要求输入正确的信息。首先填写"大鱼号信息"，必须填写的内容有大鱼号的名称、介绍、领域、头像、所在地，如图5-4所示。

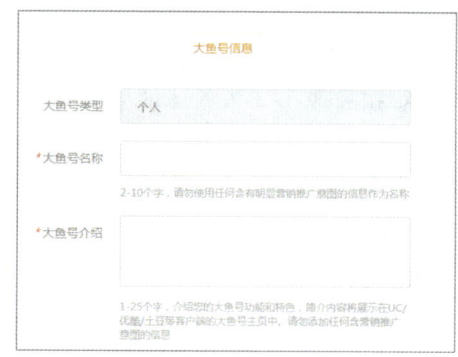

(a)　　　　(b)

图5-4 填写大鱼号信息

步骤04 接下来，填写"主体信息"，也就是实名认证。在实名认证之前，单击"点此查看实名认证操作指引"链接，里面有具体的认证流程，认真阅读；然后单击"立即认证"按钮，如图5-5所示。

步骤05 执行操作后，弹出"实名认证"对话框，按照要求利用手机淘宝扫描二维码进行认证，如图5-6所示。

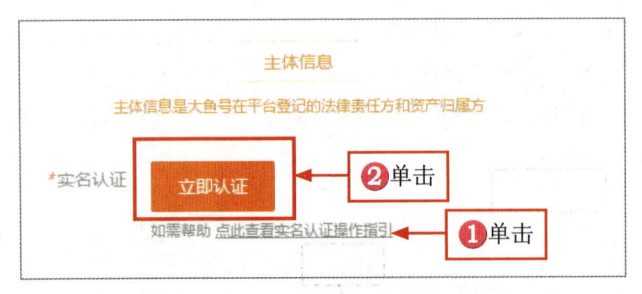

图 5-5 单击"立即认证"按钮

图 5-6 利用手机淘宝扫描二维码进行认证

步骤 06 在淘宝进行实名认证时，按照淘宝平台的认证步骤根据相关提示进行操作即可。实名认证成功之后，"实名认证"处就会显示"实名认证成功"，如图 5-7 所示。

图 5-7 显示"实名认证成功"

步骤 07 实名认证之后开始填写"运营联系信息""辅助资料"，如图 5-8 所示。带星号的内容必须填写，没有带星号的内容运营者按照自己的情况可填可不填，笔者建议信息填写尽量完整。

(a)　　　　　　　　　　　　　　　　　(b)

图 5-8　填写"运营联系信息""辅助资料"

步骤 08　在填写完上述的所有信息之后,选中"我同意并遵守《大鱼号平台服务协议》与《隐私权政策》"复选框;然后单击"提交审核"按钮,耐心等待平台的审核,如图 5-9 所示。

图 5-9　单击"提交审核"按钮

5.1.3　账号信息,修改完善

运营者入驻大鱼号后,可以根据自己的需要来修改和完善各种账号信息,如擅长领域、账号名称、收款信息、绑定邮箱、主体信息及运营者信息等,具体操作步骤如下。

步骤 01　首先登录大鱼号进入后台,然后进入"我的账号→账号管理→大鱼号信息"页面,在该页面可以修改大鱼号的名称、领域、介绍、头像等基础信息,如图 5-10 所示。

需要注意的一点是,大鱼号的领域如果频繁修改,就会影响账号垂直度等维度的评估,导致账号被平台推荐的机会减少,而且平台规定,每 3 个月才可以修改一次。另外,大鱼号的名称也是至少 3 个月才可以修改 1 次。

步骤 02　单击"账号管理"页面中的"主体和收款信息"标签,切换至"主体

和收款信息"选项卡,填写自己的收款信息;然后单击"保存"按钮,如图 5-11 所示。注意检查信息不要写错,因为这个关系到后面的收入提现。

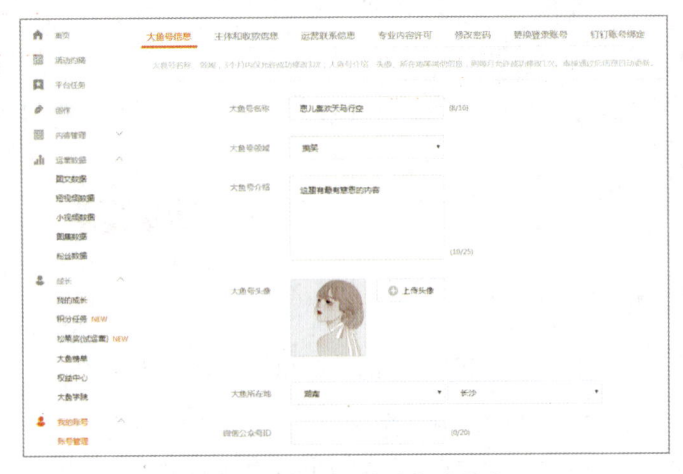

图 5-10 修改完善大鱼号信息

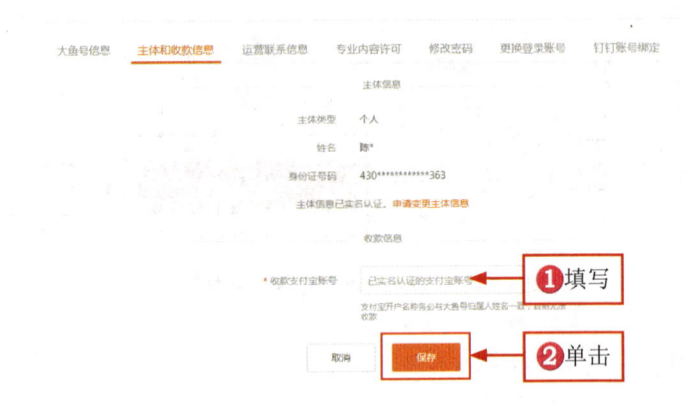

图 5-11 填写收款信息,单击"保存"按钮

步骤 03 切换至"运营联系信息"选项卡,运营者如果更换自己的手机号码或者邮箱就单击"编辑"按钮,如图 5-12 所示。

步骤 04 执行操作后,会弹出一个新的对话框,运营者输入自己要更改的联系信息,然后单击"提交"按钮,如图 5-13 所示。

步骤 05 切换至"专业内容许可"选项卡,如果平台要求上传资质证明,运营者可以上传资质证明,这样会得到平台更多的推荐,如图 5-14 所示。

步骤 06 切换至"修改密码"选项卡,进行密码修改,然后单击"下一步"按钮,如图 5-15 所示。

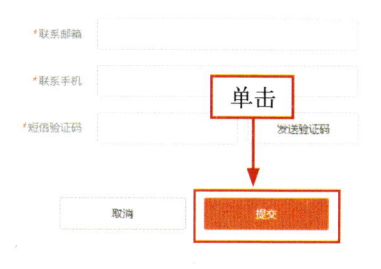

图 5-12 单击"编辑"按钮　　　　　图 5-13 单击"提交"按钮

图 5-14 "专业内容许可"选项卡

图 5-15 "修改密码"选项卡

步骤 07 执行操作后，密保手机就会收到验证码，将验证码输入；然后单击"下一步"按钮，如图 5-16 所示。

步骤08 执行操作后，会弹出新的对话框，运营者在该对话框中输入自己的新密码，然后单击"确定"按钮，如图5-17所示。

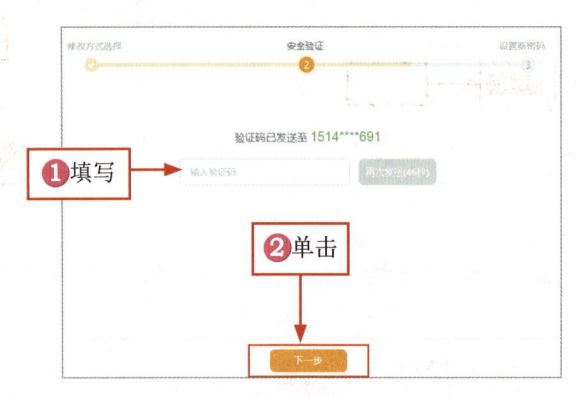

图5-16 输入验证码单击"下一步"按钮

图5-17 输入新密码并单击"确定"按钮

大鱼号运营者拥有一个得体又有特色的账号名称是非常重要的。对普通人来说，一个账号名称可能没有那么重要，但对于大鱼号运营者来说，选择账号名称要仔细斟酌，再三考虑。

每位大鱼号运营者都有自己的目标。如果想要给用户呈现独特的理念，账号名称一定要有很高的辨识度，且好用、好记，同时还要打造一个"网红"名字，这样更便于账号的引流和吸粉。

账号名称的总体要求是：告诉大家你是谁，以及你是做什么的。同时，账号名称还要考虑两个要点：易记、易传播。只有把握好要点才能选择一个满意的账号名称，那么，如何把握要点呢？具体方法如下。

- 突出运营者的兴趣和重点内容。
- 使用简单、好记的独特化名称。

- 在名称里巧妙植入广告，拒绝恶俗营销名称。

另外，运营者在给账号命名时，应避免这些误区：没有汉字，全是符号；使用繁体字和负能量字眼；名字前面加很多字母；名字太长，没有重点。

5.2 内容创作，5种形式

大鱼号运营者在平台上可以创作的内容形式有图文、短视频、小视频、图集和商品推广等。本节将介绍这些不同内容形式的具体创作方法。

5.2.1 创作图文，提高质量

运营者进入大鱼号后台的"创作|图文"页面，直接编辑图文内容，具体包括文章标题、正文内容、作者名称、文章封面及其他设置，如图5-18所示。

图5-18 "创作|图文"页面

设置好图文内容后，系统会自动检测正文并选择封面图片，此时运营者也可以单击"从正文中选择"按钮，选择一张有趣、有辨识度的封面图片；然后单击"发表"按钮，如图5-19所示。需要注意的是，大鱼号图文内容的封面图尺寸通常为16:9，像素要大于356px×200px，且大小不能超过5MB。

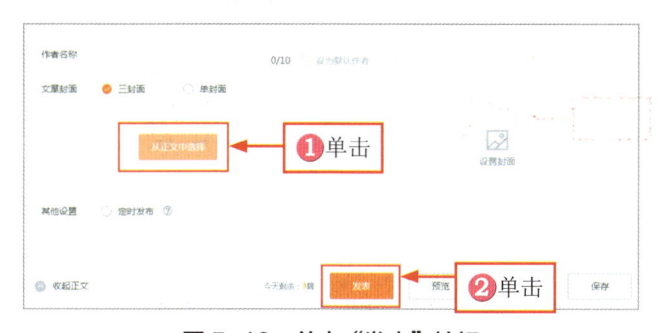

图5-19 单击"发表"按钮

正常情况下，系统审核并通过的原创优质文章，都会发布到 UC 浏览器平台，并推送给订阅户。同时，对于符合下发要求的文章，还能在 UC 头条下发，获得平台的更多推荐资源。

那么，大鱼号爆文具体需要注意什么，有什么技巧呢？下面将进行评述，其主要包括以下 3 个方面。

- 标题点睛。大鱼号的文章标题要切合文章内容，运营者可以多参考模仿爆文标题，并且多添加一些志同道合的朋友，多列出一些文章的标题，让朋友帮你选择，最终得分最高的可能就是用户最想点进去的标题，可以作为参考。
- 内容精度。大鱼号里应该以"轻松＋有深度"结合的内容为主。大鱼号的用户主要是一些有碎片化时间的用户，因此不建议写一些晦涩难懂的文章，这类文章，看的人应该不会太多。
- 合理蹭热点＋领域垂直度。蹭热点，必须在第一时间蹭，如果等热点过去一段时间再蹭，会适得其反，只会增加用户的视觉疲劳。此时，用户的大脑接收了太多类似的内容，产生了一种"自我免疫"的作用，除非运营者能提出一些特别新颖的观点。除了蹭热点之外，领域垂直也是大鱼号支撑的要点之一，建议运营者尽量只发一个领域的内容，不要想着什么都做，什么内容都发，最后西瓜、芝麻都抓不住。

5.2.2 发短视频，获得推荐

运营者可以进入大鱼号后台的"创作｜短视频"页面，通过本地上传或者选择素材的方式来上传短视频素材，具体操作步骤如下。

步骤 01 登录大鱼号后台进入"创作｜短视频"页面，单击该页面中的"本地上传"按钮，如图 5-20 所示。

图 5-20　单击"本地上传"按钮

步骤02 选择相应的视频进行上传，在等待视频上传的过程中可以设置视频标题和视频简介，如图 5-21 所示。

图 5-21　上传视频并设置视频标题和视频简介

步骤03 操作完成之后，单击该页面下方的"预览"按钮，预览视频效果，确认无误后，单击"发表"按钮，如图 5-22 所示。

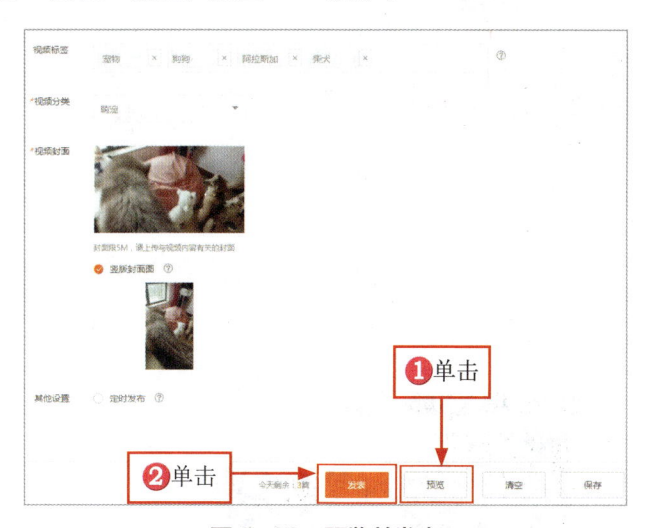

图 5-22　预览并发表

需要注意的是，选择视频封面时有本地选择、素材库中选择及视频截图中选择三种。一般来说，为了贴近视频内容都会从视频截图中选择视频封面，带有黑边的视频截图会被平台自动优化，同时还可以在此页面对视频截图进行裁剪。

注意，视频一旦发布，标题和封面就无法修改，因此运营者在设置标题和封面时应认真、谨慎，毕竟标题和封面也是吸引用户目光的一大武器，不可随意或者敷衍对待。

5.2.3 发小视频，抢占流量

大鱼号平台通常为时长 5～60 秒的竖版视频，其内容优质且画面清晰，这种内容形式可以为运营者带来更多流量。小视频和短视频的区别是视频大小、分辨率和发布渠道。短视频的大小可以达 10GB，分辨率 720P 以上，发布渠道为 UC、土豆和优酷等平台；而小视频的大小通常在 100MB 以内，分发渠道主要为 UC 小视频频道和 UC 首页小视频。发布小视频的具体操作步骤如下。

步骤 01 登录大鱼号后台进入"创作｜小视频"页面，单击"点击上传"按钮，如图 5-23 所示。

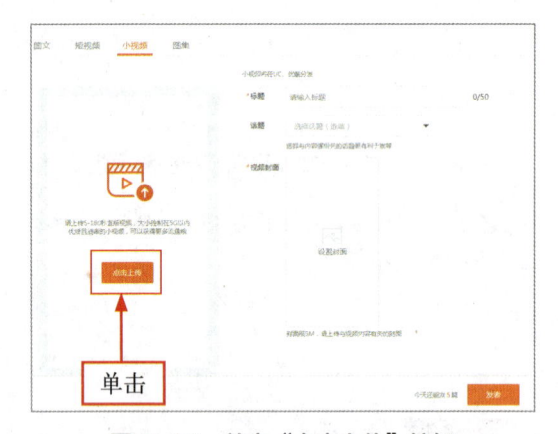

图 5-23 单击"点击上传"按钮

步骤 02 视频上传完成后会自动进行转码，转码过程中运营者可以在页面右边输入相应的信息，完成后单击"发表"按钮，如图 5-24 所示。

图 5-24 单击"发表"按钮

5.2.4 创作图集，吸引眼球

对于喜欢摄影和记录生活，但缺乏文字创作能力的运营者来说，发布图集也是一种不错的内容创作。

步骤 01 登录大鱼号后台进入"创作｜图集"页面，单击该页面的"添加图片"按钮，如图5-25所示。

图 5-25 单击"添加图片"按钮

步骤 02 执行操作后会弹出"上传图片"对话框，单击该页面的"添加本地图片"按钮，运营者即可添加自己准备好的图片，如图5-26所示。

步骤 03 图片上传完成后，可以单击 按钮，对图片进行剪裁，以统一图片的大小，如图5-27所示。

图 5-26 单击"添加本地图片"按钮　　　图 5-27 单击相应按钮

步骤 04 执行操作后，进行图集的封面设置，设置完成后单击"预览"按钮，确认无误后单击"发表"按钮，如图5-28所示。

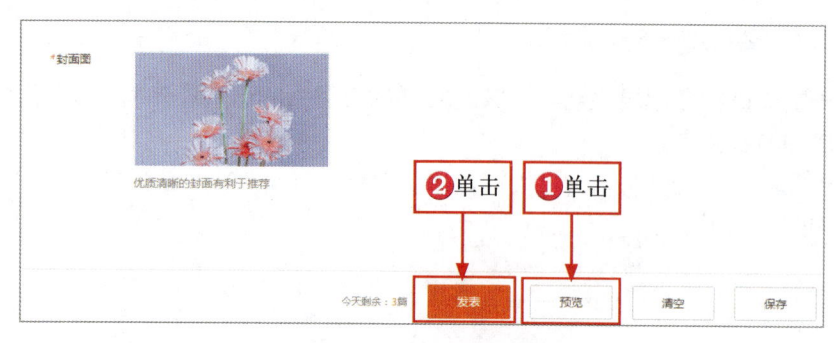

图 5-28　设置封面并发表

运营者创作图集内容时，需要掌握以下操作技巧和注意事项。
- 图片数量：3～25 张图片，单张图片大小限制在 5MB 以内。
- 图片格式：支持除 GIF 以外的大多数图片格式。

5.2.5　商品推广，创作技巧

除了图文、图集和视频内容外，运营者还可以在大鱼号平台创作商品推广的内容形式，这种内容被称为"商品文"。

运营者要发布"商品文"，先要获得"U＋任务·图文商品推广""淘票票商品推广""U＋任务·小视频商品推广"或"U＋任务·短视频商品推广"等高阶权益，它们的申请入口为"成长｜权益中心｜UC 权益"页面，其中列出了相关权益的获取条件和申请入口，如图 5-29 所示。

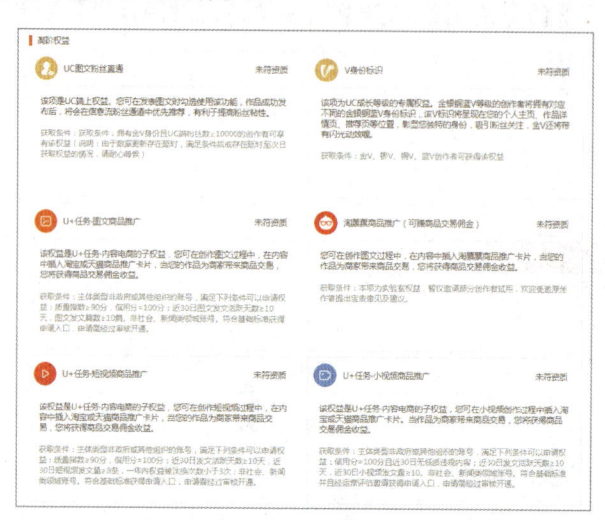

图 5-29　UC 权益

例如，运营者在创作图文内容时，可以使用"写文章"模板和"商品导购创作"

模板来创作"商品文"。
- "写文章"模板：在普通资讯文章中加入商品链接，适合资讯、干货经验介绍类的文章内容。
- "商品导购创作"模板：这是大鱼号商品推广的主要应用模板，其中包括单品导购创作、清单导购创作和视频导购创作 3 种内容形式，比较适合商品功能推荐、产品评测类的文章内容。

5.3 用户增长，增加数量

大鱼号的用户运营主要包括"涨粉"和"活粉"两部分："涨粉"的目的是增加用户数量，让更多人关注你的大鱼号；而"活粉"的目的则是提升用户的活跃度，增强大鱼号和用户之间的黏性。本节将主要介绍大鱼号"涨粉"的相关技巧，帮助运营者增加大鱼号的粉丝数量。

5.3.1 站内吸粉，平台推广

站内吸粉，是指利用大鱼号本身的平台渠道进行推广，以此达到"涨粉"的目的。大鱼号站内吸粉主要有以下 3 种方法。
- 设置关注语。运营者可以在自己文章内容的下方加入一些关注语，用来提醒用户关注自己。
- 设置欢迎语。欢迎语可以将大鱼号为用户带来的价值呈现出来，有效地引导潜在用户关注。
- 系列化内容。运营者可以在大鱼号中创作具有联系性的系列文章或视频内容，如类似电视连续剧的第 1 集、第 2 集等，或者课程目录的入门篇、精通篇和高级篇等，来吸引用户持续关注大鱼号。

5.3.2 内容策略，提供价值

要用内容来吸引粉丝，让他们持续关注大鱼号，大鱼号运营者首先要做的就是，创作出优质的内容，为自己的"粉丝"带来价值。"内容为王"是新媒体运营获得成功的基础。大鱼号运营者要把握每一次与用户相遇的机会，了解每一位用户的心理，并且尽量满足用户的每一个需求，这些都是内容策略定位的表现。

总的来说，运营者在做内容策略定位时，需要从以下 3 个方面进行综合分析。以下将对这 3 个方面进行简要解读。

1. 注意内容警戒线

在各种新媒体平台上，都对推送内容作出了规范和要求，这些规范和要求是

新媒体内容的警戒线。运营者在做内容策略定位时，应保障内容符合规范。否则，新媒体平台账号会因为违反平台运营规范不能推送内容，甚至导致账号被封。

2. 让内容名副其实

每个大鱼号都有其服务领域，这在运营者确定账号名称和锁定运营目标时就已经有了定位。因此，大鱼号在做内容策略定位时，应考虑已确定的服务领域，保证两者一致，才能让内容名副其实。

例如，一个名为"手机摄影构图大全"的账号，其平台的内容应该与手机摄影、构图等相关的内容，而不能经常推送一些心灵鸡汤、娱乐八卦等方面的信息，偏离其定位服务领域。

3. 让用户觉得有用

大鱼号运营者想要获得发展，就必须引起用户的关注，让用户觉得你推送的内容对他有用，你发布的文章或视频内容能够满足他的需求，解决他的"痛点"。否则，对于一个用户完全不感兴趣的内容，看了一次之后，就会失去再次阅读的兴趣。如此，势必会有大量大鱼号用户流失。

5.3.3 关注时事，盯住热点

运营者可以寻找更多的热点，具体有以下 3 个途径，如图 5-30 所示。

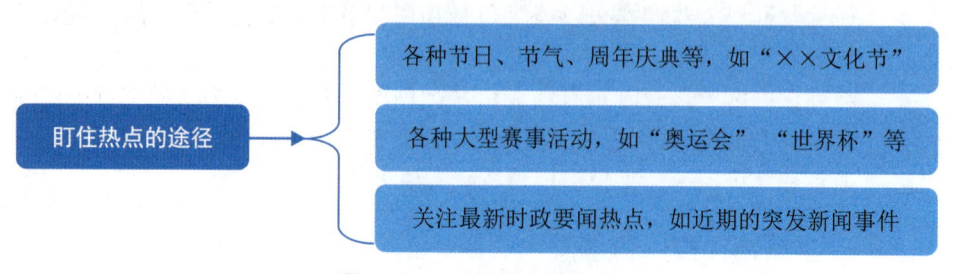

盯住热点的途径：
- 各种节日、节气、周年庆典等，如"××文化节"
- 各种大型赛事活动，如"奥运会""世界杯"等
- 关注最新时政要闻热点，如近期的突发新闻事件

图 5-30　盯住热点的途径

运营者可以制作一个详细的热点活动日程表，活动来临之前提前准备好文章或视频素材，抓住节日热度，让自己的作品快速升温，最终成为平台上的爆款，以及别人模仿创作的模板。

如果运营者抓不到热点，也可以从各种热搜榜中查找能够与自己内容相结合的热点。图 5-31 所示为优酷热搜榜，包括热门搜索、剧集、综艺、电影、动漫、少儿等内容榜单，运营者可以直接在优酷首页单击热搜榜右侧的"搜全网"按钮进入。

图 5-31 优酷热搜榜

　　另外，运营者也可以关注一些自己喜欢的内容，如足球、篮球、综艺节目等，在自己擅长的领域创作内容，让内容自带流量。同时，运营者还需要及时关注各种新媒体平台的发展动向，以便在热点来临时能够快速做出反应，紧抓热点，让自己的大鱼号得到更多曝光。

　　运营者在创作内容时，要有深度，不要浮于表面，如果仅将热点内容简单地复述一遍，并不能留住用户，而是要将热点内容与话题进行拓展，加入自己的理解和观点，这样其发布的内容才会更有吸引力，让用户觉得其更加专业，从而留住用户。

第6章

头条号，获更多盈利

学前提示：

头条号是今日头条旗下的新媒体平台，致力于为今日头条平台输出优质的内容，为用户提供优质的服务。本章笔者讲解了如何拥有并运营好头条号，希望能帮助运营者获得收益。

要点展示：

➢ 打造账号，助力运营

➢ 五大形式，创作内容

➢ 引导流量，积累用户

6.1 打造账号，助力运营

今日头条是北京字节跳动科技有限公司于 2012 年开发的一款推荐引擎产品，它是基于个性化给用户进行推荐的平台，向用户推荐的内容包括新闻、音乐、游戏、购物、小说等。头条号作为今日头条旗下的新媒体平台，致力于为今日头条平台输出更多优质的内容，把打造良好的内容生态平台作为未来的发展方向。

接下来，笔者将为大家具体介绍头条号的注册登录、信息设置和账号认证等方面的相关知识，希望能在头条号的运营方面给运营者一定的帮助。

6.1.1 注册登录，随时随地

想入驻头条号的运营者，可以利用手机号码快速注册并登录头条号，其具体操作步骤如下。

步骤 01 在手机上安装并打开今日头条 App，进入今日头条平台首页，点击 按钮，如图 6-1 所示。

步骤 02 执行操作后进入新的界面，点击该界面中的"登录"按钮，如图 6-2 所示。

图 6-1 点击相应按钮　　　　图 6-2 点击"登录"按钮

步骤 03 进入登录界面，点击"抖音一键登录"按钮，如图 6-3 所示。

步骤 04 运营者登录今日头条 App 时，除了可以用抖音号登录外，还可以用微信或者其他方式进行登录，运营者可以根据自己的情况选择具体的登录方式，如图 6-4 所示。

图 6-3 点击"抖音一键登录"按钮　　　图 6-4 更多登录方式

6.1.2 信息设置，言简意赅

关于头条号的账号信息设置，笔者主要讲解名称、头像、介绍的设置，操作同样较为简单，具体的操作如下。

步骤 01 登录头条号后，进入"我的"界面，点击账号名称，如图 6-5 所示。

步骤 02 执行操作后，进入个人账号主页，点击"编辑资料"按钮，如图 6-6 所示。

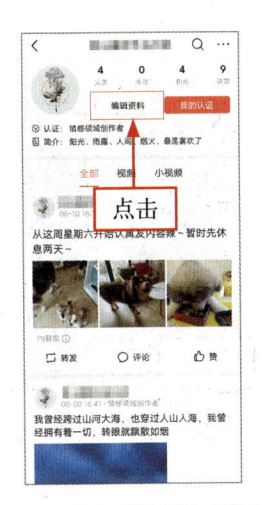

图 6-5 点击账号名称　　　图 6-6 点击"编辑资料"按钮

步骤 03 进入"编辑资料"界面，账号的头像、名称、介绍都可以在这个界面进行设置或修改。首先，选择该界面中的"头像"选项，如图 6-7 所示。

步骤 04 执行操作后，底部会弹出一个列表框，运营者根据自己的情况选择设置头像的方式，一般来说，选择"使用抖音头像"选项为佳，如图6-8所示，头像就修改成功了。

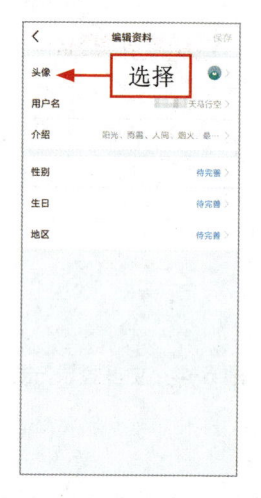

图6-7 选择"头像"选项

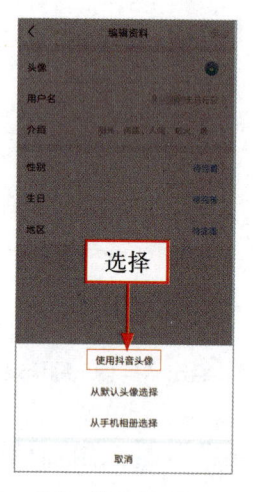

图6-8 选择"使用抖音头像"选项

步骤 05 回到"编辑资料"界面，选择"用户名"选项，此时弹出新的对话框，输入自己的用户名，点击"确定"按钮即可设置成功，如图6-9所示。

步骤 06 回到"编辑资料"界面，选择"介绍"选项，又会弹出新的对话框，输入对自己账号的介绍，点击"确定"按钮即可设置成功，如图6-10所示。

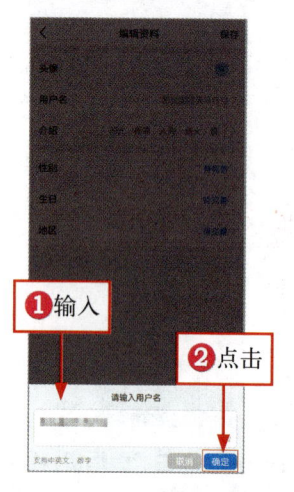

图6-9 点击"确定"按钮

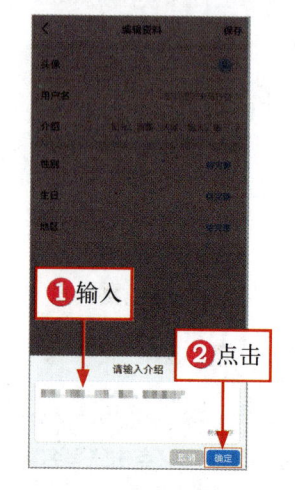

图6-10 点击"确定"按钮

关于运营者如何为自己的头条号取名的问题，笔者有3条建议供大家参考，具体如下。
- 行业领域关键词。一个好的、吸睛的头条号名称，首先应该有一个关键词来表明账号涉及的行业领域，或表示更专业的内容类别，这样才会让用户更容易搜索并精准地找到你的头条号。
- 体现价值的词。在设置头条号名称时，运营者还应该从价值呈现的角度来进行设置。
- 品牌标签关键词。很多头条号名称都贴上了品牌标签，这样不仅可以提升用户的搜索概率，而且有利于提升品牌的辨识度。另外，对于个人新媒体运营者来说，也可以直接用自己的名字作为头条号名称。

6.1.3 账号认证，体现价值

前文介绍的是头条号注册和基础信息设置方面的内容，除了这些之外，如果运营者想要头条号更加完善，并获得更大发展，就有必要完成账号认证，这是头条号开通提现、资质认证和部分功能权限的必要条件。接下来，笔者针对如何完成头条号账号认证进行介绍，以帮助运营者打造更加优质的高权重账号。

头条号的账号认证一般有两个步骤：一是进行身份校验，二是进行账号认证。

1. 身份校验

身份校验主要是上传身份证和进行人脸检测，具体的操作方法如下。

步骤01 进入头条号的个人账号主页（设置账号信息的时候已经提及如何找到个人账户主页，这里不再赘述），点击"申请认证"按钮，如图6-11所示。

图6-11 点击"申请认证"按钮

步骤02 进入"头条认证"界面，点击该界面的"身份未校验"按钮，如图6-12所示。

步骤03 进入"身份校验"界面，如图6-13所示，根据该界面的提示，运营者上传自己的身份证照片，上传完成后，点击"提交认证"按钮。

图6-12 点击"身份未校验"按钮　　　图6-13 进入"身份校验"界面

步骤04 执行操作后，进入身份信息的确认界面，确认无误后，点击"确定"按钮，如图6-14所示。

步骤05 进入"人脸检测"界面，点击"开始认证"按钮，如图6-15所示。然后根据屏幕上的提示进行摇头、点头、眨眼等一系列操作。

步骤06 人脸检测成功后，该界面会出现"认证成功"的字样，点击"确定"按钮，如图6-16所示。

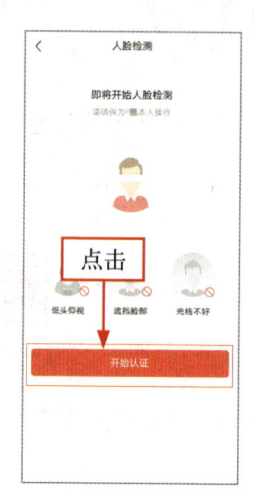

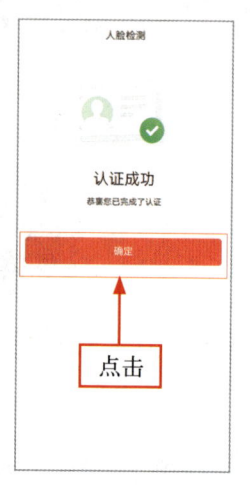

图6-14 点击"确定"按钮　　图6-15 点击"开始认证"按钮　　图6-16 点击"确定"按钮

2. 账号认证

头条号的账号认证有职业认证、兴趣认证和企业认证3种形式。这3种认证的操作步骤差别不大，运营者可以根据平台的认证操作提示进行操作。下文以兴趣认证为例简单介绍一下认证的流程，具体操作如下。

步骤01 进入"头条认证"界面，选择该界面中的"兴趣认证"选项，进入"兴趣认证"界面，先浏览一下界面内容，然后点击"申请创作者"按钮，如图6-17所示。

步骤02 执行操作后，进入"选择兴趣领域"界面，这时可以看到该界面有很多领域选项，运营者可以选择自己感兴趣的领域或者比较擅长的领域，但是只可以选择一个，这里选择的是"情感"领域，如图6-18所示。

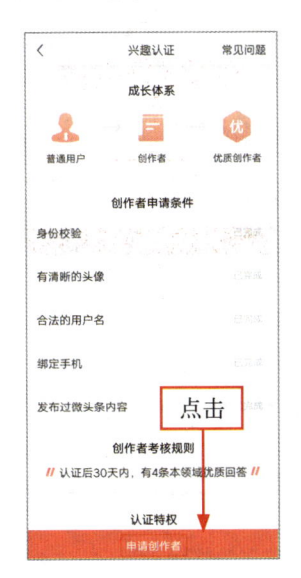

图6-17　点击"申请创作者"按钮　　　　图6-18　选择"情感"领域

步骤03 选择领域后会弹出一个信息提示框，运营者确定所选领域后，点击"确认申请"按钮，如图6-19所示。需要注意的是，认证有30天的考核期，领域确定后，在考核期内是不可以修改的，所以运营者在选择认证领域的时候还需要慎重考虑。一般来说，还是选择自己擅长的领域为佳。

步骤04 执行操作后，会弹出一个文字内容为"已认证，进入考核期"的对话框，点击"好的"按钮，如图6-20所示。

步骤05 执行操作后，返回"头条认证"界面，在兴趣认证处会出现"请30天内完成任务,否则将取消认证"的提示。接下来,运营者可以点击"去回答"按钮，进入回答问题的界面，选择所申请领域的4个问题进行回答，如图6-21所示。笔者建议编辑答案时可以增加一些相关的配图进行辅助说明，这样可以让答案更加丰富和真实，完成后，只需耐心等待平台审核即可。

图 6-19　点击"确认申请"按钮　　　　图 6-20　点击"好的"按钮

(a)　　　　　　　　　　(b)

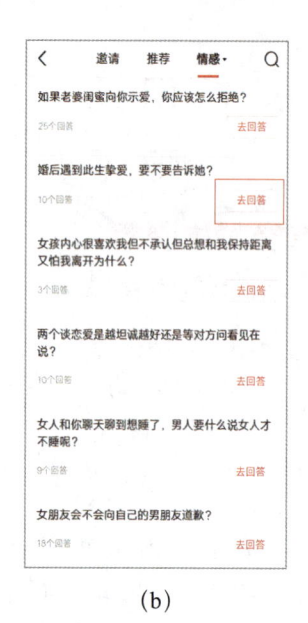

图 6-21　完成回答问题任务

6.2　五大形式，创作内容

头条号的内容形式几乎囊括了所有新媒体的内容形式，包括文章、微头条、图集、小视频、问答、音频、视频、视频合辑、直播及专栏等。运营者可以选择一两种自己擅长的内容创作形式，深耕某个垂直领域，以创作出既符合平台规则，又迎合用户喜好的爆款内容。

6.2.1 发布文章，规避违规

运营者最好在计算机上进行文章内容的写作，因为在计算机上排版更方便，具体操作如下。

步骤01 在计算机上登录头条号，进入头条号后台，单击左侧导航栏中"发头条"按钮，如图 6-22 所示。

图 6-22 单击"发头条"按钮

步骤02 执行操作后，进入文章内容创作页面，在该页面进行文章的写作和图片的排版，如图 6-23 所示。

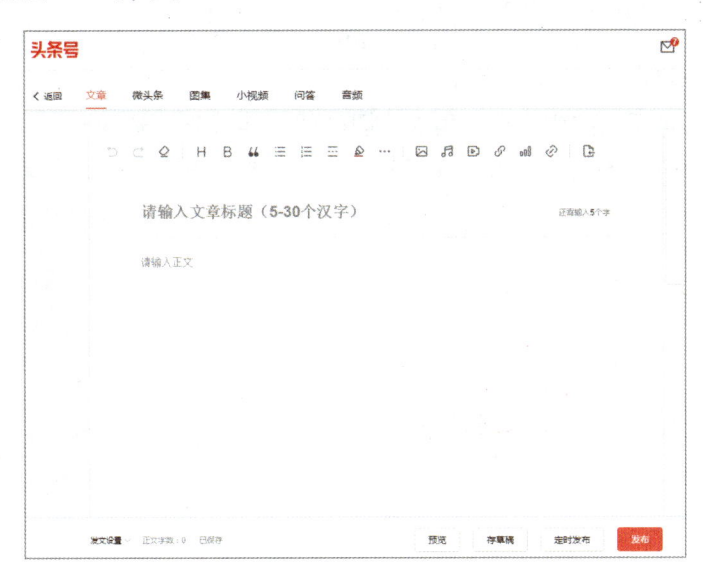

图 6-23 文章内容创作页面

步骤03 创作完内容后，在下方继续设置文章的展示封面、发文特权、投放广告等选项信息，最后单击"发布"按钮进行内容的发布，如图 6-24 所示。

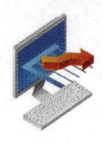

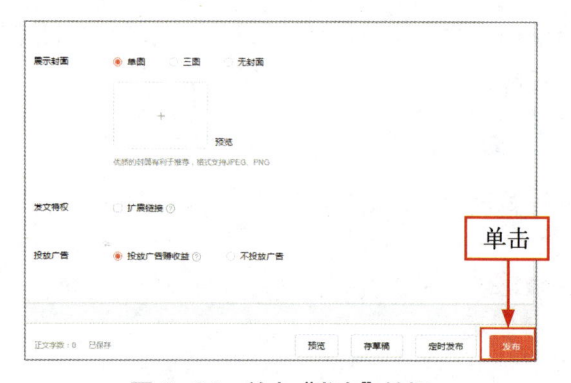

图 6-24 单击"发布"按钮

今日头条的内容推送是有规范的，只有符合平台规范的内容，才能在保障内容质量的同时将内容推送出去。不符合规范的内容，是不能通过审核的，甚至还可能因为严重违规而被封号。

6.2.2 发微头条，加强互动

与其他内容产品相比，微头条的互动性明显更强。运营者可以通过微头条随时随地把身边发生的新鲜、有趣的事情分享给用户，完成与用户的互动，而且这些分享是不占用头条号的正常发文量的。

因此，运营者可以利用微头条产品功能来吸引更多用户关注，增强用户黏性，为成功打造爆款奠定更好的用户基础。下面，笔者将介绍发布微头条的具体操作。

进入头条号后台的内容创作页面，切换至"微头条"选项卡，在该选项卡的文本框中输入微头条内容，单击+按钮上传图片，编辑完成后单击"发布"按钮，如图 6-25 所示。

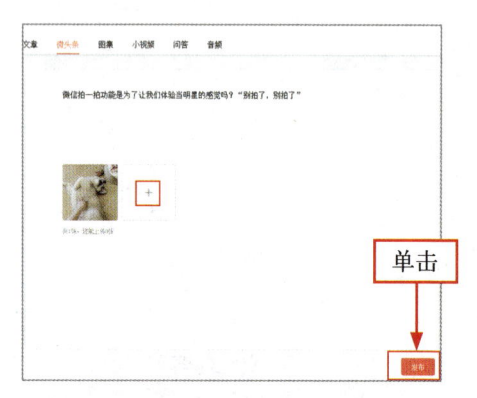

图 6-25 单击"发布"按钮

在进行微头条内容运营时，运营者要了解和注意微头条的一些特点，这样才可以顺利且有效地管理微头条。微头条的特点主要有以下3个。
- 只有个人类型的头条号才具有微头条发布功能。
- 发布微头条不会影响头条号文章的正常推荐。
- 微头条的阅读量不计入头条号的累计阅读量。

6.2.3 创作图集,简单快捷

在今日头条平台的图文内容形式中,除了图文相结合的内容,还有一种由多张图片组成的图集内容。制作图集内容时,图片作为推送内容的构成主体,是有质量和内容范围要求的,具体违规内容包括有不良诱导倾向的图片;偷拍类图片;男女亲密同框与易引发低俗、恶俗等不良想象的图片等。

如果运营者发布的图集中包括上面这些违规内容,是会受到平台处罚的,轻则将图集文章退回,重则将被禁言或封号,发布图集的具体方法如下。

步骤01 进入头条号后台的内容创作页面,切换至"图集"选项卡,在"发布图集"选项区中单击"添加图片"按钮,如图6-26所示。

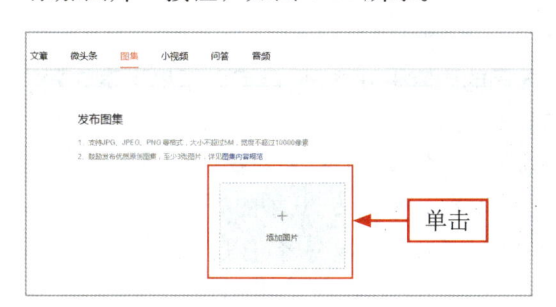

图6-26 单击"添加图片"按钮

步骤02 执行操作后,弹出对话框,在该对话框中,平台提供了4种图片选择方式,包括上传图片、免费正版图片、国风图库和素材库,如图6-27所示。

图6-27 4种图片选择方式

步骤03 选择好图片后,返回"图集"选项卡,对图集内容进行编辑,如设置

标题和封面、添加图片和设置广告投放方式等，最后单击"发布"按钮，即可发表图集，如图 6-28 所示。

图 6-28　编辑图集内容并单击"发布"按钮

6.2.4　发小视频，便捷创作

"小视频"是头条号的内容形式之一，其可以帮助运营者更加便捷地创作和管理，发布小视频的具体操作步骤如下。

步骤 01 进入头条号后台的内容创作页面，切换至"小视频"页面，单击"上传视频"按钮，如图 6-29 所示，上传 30 秒内的竖屏小视频。

步骤 02 上传小视频素材后，运营者可以在下方文本框中添加一些视频描述内容，然后单击"发布"按钮即可，如图 6-30 所示。

图 6-29　单击"上传视频"按钮　　　　图 6-30　单击"发布"按钮

另外，运营者还可以直接使用今日头条 App 拍摄原创小视频内容。下面，笔者介绍一些拍摄小视频的技巧，以帮助运营者更快地引流涨粉。

● 拍摄有趣或有创意的生活画面。

- 使用竖屏拍摄，让画面铺满整个手机屏幕，提升用户的观看体验。
- 小视频的内容要有主题，剧情逻辑清楚，视频时长要大于 5 秒。
- 拍摄时保持手机镜头的稳定，保证画面足够清晰。
- 使用适当的背景音乐、贴纸和特效，让视频内容更加精彩。
- 选择一张有吸引力的封面图片。
- 积极参与平台推出的话题活动，增加视频内容的话题性，获得流量推荐。
- 视频描述内容要简短精练，控制在 15 个字以内，并能突出小视频的重点内容。

运营者可以将自己的头条号与抖音号、火山小视频账号绑定在一起，这样在这些渠道制作和发布短视频内容时，可以选择"发布的视频同步至今日头条／西瓜视频"选项，将其同步展示到头条号的"内容管理"页面中。

6.2.5 创建音频，不限题材

运营者可以在头条号后台发布不限制题材和场景的音频专辑内容，需要注意的是，只要是可以用声音表达的内容，都可以创建为音频专辑。

运营者如需发布音频专辑内容，可以进入"音频"内容创作页面，设置相应的专辑名称、专辑详情、专辑封面、专辑分类及预计更新章节等选项信息，最后单击"发布"按钮即可，如图 6-31 所示。

图 6-31　单击"发布"按钮

运营者执行完上述操作后，进入音频专辑的审核流程。音频专辑被平台审核通过后，运营者即可前往章节管理页面上传录制好的音频内容。

另外，头条号运营者还可以进入"章节管理"页面，对音频专辑的章节进行移除、修改及排序等操作。下面，笔者介绍一些发布音频专辑内容的注意事项。

- 如果头条号运营者创作的是单篇的音频内容，就有在今日头条的信息流中

获得单独曝光展示的机会。因此，头条号运营者在发布音频专辑的单篇音频内容的时候，可以为该篇音频单独取标题，需要注意的是，尽量不要使用"第××章"或"第××期"等章节性明显的字眼。

- 设置音频的"作品简介"内容时，运营者一定要认真填写，这样可以为专辑带来更多关注。
- 除了外文歌曲，音频的标题和内容尽量使用中文，保证用户有良好的收听及收看体验。
- 在编辑音频标题时，有些内容是不能使用的，否则很难通过平台审核，如数字、繁体字、低俗字眼、非常规符号等。另外，标题的字数为5~15个字，不要过短或过长。
- 音频内容不能有背景杂音，音质必须清晰，否则会降低用户体验。
- 音频内容要有版权，必须为头条号运营者自己的原创内容，或者已获得相关权利人的授权。

6.3 引导流量，积累用户

在今日头条平台上，运营者可以利用的内容形式和功能是多样的，而这些内容形式和功能也都是为头条号引导流量的有力工具。本节笔者就从六大形式和功能出发，介绍如何利用这些内容形式和功能为头条号涨粉。

6.3.1 视频内容，快速涨粉

短视频内容作为今日头条平台的一种重要内容形式，能够实现快速引流的目的。且相对于软文内容而言，短视频带给用户的视觉冲击力度更大。当然，对短视频内容而言，其标题与封面在引流方面的重要性不言而喻。不过，除了它们之外，想要获得更多的高黏性用户，优质的视频内容尤为重要。

只要视频中的内容有价值，或是有趣味，或是有实用性，就可能会吸引到用户并且获得他们的关注。

6.3.2 头条动态，稳定涨粉

在今日头条平台上，通过PC端进入一个头条号主页，此时会发现该页面的账号下方显示了3类内容，即文章、视频和微头条。头条号发布的微头条内容会根据用户偏好推送到其所打开的头条平台首页，如果用户对头条内容感兴趣，则会进一步点击右上角的"关注"按钮，成为该头条号的粉丝。

微头条与微信朋友圈中的动态非常类似，其内容篇幅非常简短，在"微头条"

页面用户无须点击即可阅读。因此，运营者只需要用几句话或几张图片就能吸引用户的注意，并使用户产生好奇，或者能够获取用户的认同。

在引流方面，微头条除了利用优质的简短内容来实现引流外，更重要的是，对一些新创建的头条号而言，由于还处于体验期，其所推送的图文内容并不能被推荐给粉丝以外的用户。

因此，除了主动邀请外，通过微头条来引流是最佳且最有效的方式，原因主要有以下两个方面。

- 微头条内容简短，编辑起来很简单。因此，运营者在微头条内容中分享一些精辟的、干货式的知识点，在有价值内容的支撑下，很容易增加头条号的用户量。
- 发微头条的操作非常简单，还可以在其中加入一些软文的引流话术，这样不仅不会影响平台推荐，而且还能轻松实现引流。当然，这种引导语可以用多种形式发布，如可以通过优质的内容来直接引导。

运营者转发自己已经发布过的图文内容或视频内容的具体方法如下。

步骤01 登录今日头条App，进入"我的"界面，点击该界面中的"创作中心"按钮，如图6-32所示。

步骤02 执行操作后，进入"创作中心"界面，选择自己要转发到头条号的内容，点击该内容右边的…按钮，如图6-33所示。

图6-32　点击"创作中心"按钮　　　图6-33　点击相应按钮

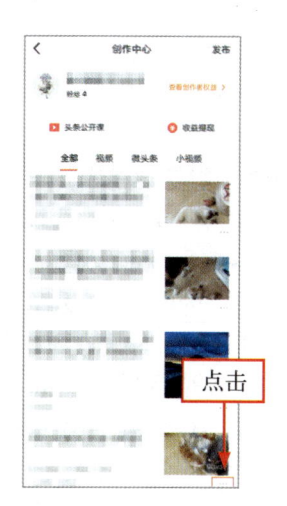

步骤03 执行操作后，在底部弹出的列表框中选择"分享"选项，如图6-34所示。

步骤04 执行操作后，会弹出一个新的对话框，点击"转发到头条"按钮，如

图 6-35 所示。

步骤 05 执行操作后，进入"发布"界面，编辑好文字后点击"发布"按钮，如图 6-36 所示。

图 6-34 选择"分享"选项　　图 6-35 点击"转发到头条"按钮　　图 6-36 点击"发布"按钮

6.3.3 转发抽奖，增强黏性

今日头条平台推出了"转发抽奖"功能，其是帮助运营者增加内容传播的渠道之一，能够吸引更多用户参与转发与互动，进而产生很好的涨粉效果。然而，申请开通"转发抽奖"功能必须满足一定的账号等级要求，目前只有达到"金 V"或"黄 V"等级的头条号才能申请。

符合条件的头条号，运营者可以在今日头条手机端上给头条抽奖平台提出"发起抽奖"的申请，客服收到申请后，将会对运营者进行审核，时间为 3 个工作日，运营者只需申请后耐心等待即可，具体操作方法如下。

步骤 01 登录今日头条 App，进入"我的"界面，点击界面中的"钱包"按钮，如图 6-37 所示。

步骤 02 执行操作后，进入"我的钱包"界面，点击"全民抽奖"按钮，如图 6-38 所示。

步骤 03 进入"全民抽奖"界面，点击界面下方的"发起抽奖"按钮，如图 6-39 所示。

图6-37 点击"钱包"按钮　　　　图6-38 点击"全民抽奖"按钮

步骤04 执行操作后,进入"发起抽奖"界面,按照平台要求正确填写信息,完成后点击"发起抽奖"按钮,如图6-40所示。

图6-39 点击"发起抽奖"按钮　　　　图6-40 点击"发起抽奖"按钮

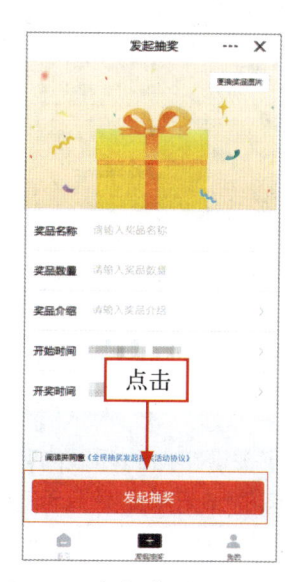

"转发抽奖"功能不仅可以帮助运营者迅速扩大内容推广面,还可以助其实现更快涨粉的目标。同时,还能增加运营者与用户之间的互动,增强用户黏性和信任度,可以实现多平台的账号联动,扩大知名度,增加曝光度,为后续的变现提供更多的

可能。

6.3.4 私信功能，轻松吸粉

微博、微信公众平台上都有私信功能，今日头条平台上也专门设置了"私信"菜单。一些粉丝可能会通过该功能给运营者发信息，运营者可以时常查看一下，并利用私信回复来进行引流，如图6-41所示。

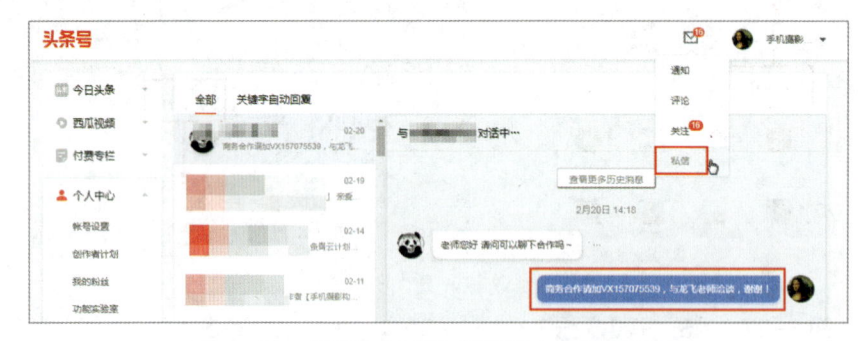

图6-41 某运营者利用"私信"回复进行引流

在"私信"页面，运营者除了可以查看收到的私信外，还能使用"关键字自动回复"功能设置相应的回复内容，如图6-42所示。

图6-42 设置"关键字自动回复"功能

设置了关键字自动回复内容的头条号，当其收到的私信中含有前面已经设置的关键字内容时，无需运营者手动操作，系统将自动进行相关内容的回复。收到关注账号回复的用户可能会因此增加对该头条号的好感，有利于增强粉丝黏性。

6.3.5 互粉互推，合作吸粉

所谓"互粉"，就是账号双方互相成为对方的粉丝。很多时候，都是运营者关注了其他头条号，但对方没有回关。此时，为了保证实现互粉，运营者可以在对方推送的内容中留言，提出希望互粉的想法，如"诚信互粉""粉必回"等，这样能在很大程度上提升互粉的成功率。

互推与互粉的不同之处在于，互推还需要借助一定的内容来实现。在头条号的互推增粉过程中，一般有以下两种情况。

- 头条号调性相似：运营者可以经过思考衡量，选择一些与自己风格调性相似的头条号，进行软文、视频等内容的互推。需要注意的是，在这个过程中，互推的理由非常重要，会直接影响互推结果。
- 头条号大号带小号：有些头条号并不是单独存在的，而是存在头条号矩阵的，此时就可以采用大号带小号的办法推动矩阵号的粉丝发展。

6.3.6 互动话题，内容涨粉

利用互动话题内容来涨粉，归根结底，还是得力于内容的作用和头条号的发展。也就是说，头条号打造一个互动话题，可以在增强粉丝黏性的基础上，吸引更多有意愿参与话题的粉丝关注。那么，这些话题一般是什么呢？它们又是如何引导用户关注呢？下面，笔者将进行具体介绍。

一般来说，头条号打造的互动话题，有以下两个方面的要求。

- 一是打造具有吸引力的话题。要有足够吸引用户参与的动力，如提供某方面的福利、利用话题引导用户发表看法等。
- 二是在时间和具体事务上的安排。一般来说，话题打造是可以通过提前给出信息来吸引更多粉丝的，且在用户参与的过程中和话题结束后的安排上要妥当。同时，运营者要充分注意引导用户，提升用户体验，并及时根据用户的观点给出自己的态度。

第 7 章

抖音号,受商家青睐

学前提示:

刷短视频已经成为人们打发空闲时间的重要娱乐方式。短视频领域的巨大红利受到运营者的青睐,越来越多的企业和品牌将自己的目光转移到了短视频领域。抖音作为短视频界的行业巨头,流量红利自然不少,因此,本章笔者主要介绍抖音号的运营技巧。

要点展示:

➢ 专属账号,信息设置
➢ 内容制作,助力运营
➢ 抓住关键,打造爆款
➢ 账号增粉,实现盈利

7.1 专属账号，信息设置

本节笔者主要讲解抖音账号的登录和信息设置方面的相关知识，因为抖音不像其他平台有复杂的注册、登录流程，所以重点放在信息设置的介绍上，对注册、登录的流程只进行简单的介绍。

7.1.1 账号登录，简单直接

抖音平台无须进行复杂的账号注册操作，运营者只需用手机号或微信等账号直接登录即可。具体来说，可以通过如下操作登录抖音短视频平台。

步骤 01 进入抖音短视频 App 之后，点击"推荐"界面中的"我"按钮，如图 7-1 所示。

步骤 02 操作完成后，进入账号登录界面，我们可以点击"本机号码一键登录"按钮，用手机号码登录抖音，如图 7-2 所示。

步骤 03 除了手机号码登录之外，还可以通过其他方式登录抖音，如图 7-3 所示。

图 7-1　点击"我"按钮　　图 7-2　用手机号码登录抖音　　图 7-3　用其他方式登录抖音

7.1.2 修改名字，突出特点

抖音的昵称（抖音账号名字）需要有一定的特点，而且最好和账号定位相关。抖音修改名字的操作步骤也非常方便，具体如下。

步骤 01 登录抖音短视频 App，进入平台推荐页，点击下方的"我"按钮，如

图7-4所示。

步骤02 进入"我"界面之后,点击该界面的"编辑资料"按钮,如图7-5所示。

图7-4 点击"我"按钮　　　　　图7-5 点击"编辑资料"按钮

步骤03 进入"编辑资料"界面之后,选择"名字"选项,如图7-6所示。

步骤04 执行操作后,进入"修改名字"界面,运营者根据自己的需要输入名字,然后点击"保存"按钮,如图7-7所示。

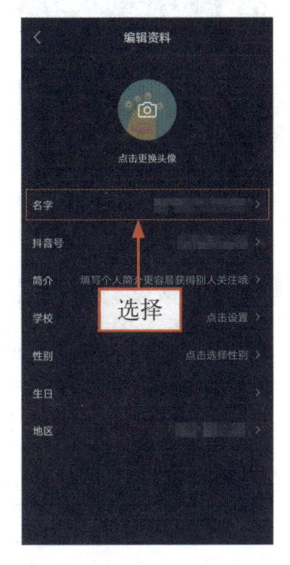

图7-6 选择"名字"选项　　　　　图7-7 点击"保存"按钮

设置抖音名字时有两个基本的技巧，具体如下。
- 名字不能太长，太长用户不容易记住，一般以 3~5 个字为佳。
- 最好能体现人设，即用户看见名字就能联想到人设。人设是指人物设定，包括姓名、年龄、身高等人物的基本设定，以及企业、职位和成就等背景的设定。

7.1.3 替换头像，展现魅力

抖音账号的头像也需要有特点，必须展现运营者最有魅力的一面，或者展现企业的良好形象。抖音账号的头像设置主要有以下两种方式，具体如下。

1. "我"界面修改

在抖音"我"界面中，用户可以通过以下步骤修改头像。

步骤01 登录抖音短视频 App，并进入"我"界面，点击该界面的"头像"按钮，如图 7-8 所示。

步骤02 执行操作后，在弹出的列表框中，选择"从相册选择"选项，如图 7-9 所示。

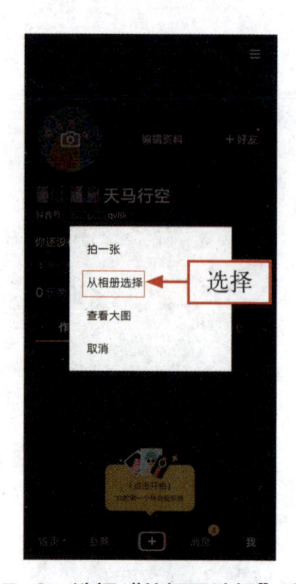

图 7-8　点击"头像"按钮　　　图 7-9　选择"从相册选择"选项

步骤03 进入本地相册之后，运营者根据自己的需求选择合适的图片，然后点击"确认"按钮，如图 7-10 所示。

步骤04 执行操作后，进入"裁剪"界面，然后对图片进行适当裁剪，最后点击"完成"按钮，如图 7-11 所示。

图 7-10 点击"确认"按钮　　　图 7-11 点击"完成"按钮

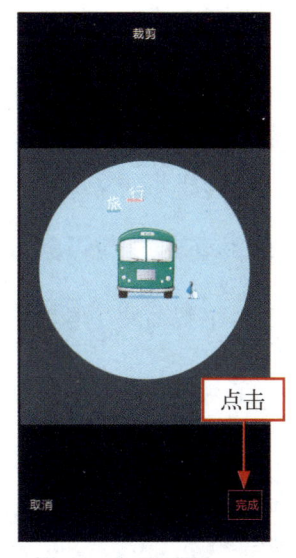

2. "编辑资料"界面修改

在"编辑资料"界面中，运营者只需点击账号头像，然后选择"从相册选择"选项，如图 7-12 所示。后面的操作步骤与在"我"界面修改头像的步骤是一样的，笔者这里不再赘述。

(a)　　　　　　　　　　(b)

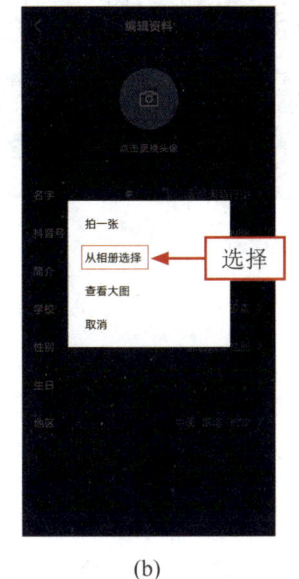

图 7-12　点击账号头像并选择"从相册选择"选项

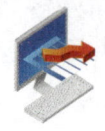

在设置抖音头像时有 3 个基本技巧，具体如下。
- 头像一定要清晰。
- 个人的人设账号一般使用运营者的个人肖像作为头像。
- 团体的人设账号可以使用代表人物形象的图片，或者使用公司名称、Logo 等标志作为头像。

7.1.4 填写简介，清晰明了

抖音的账号简介通常简单明了，主要的原则是"描述账号+引导关注"，基本设置技巧如下。

- 前半句描述账号的特点或功能，后半句引导用户关注，最好明确出现关键词"关注"。
- 账号简介可以用多行文字，一定要在文字的视觉中心出现"关注"两个字。
- 运营者可以在简介中巧妙引导用户添加微信等，如图 7-13 所示。

(a)　　　　　　　　(b)

图 7-13　巧妙引导用户添加微信

7.1.5 更换头图，用心运营

账号头图就是抖音个人主页界面最上方的图片。部分抖音运营者认为，头图的设置并不重要，其实不然。图 7-14 所示为只有抖音默认头图的抖音号，这张图片给人的感觉就是该运营者的个人主页似乎缺少了什么，画面比较空，如果运营者连头图也不设置，就会给人其没有用心运营这个账号的感觉。

其实，即便是随意换一张图片，给用户的感觉也会比直接用抖音号的默认图片要好得多。不仅如此，头图本身也是一个很好的宣传途径。

例如，运营者可以设置带有引导关注类文字的头图，提高账号的吸粉能力，如图 7-15 所示。

图 7-14　只有抖音默认头图的抖音号

图 7-15　通过头图引导关注

另外，抖音运营者还可以在头图中展示自己的业务范围，让用户一看就知道该账号及运营者是创作哪方面内容的。这样一来，当抖音用户有相关需求时，便会将运营者作为重要的选择项。图 7-16 所示为利用头图吸引客户的案例。

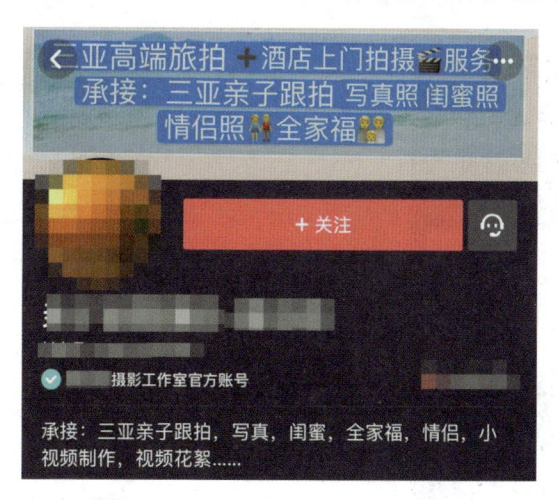

图 7-16　利用头图吸引客户的案例

那么，如何更换抖音头图呢？下面，笔者简单介绍操作步骤。

步骤 01　登陆抖音短视频 App，并进入"我"界面，点击界面上方头图所在位置，如图 7-17 所示。

步骤 02 进入头图展示界面，点击界面下方的"更换"按钮，如图 7-18 所示。

图 7-17 点击头图所在的位置

图 7-18 点击"更换"按钮

步骤 03 执行操作后，弹出列表框，选择列表框中的"从相册选择"选项，如图 7-19 所示。

步骤 04 执行操作后，进入本地相册，选择需要作为头图的图片，然后点击"确认"按钮，如图 7-20 所示。

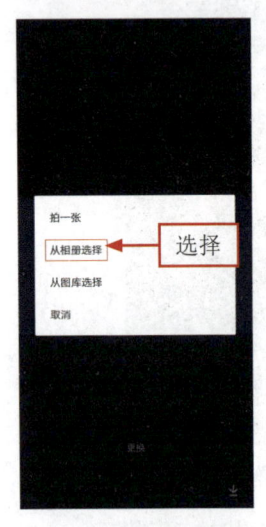

图 7-19 选择"从相册选择"选项

图 7-20 点击"确认"按钮

步骤 05 进入"裁剪"界面之后，对图片进行相应的剪裁。完成后，点击下方的"完成"按钮，如图 7-21 所示。

步骤 06 完成上述操作后,就会返回"我"界面,这时头图就更换完成,如图 7-22 所示。

图 7-21 点击"完成"按钮

图 7-22 头图更换完成

7.1.6 其他信息,提高吸引

除了名字、头像、简介和头图外,抖音运营者还可以对学校、性别、生日和地区等账号信息进行设置。这些资料需要进入"编辑资料"界面进行修改,如图 7-23 所示。

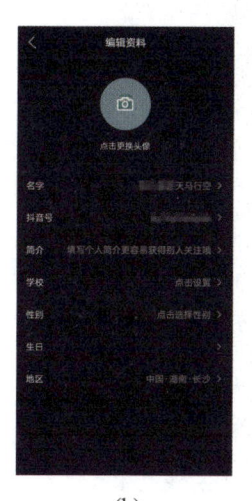

(a) (b)

图 7-23 修改其他信息

在这四类账号信息中，学校和地区信息相对于其他信息来说更重要。学校的设置，特别是与账号定位一致的学校信息的设置，能让用户觉得账号运营者更加专业，从而提高账号内容对用户的吸引力。而地区的设置，则能更好地吸引同城用户的关注，从而增加账号运营者旗下实体店的流量。

7.2 内容制作，助力运营

抖音作为一个音乐短视频平台，音乐无疑是构成短视频内容的重要因素。利用平台上各种各样的音乐，运营者可以通过 3 种方式进行内容的制作，即拍摄同款、选择音乐、转发视频，本节笔者将逐个进行介绍。

7.2.1 拍摄同款，自带流量

运营者在浏览抖音平台视频内容时，会看到感兴趣的内容，这时就可以通过"拍摄同款"来拍摄具有相同背景音乐的视频，如此可以让运营者缩短选择背景音乐的时间，便于提高其制作视频的效率。下面，笔者就其操作步骤进行介绍，具体如下。

步骤 01 进入抖音短视频 App 之后，选择感兴趣的视频，点击右下角的 按钮，如图 7-24 所示。

步骤 02 在进入新的界面之后，点击该界面下方的"拍同款"按钮，如图 7-25 所示。

图 7-24　点击相应按钮　　　　图 7-25　点击"拍同款"按钮

步骤 03 执行操作后，进入视频拍摄界面，点击下方的 ● 按钮；拍摄完成后点击 ✓ 按钮，如图 7-26 所示。

步骤 04 进入编辑视频界面，运营者根据自己的需求和喜好为短视频增加亮点，编辑完成之后，点击"下一步"按钮，如图 7-27 所示。

步骤 05 执行操作后，进入视频"发布"界面，运营者按照要求输入信息，完成之后点击"发布"按钮，如图 7-28 所示。

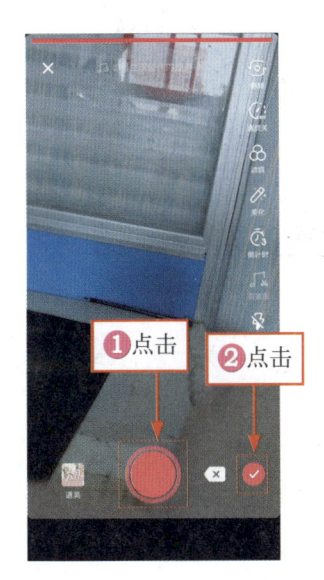

图 7-26　拍摄完成后点击相应按钮　　图 7-27　点击"下一步"按钮　　图 7-28　点击"发布"按钮

7.2.2　选择音乐，增加推荐

运营者用抖音拍摄视频时，还可以根据需要选择平台提供的背景音乐进行拍摄，尤其是选择热门的音乐，这样短视频就能获得平台更多的推荐，吸引到更多的用户观看。同样地，也能像拍摄同款视频一样缩短运营者制作视频的时间。选择音乐拍摄视频的具体步骤如下。

步骤 01 进入抖音短视频 App 首页之后，点击界面下方的 ⊞ 按钮，如图 7-29 所示。

步骤 02 进入视频拍摄界面，点击该界面上方的"选择音乐"按钮，如图 7-30 所示。

步骤 03 执行操作后，进入"选择音乐"界面，接着从该界面进入"歌单分类"界面。在"歌单分类"界面选择合适的歌单，然后从中选择合适的音乐，如图 7-31 所示。

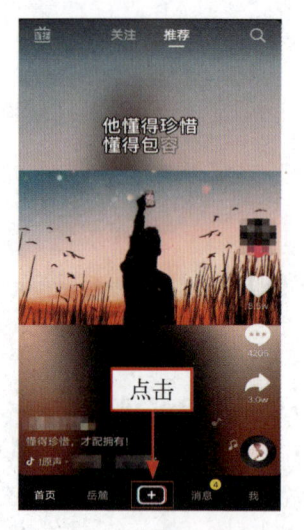

图 7-29　点击相应按钮

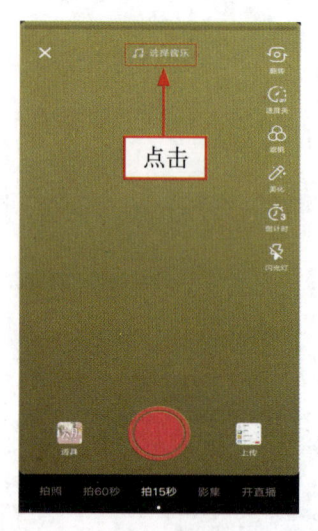

图 7-30　点击"选择音乐"按钮

(a)　　　　　(b)

图 7-31　选择合适的背景音乐

步骤 04　执行操作后，即可进入拍摄视频界面，然后按照 7.2.1 "拍摄同款"的步骤 3 至步骤 5 完成视频的拍摄、编辑和发布。

7.2.3　转发视频，获取素材

视频内容的创作和素材的获取让很多视频运营者感到迷茫。下面，笔者介绍 3 种获取视频素材的途径，具体如下。

1. 转发分享其他短视频 App 的内容

短视频是新媒体领域的重要内容形式之一。随着短视频平台和关注用户的增多，各个短视频 App 上的内容五花八门，包含了生活和工作的各个方面，基本可以满足不同兴趣爱好的用户的需求。而这些 App 上的短视频，也是可以转发用来作为视频素材的，只是转发分享时需要注明原创及授权。虽然是分享与转发，但如果视频素材选择得好，一样可以起到吸粉、引流的作用。

2. 来源于经典电影片段

自电影诞生以来，涌现了许多经典的影片，其中必然有运营者所喜欢的，运营者在看到某部影片的某一片段时，可能会有自己的一些感悟和观点。这些感悟和观点都是可以作为短视频素材来源的，只要把它们录制下来，再加上经典影片片段，很简单地就打造了一个受人喜欢且又是原创的短视频。

3. 自己拍摄视频

除了上述两种方法可以获得视频素材外，还可以通过自己拍摄视频来获取素材。当然，如果运营者想要自己拍摄视频，就需要精通拍摄技能和视频处理技能，这样才能保证发布的短视频内容是优质的，才能获得更多人的喜欢和点赞。

7.3 抓住关键，打造爆款

运营者想要自己的抖音号获得更多用户的关注，应该有拿得出手的爆款短视频。那么，运营者要如何才能制作出爆款短视频呢？本节笔者总结了 3 个要点，运营者在策划和制作视频的过程中可以进行参考。

7.3.1 "惊"到人，增加点击

俗话说："物以稀为贵。"同样，在短视频领域，那些能让人一瞬间感到吃惊的视频，也总是会吸引更多人点击播放。因为既然有"惊"，就表示视频内容已经在某一点上触动了用户，用户进而点赞、评论和转发等也就顺理成章了。那么，什么样的内容会"惊"到人呢？一般说来，主要有以下 3 种类型。

- 发布的视频内容是其他抖音号未发过的或是很少见的，这样的内容一般会因为比较新颖而"惊"到人。
- 与"新"相似的还有"奇"，也就是说，如果内容能让人产生意外感，也能"惊"到人。
- 搞笑类的视频内容一般也能"惊"到人，其原因就在于内容的有趣性，能引人发笑和让人愉悦。

7.3.2 "颜"动人,增加播放

从古至今,赞美颜值的词语众多,如沉鱼落雁、闭月羞花、倾国倾城等,它们除了表示被形容者长相漂亮外,还附加了一些漂亮所引发的效果。可见,颜值高还是有一定影响力的,有时甚至会起决定性作用。

这一现象同样适用于爆款短视频的打造。当然,这里的颜值并不仅仅指人,它还包括好看的事物、美景等。从人的方面来说,先化一个精致的妆容再进行拍摄,是轻松提升颜值的便捷方法;从事物、美景等方面来说,是完全可以通过原本的美再加上高超的摄影技术来实现的,如精妙的画面布局、构图和特效等,利用这些技术就可以打造一个高推荐量、播放量的短视频。

7.3.3 "萌"翻人,一秒吸睛

在互联网中,"萌"作为一个特定形容词,奠定了其在用户心中重要的审美地位,同时也得到了很多用户的青睐,无论男女老少,都有它的忠实粉丝。在短视频这一碎片化的视频内容中,瞬间的"萌态"和具有"萌态"的事物都是能一秒吸睛的,"唯萌不破"说的就是如此。

特别是在抖音平台上,以"萌"制胜的视频类型和内容可谓数不胜数。总的来说,包括以下两种,如图7-32所示。

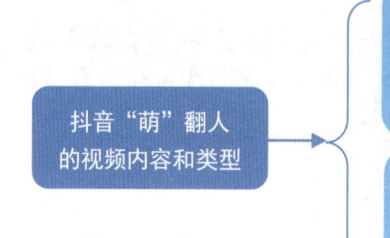

抖音"萌"翻人的视频内容和类型:
- 可爱的萌娃、萌妹,能够让众多父母在发布视频时感到骄傲,他们随便的一个语音、一个动作、一个笑颜,都能俘获众多用户的心
- 毛茸茸的猫猫、狗狗等小动物,也是有众多用户喜爱的,它们能在很大程度上保障视频获得高流量,特别是在选取的"卖萌"场景和角度足够好的情况下

图7-32 抖音"萌"翻人的视频内容和类型

当然,无论是哪一个类型,要想打造爆款,都有一个基本点,那就是视频要有用,或是能让人感到愉悦,或是能让人感动,或是能带给人启发等。

7.4 账号增粉,实现盈利

互联网变现的公式是:流量=金钱。因此,只要运营者有了流量,变现就不再是难题。如今,抖音就是一个坐拥庞大流量的平台。账号运营者只要运用一些小技巧，就可以吸引到相当大的流量。有了流量，就可以使运营者更快地做好各种项目，最终实现盈利。

7.4.1 视频引流，优质高效

抖音引流也有一些基本的技巧，掌握这些技巧之后，账号的引流推广效果将事半功倍。下面，笔者就对这3种抖音的基本引流技巧分别进行解读，希望能给运营者一些有价值的参考。

1. 根据账号定位发布原创视频

视频的原创性不仅是上热门的基本要求，也能起到不错的引流作用。这一点很好理解，毕竟大多数用户刷抖音就是希望看到新奇、有趣的内容。如果运营者的视频都是转发他人的，用户之前已经看过几遍了，那么这个视频可能只播放几秒就被滑过去。在这种情况下，短视频获得的流量又怎么可能会很高呢？因此，运营者尽量发布原创视频是获得高播放量的要求之一。

当然，除了具有内容的原创性之外，发布的短视频还应该满足另一个要求，那就是与账号的定位一致。发布垂直领域的内容除了能吸引用户的持续关注之外，其吸引的用户也会更加精准，更加有利于后期的变现。

2. 根据目标用户发布有趣内容

抖音用户为什么要关注某个抖音账号，成为其粉丝呢？笔者认为，除了账号中相关人员的个人魅力之外，另一个重要的原因就是用户可以从该账号中获得他们感兴趣的内容。

部分用户关注某个账号之后，可能会时常查看该账号的内容。如果运营者的账号很久不更新视频内容，部分粉丝可能会因为长久看不到新的内容，而选择取消关注。

因此，对于抖音电商运营者来说，定期发送用户感兴趣的内容非常关键。这不仅可以增强粉丝的黏性，还能吸引更多用户成为运营者的粉丝。

3. 抛出诱饵吸引用户目光

人都是趋利的，当看到对自己有益的东西时，都会表现出极大的兴趣。抖音运营者可以借用这一点，抛出一定的诱饵来达到吸引目标用户目光的目的。例如，运营者可以通过向目标用户抛出优惠价格，来达到引流推广的目的。

7.4.2 直播引流，直接有效

直播对于抖音运营者来说意义重大，一方面，运营者可以通过直播销售商品，获得收益；另一方面，直播也是一种有效的引流方式。

抖音用户进入某个直播界面后，只需点击界面左上方账号名称和头像所在的位置，界面便会弹出一个账号详情对话框。如果用户点击对话框中的"关注"按钮，原本"关注"按钮所在的位置就会显示"已关注"字样。

除此之外，抖音用户在直播界面中还有一种更简便的关注方法，那就是直接点击直播界面左上方的"关注"按钮。

7.4.3 私信引流，专属流量

抖音支持"发私信"功能，一些用户可以通过该功能给运营者发信息，运营者也可以时常查看一下并回复用户信息。

运营者在回复用户信息的过程中，可以利用回复的消息来进行引流，有需要的可以直接引导用户添加微信、关注微信公众号等，将抖音平台的公共流量变成你的私域流量。图7-33所示为某抖音号运营者利用抖音私信消息引流。

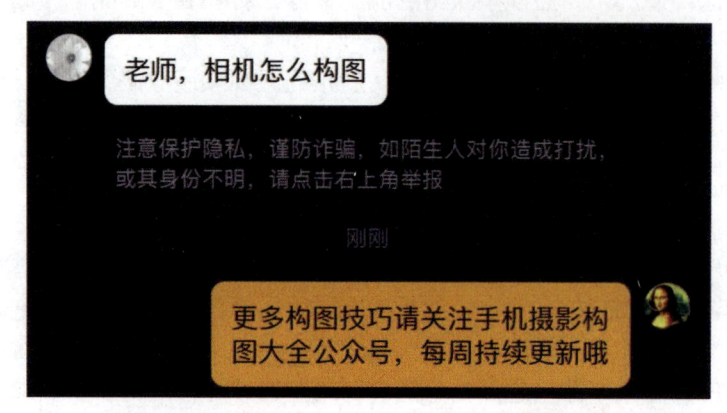

图7-33 某抖音号运营者利用抖音私信消息引流

第 8 章

快手号，又一流量池

学前提示：

第 7 章笔者介绍了抖音号，这一章我们介绍快手号。其实快手号在很多方面与抖音号相似，但是它也有自己的特点，作为短视频领域的另一个流量巨头，运营者在运营快手号的过程中也应该掌握一定的技巧。

要点展示：

- ➤ 注册登录，设置信息
- ➤ 内容制作，打造爆款
- ➤ 内部增粉，获得流量

8.1 注册登录，设置信息

如果运营者想要运营快手账号，首先就要注册一个快手账号，并对账号的信息进行设置，拥有自己的标签，这样才能吸引更多的快手用户关注你的快手号。

快手账号如果没有好的"门面"，用户就没有想要关注运营者快手号的想法。本节，笔者对快手号的登录和信息设置的相关内容进行简单的介绍。

8.1.1 登录账号，无须注册

快手与抖音一样无须进行相关的注册操作，运营者只需用手机号或者是相关平台的账号，即可登录快手号。

那么，具体如何登录快手号呢？接下来，笔者就对相关操作进行介绍。

步骤 01 进入快手短视频 App 首页，然后点击该界面中的"登录"按钮，如图 8-1 所示。

步骤 02 执行操作后，进入账号的登录界面，如图 8-2 所示，输入手机号，点击"下一步"按钮。

步骤 03 执行操作后，快手平台会给你输入的手机号码发送验证码，运营者将收到的验证码输入，然后点击"确定"按钮，如图 8-3 所示。

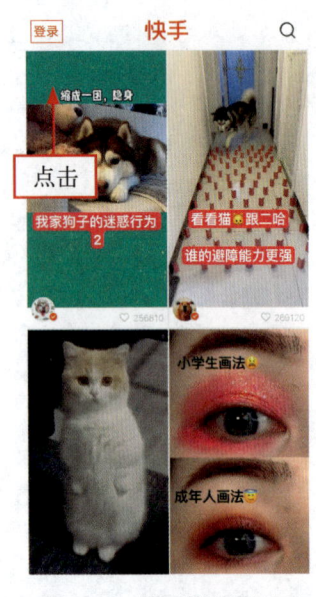

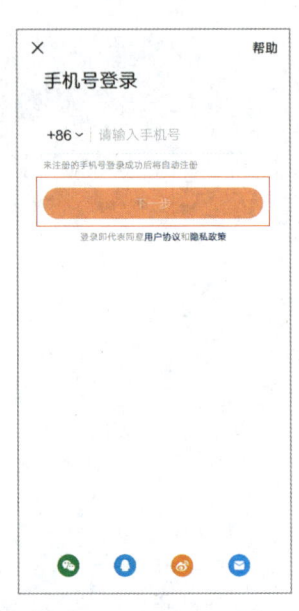

图 8-1　快手的默认界面　　图 8-2　快手的登录界面　　图 8-3　点击"确定"按钮

8.1.2 设置头像，打造形象

快手号头像是快手号的"门面"，许多用户在看一个快手号时，首先看到的是快手号的头像。一个精彩且有吸引力的头像，可以更好地吸引用户关注运营者的账号。因此，头像的设置尤为重要。

通常来说，快手运营者可以根据自己想要达到的目的来设置快手号的头像。也就是说，如果快手运营者的运营重点是打造自身形象，可以将个人照片设置为快手号头像；如果快手运营者所运营的快手号是以销售产品为主，可以将产品图片设置为快手号头像。

那么，在快手短视频平台要如何进行头像的设置呢？下面，笔者就对具体的操作步骤进行说明。

步骤 01 登录快手短视频平台进入"发现"界面，运营者点击该界面中的 ≡ 按钮，如图8-4所示。

步骤 02 执行操作后，弹出一个新的界面，点击账号名称或者头像，如图8-5所示。

图8-4　点击相应按钮　　　　图8-5　点击账号名称或者头像

步骤 03 进入快手号的账号主页后，点击该界面中的"完善资料"按钮，如图8-6所示。

步骤 04 进入"编辑资料"界面后，选择"头像"选项，如图8-7所示。

步骤 05 进入"个人头像"界面后，点击该界面下方的"更换头像"按钮，如图8-8所示。

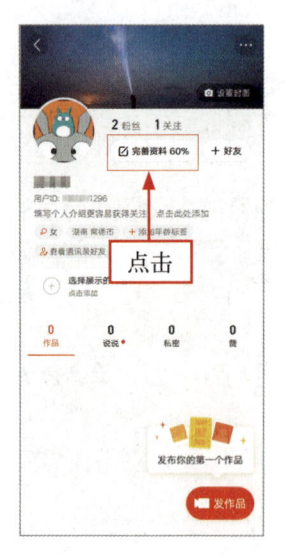

图 8-6　点击"完善资料"按钮　　　　　图 8-7　选择"头像"选项

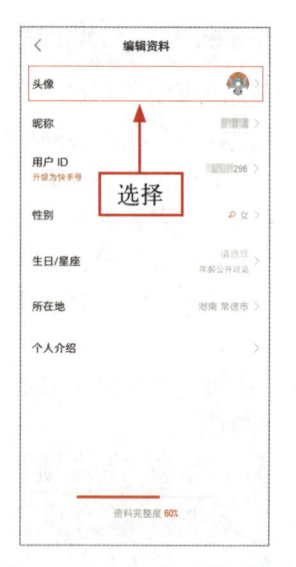

步骤 06 执行操作后，界面底部会弹出列表框，选择"从相册选取"选项，如图 8-9 所示。

图 8-8　点击"更换头像"按钮　　　　　图 8-9　选择"从相册选取"选项

步骤 07 进入本地相册选择自己事先准备好的图片，如图 8-10 所示。

步骤 08 进入"照片预览"界面，运营者确认没有问题就点击 ✓ 按钮，如图 8-11 所示。

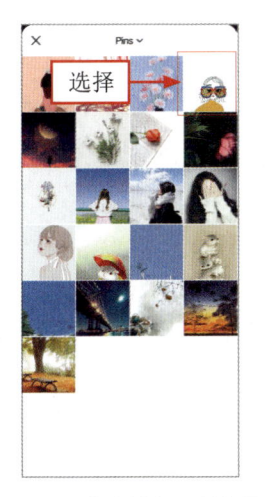

图 8-10　在本地相册选择图片 　　　　图 8-11　预览后点击相应按钮

8.1.3　设置昵称，注意限制

快手号的昵称设置和头像设置相同，也可以在"编辑资料"界面进行设置。选择"昵称"选项，如图 8-12 所示。执行操作后，在"昵称"界面中输入准备好的昵称，如图 8-13 所示，然后点击上方的"完成"按钮。如果返回账号主页后昵称变为刚刚输入的昵称，就说明昵称设置成功了。

图 8-12　选择"昵称"选项 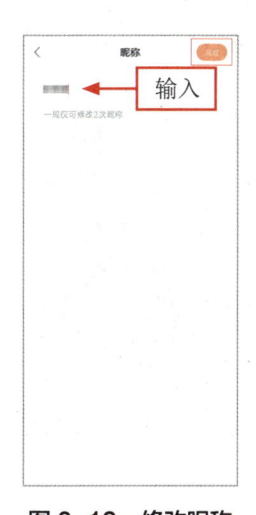　　　　图 8-13　修改昵称

通过上述一系列操作，快手号就设置成功了，但是有一点需要注意，快手号是账号的唯一凭证，只能设置一次，不能更改，因此设置的时候要慎重考虑。在设置

快手号昵称时，需要特别注意以下两点。

- 账号设置对字数有限制，最多不能超过 12 个字。
- 可以将账号的业务范围等重要信息设置为账号昵称，让用户了解该账号创作的是什么方面的内容。如果用户对这方面的业务有需求，可能会直接关注该账号。

8.1.4 用户 ID，唯一凭证

快手运营者可以在"编辑资料"界面将用户 ID 设置为快手号，这样会更加便于运营者运营账号，具体操作步骤如下。

步骤 01 选择"编辑资料"界面的"用户 ID"选项，如图 8-14 所示。

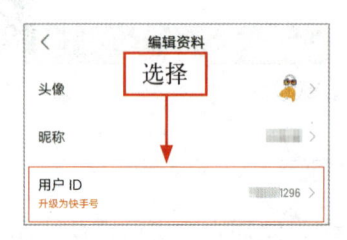

图 8-14 选择"用户 ID"选项

步骤 02 执行操作后，进入"快手号"界面，如图 8-15 所示，运营者输入自己准备好的快手号，然后点击"完成"按钮。

步骤 03 执行操作后，弹出一个新的对话框，点击该对话框中的"确定"按钮，如图 8-16 所示。

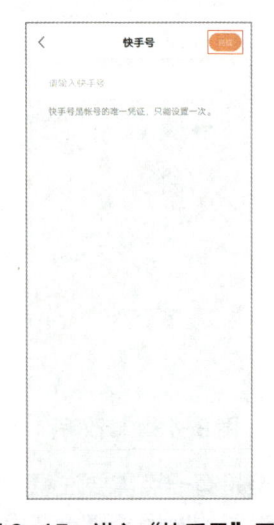

图 8-15 进入"快手号"界面

图 8-16 点击"确定"按钮

除了头像、昵称和快手号的设置外，运营者还可以在"编辑资料"界面填写性别、生日/星座、所在地和个人介绍等个人资料信息。这些资料信息填写完成后，将在快手昵称下方显示。快手运营者只需根据自己的实际情况填写性别、生日和所在地等内容。而个人介绍则可以填写自己业务、产品购买、订单查询和联系方式等重要内容。图 8-17 所示为某快手号所填写的个人介绍。

图 8-17 某快手号所填写的个人介绍

8.1.5 封面图片，展示账号

与头像、昵称和快手号等内容不同，如果运营者想要更换快手封面图片，只需轻触快手主页上方的封面位置即可进行操作，具体操作步骤如下。

步骤 01 首先进入自己的快手账号主页，轻触界面上方的封面位置，如图 8-18 所示。

步骤 02 执行操作后，界面底部弹出列表框，选择该列表框中的"从相册选取"选项，如图 8-19 所示。

图 8-18 轻触界面上方的封面位置

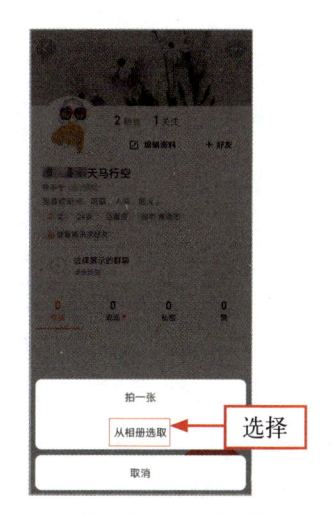

图 8-19 选择"从相册选取"选项

步骤 03　进入本地相册后，运营者选择自己事先准备好的封面图片，如图 8-20 所示。

步骤 04　执行操作后，进入"照片预览"界面，运营者确认无误后，点击 ✓ 按钮，如图 8-21 所示。

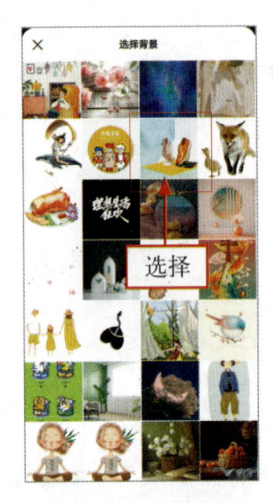

图 8-20　选择图片　　　　图 8-21　点击相应按钮

8.2　内容制作，打造爆款

运营者可以在快手平台发布有趣的原创视频，只要你的视频优质又有趣，就能吸引用户。快手与其他社交平台相比，比较接地气，得到了广大用户的青睐和支持，其对"草根"阶层的深耕确实值得其他平台学习。

8.2.1　选择题材，抓住用户

发布快手视频，首先需要确定一个好的题材，这是打造爆款快手视频内容的重要基础。如果运营者不结合用户的实际需求确定选题，而只是纯粹地创造视频，即使这个视频表现出来的画面再完美，也不一定能成为爆款视频。

因此，对于运营者而言，视频的选题很重要。而想要做好视频选题工作，运营者则需要从以下两个方面加以努力，具体如下。

1. 创建选题库并积累选题库

快手视频平台追求推送原创内容，而运营者要想拥有源源不断的原创内容，那么平时就要多积累素材，特别是视频内容，最好基于一定现实场景而创造。因此，需要运营者在平时的工作和生活中收集选题和素材，并时刻为接下来的视频内容做准备，具体策略如图 8-22 所示。

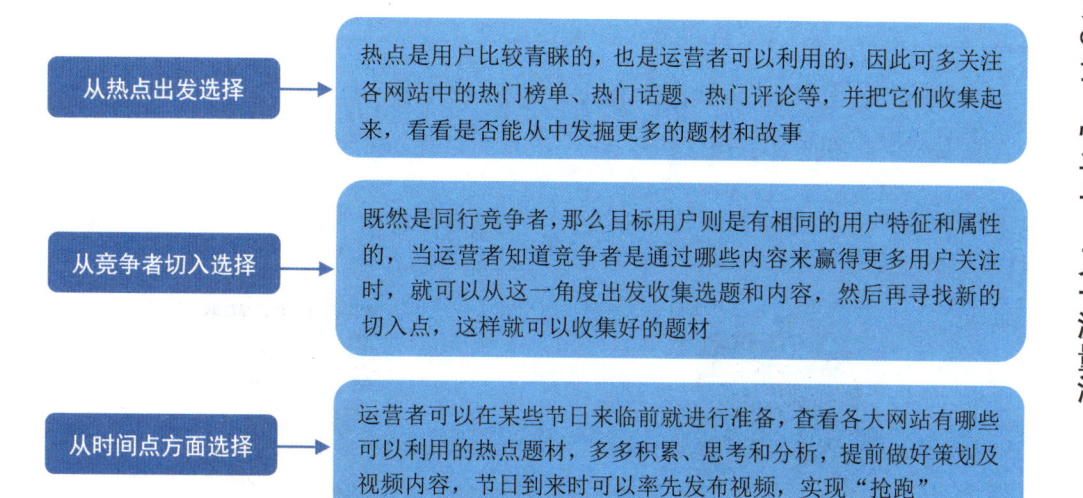

从热点出发选择	热点是用户比较青睐的,也是运营者可以利用的,因此可多关注各网站中的热门榜单、热门话题、热门评论等,并把它们收集起来,看看是否能从中发掘更多的题材和故事
从竞争者切入选择	既然是同行竞争者,那么目标用户则是有相同的用户特征和属性的,当运营者知道竞争者是通过哪些内容来赢得更多用户关注时,就可以从这一角度出发收集选题和内容,然后再寻找新的切入点,这样就可以收集好的题材
从时间点方面选择	运营者可以在某些节日来临前就进行准备,查看各大网站有哪些可以利用的热点题材,多多积累、思考和分析,提前做好策划及视频内容,节日到来时可以率先发布视频,实现"抢跑"

图 8-22　建立视频选题库的具体策略

2. 基于两个方面筛选选题

由于平时积累的选题库中的选题众多,快手运营者接下来要做的就是进行选题筛选,选择一个最有可能打造爆款内容的选题。在选择时,运营者要进行两个方面的考虑:一是根据用户的心理需求确定内容方向;二是判断该内容方向的选题是否可行。

首先,从内容方向来说,要求运营者根据用户的心理需求来安排内容,包括选择什么内容和选择以何种方式表达内容。其次,从选题可行性方面来说,运营者需要对完成视频选题的4个方面作出判断,如图8-23所示。

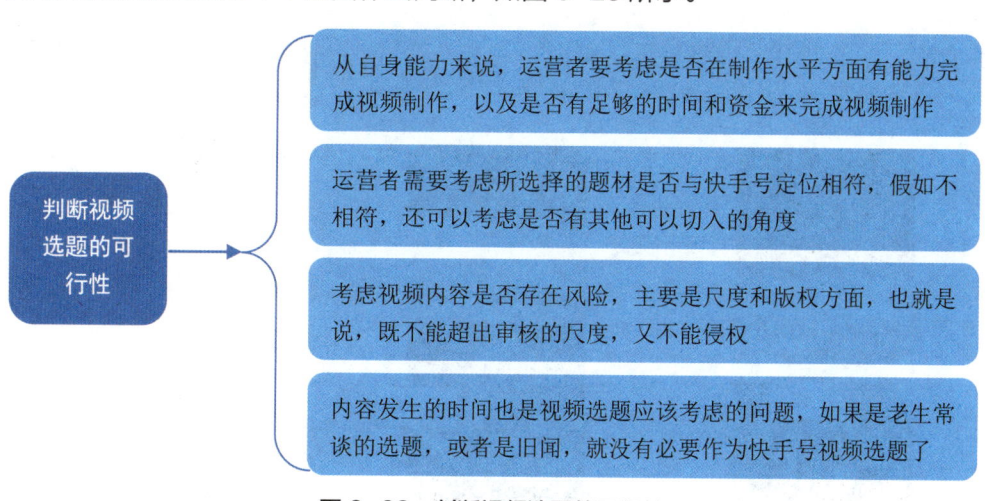

判断视频选题的可行性	从自身能力来说,运营者要考虑是否在制作水平方面有能力完成视频制作,以及是否有足够的时间和资金来完成视频制作
	运营者需要考虑所选择的题材是否与快手号定位相符,假如不相符,还可以考虑是否有其他可以切入的角度
	考虑视频内容是否存在风险,主要是尺度和版权方面,也就是说,既不能超出审核的尺度,又不能侵权
	内容发生的时间也是视频选题应该考虑的问题,如果是老生常谈的选题,或者是旧闻,就没有必要作为快手号视频选题了

图 8-23　判断视频选题的可行性

8.2.2 视频制作，流程简单

在快手平台上发布短视频的具体操作步骤如下。

步骤01 登录快手 App，进入"发现"界面，点击该界面中的 按钮，如图 8-24 所示。

步骤02 进入拍摄界面，点击该界面的 按钮，如图 8-25 所示。运营者拍摄时为了获得更好的拍摄效果，可以根据自己的情况使用该界面的辅助功能。

图 8-24　点击相应按钮

图 8-25　点击相应按钮

步骤03 拍摄完成后，进入"视频编辑"界面对视频进行后期处理，处理完成后点击"封面"按钮，如图 8-26 所示。

步骤04 进入封面选取界面，选择合适的封面，然后点击 按钮，如图 8-27 所示。

步骤05 回到"视频编辑"界面，点击"下一步"按钮，进入"发布"界面，输入信息，完成后点击"发布"按钮，如图 8-28 所示。

图 8-26　点击"封面"按钮

图 8-27　点击相应按钮

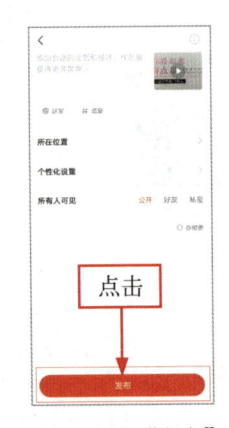

图 8-28　点击"发布"按钮

大家都知道，要想在快手短视频平台上获得更多流量和利益，就要提高视频的热度，让大家给予赞赏则是最直接的办法。然而，要想创造一个爆款视频，其内容的创作非常关键。同时，好的标题和封面也是其重要的"门面"支撑。

首先是封面的设置。在笔者看来，快手短视频的封面设置可从 3 个方面去思考，一是画面最美，二是最奇葩，三是能引人争议，只有这样的封面，才能吸引人点击播放你的短视频。图 8-29 所示为快手平台上的视频封面展示。

图 8-29 快手平台上的视频封面展示

其次是视频的标题设置。许多新媒体平台都有关于文章标题设置的技巧，这些都是可以应用在快手视频内容的标题设置上的。同时，在设置视频标题时，还需要注意根据不同类型的内容添加不同的关键词，这在快手平台上比较常见，具体如图 8-30 所示。

技巧类视频内容 → 这类内容的重点在于其实用性和可操作性。因此，一般应该在标题上添加"实用""简单易学"等字眼。另外，还可以基于需求性添加具体的应用场景，以便增加关注度

幽默类视频内容 → 这类内容的重点在于其娱乐性，一般可以在标题上添加"爆笑""搞笑"等字眼，或是其他能表现出一种使人愉悦和发笑的表达方式

图 8-30 快手平台上不同类型的视频内容的标题设置

当然，快手运营者在设置账号的封面和标题时，最好使二者表达同一个主题、同一种氛围，这样可以在很大程度上加深用户对视频内容的第一印象，吸引他们去点击观看视频。

8.3 内部增粉，获得流量

快手短视频自媒体已是发展的一个大趋势，影响力日益增大，因此其平台用户也越来越多。那么运营者又该怎样在快手这个聚集大量流量的平台引流呢？本节，笔者将介绍一些在快手平台引流、涨粉的技巧。

8.3.1 话题标签，开发产品

话题标签引流在抖音平台和快手平台都有运用，它最大的作用是开发商业化产品，快手平台运用了模仿这一运营逻辑，实现了品牌营销诉求的最大化。当然，快手运营者参加话题挑战赛的关键就是找到合适的话题。那么，快手运营者如何找到合适的话题呢？

运营者可以进入快手搜索界面，查看"热榜"内容，然后选择其中某项内容，即可出现与该话题标签相关的热门和最新短视频。运营者只需点击某个视频，便可进入视频播放界面查看相关视频的内容。

运营者可以根据该话题中相关视频的内容总结经验，然后打造带有话题标签的视频，从而提高运营者快手号内容的吸引力，增强内容的引流推广能力。根据数据来看，这种引流模式是非常实用的。那么，参加快手挑战赛需要注意哪些规则呢？笔者总结了以下3点。

- 在挑战赛中，快手运营者越少露出品牌，越贴近日常挑战内容话题文案，播放量越高。
- 对于快手运营者而言，首发视频可模仿性越容易，全民的参与度越高，越能更轻松地引流。
- 快手运营者参加挑战赛，快手的信息流会为品牌方提供更多的曝光，带来更多的流量，通过流量可以更多地积累粉丝、沉淀粉丝，使其更容易被用户接受等。

8.3.2 快手直播，引导关注

在互联网商业时代，流量是所有商业项目生存的根本，谁用最少的时间获得更高、更有价值的流量，谁就有更大的变现机会。

快手运营者可以利用快手的直播功能，开启直播并吸引用户去直播间，然后引导用户关注快手号。用户关注快手号既可以通过点击直播界面的"关注"按钮，也可以点击"头像"按钮,在弹出的新界面中再点击"关注"按钮。用户关注账号成功后,用户手机的直播界面就会显示"已关注"。

8.3.3 内容造势,引发围观

快手平台的内容传播力之强毋庸置疑,运营者要想让目标群体全方位地通过内容了解产品,比较常用的就是为内容造势,具体方法如下。

1. 传播轰动信息

快手运营者给用户传递轰动、爆炸式的信息,借助公众人物来为账号造势,兼具轰动性和颠覆性,能够很好地吸引用户的眼球。在这个媒体自由的年代,想要从众多视频内容中脱颖而出,就要制造一些信息,并用惊人的方式吸引用户的眼球和关注。

2. 总结性的内容

扣住"十大"就是典型的总结性内容之一。所谓扣住"十大",就是指在标题中加入"10个""十大"之类的词语,如《电影中10个自带BGM出场的男人》《2023十大好电视剧推荐》等。这种类型的视频标题的主要特点就是传播广,在网站上容易被转载,并能够产生一定的影响力。

3. 自制条件造势

除了可以借势外,运营者在推广内容时还可以采用自我造势来获得更多的关注度,引起更大的轰动。任何内容运营推广,都需要两个基础条件,即足够多的粉丝数量和与粉丝之间拥有较为紧密的关系。

快手运营者只要紧紧地抓住这两点,并通过各种活动为自己造势,增加自己的曝光度,就能够获得更多粉丝。为了与这些粉丝保持密切联系,运营者不仅可以通过各种平台高频率地发布内容,还可以策划一些线下活动。这样,通过自我造势引起轰动,引发用户围观。

总的来说,自我造势能够让用户清晰地识别并引起他们对产品的联想,从而进行消费,可见其对内容运营推广的重要性。

8.3.4 同框视频,借助名人

当大家看到有意思的视频,或者看到某位知名人士发布的快手视频时,可以借助快手的"拍同框视频"功能拍摄与该视频同框的视频,然后借助原有视频或某位知名人士进行引流。所谓拍同框视频,是指在一个视频的基础上,再拍摄另一个视频,然后这两个视频会在屏幕的左、右两侧同时呈现。快手拍同框视频的具体操作步骤如下。

步骤 01 选择一个自己喜欢的视频或者热度比较高的视频点开，然后点击 按钮，如图 8-31 所示。

步骤 02 在弹出的对话框中找到"一起拍同框"按钮，然后点击该按钮，如图 8-32 所示。

图 8-31 点击相应按钮　　　　图 8-32 点击"一起拍同框"按钮

步骤 03 进入视频拍摄界面，运营者可以根据自己的情况选择拍摄的辅助功能，然后点击 按钮，如图 8-33 所示。

图 8-33 点击相应按钮

步骤 04 视频拍摄完成后，即可进入视频编辑界面，点击"下一步"按钮，如图 8-34 所示。

步骤05 进入"发布"界面后,输入信息,完成后点击"发布"按钮,如图8-35所示。

图 8-34 点击"下一步"按钮

图 8-35 点击"发布"按钮

8.3.5 作品推广,大量引流

快手短视频发布后,运营者就可以通过快手的"作品推广"功能为视频引流。作品推广是指向快手官方支付一定的金额,让平台将运营者的视频推送给更多用户。推广功能的具体操作步骤如下。

步骤01 运营者进入自己的账号主页,选择要推广的作品,如图8-36所示。

图 8-36 选择要推广的作品

步骤02 进入该内容的播放界面之后,点击该界面上方的 ⌒ 按钮,如图8-37所示。

步骤03 执行操作后,弹出一个对话框,点击对话框中的"作品推广"按钮,如图8-38所示。

图 8-37 点击相应按钮 　　　图 8-38 点击"作品推广"按钮

步骤 04 进入"作品推广"界面，这里有两个选项，即推广给更多人和推广给粉丝。运营者根据自己的实际情况选择采用哪一个推广方式，然后支付相应的金额就可以了。图 8-39 所示为"推广给更多人"的支付界面；图 8-40 所示为"推广给粉丝"的支付界面。

图 8-39 "推广给更多人"的支付界面 　　　图 8-40 "推广给粉丝"的支付界面

第 9 章

视频号，赢在起跑线

学前提示：

如今，微信视频号已进入高速发展时期，各种功能已相对完善，随着 5G 时代的到来，以及腾讯对它的重视，视频号的未来是值得期待的。因此，本章笔者介绍了视频号的相关知识点，帮助运营者赢在起跑线。

要点展示：

- ➢ 入驻平台，分享生活
- ➢ 掌握要点，打造爆款
- ➢ 遵守规则，规避违规
- ➢ 内部引流，增加粉丝

9.1 入驻平台，分享生活

目前，微信视频号已经进入高速发展阶段，很多用户申请并注册了视频号，并且在视频号上发布自己的短视频或图片作品，分享自己的生活。同样地，也有一些用户还没有注册视频号，许多运营者也还没有进入该平台运营自己的账号。本节将介绍怎么完善视频号信息，以及如何认证账号。

9.1.1 完善信息，做好"门面"

运营者开通视频号之后，需要进行视频号封面图片、头像、简介、消息提醒等基本信息的设置。这些基本信息就像视频号的"门面"，是视频号用户进入你的账号主页首先看到的东西，能在一定程度上影响用户对你的视频号的看法。因此，运营者在设置这些信息的时候需要仔细琢磨、认真完善。

1. 头像设置

视频号头像作为呈现给用户的第一直观视觉形象，如果运营者想要给用户留下比较深刻的印象，吸引更多用户关注，可以进行具有个人特色的头像设置，具体操作如下。

步骤01 通过微信"发现"界面的视频号入口进入视频号首页，点击 按钮，如图9-1所示。

步骤02 进入新界面之后，点击该界面的"我的视频号"下方的头像，如图9-2所示。

图9-1 点击相应按钮　　图9-2 点击头像

步骤03 进入自己的视频号主页之后，点击 按钮，如图9-3所示。

步骤04 执行操作后，进入"设置"界面，点击账号头像，如图9-4所示。
步骤05 进入"资料"界面，选择"头像"选项，如图9-5所示。

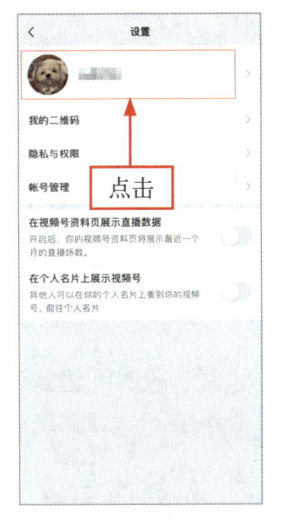

图9-3 点击相应按钮　　图9-4 点击账号头像　　图9-5 选择"头像"选项

步骤06 执行操作后，弹出列表框，选择"从手机相册选择"选项，如图9-6所示。
步骤07 进入本地相册后，运营者根据需求选择合适的图片，如图9-7所示。
步骤08 执行操作后，进入"裁剪"界面，对图片进行适当的裁剪，最后点击"完成"按钮，如图9-8所示，头像即修改成功。

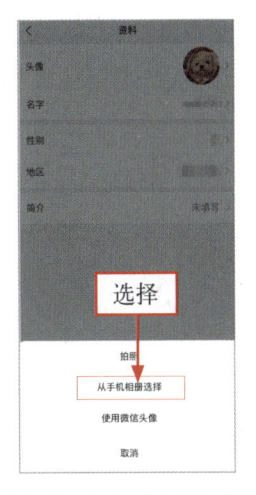

图9-6 选择"从手机相册选择"选项　　图9-7 选择图片　　图9-8 点击"完成"按钮

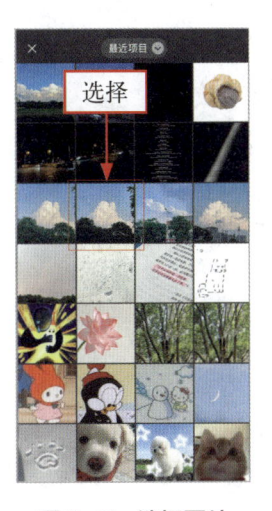

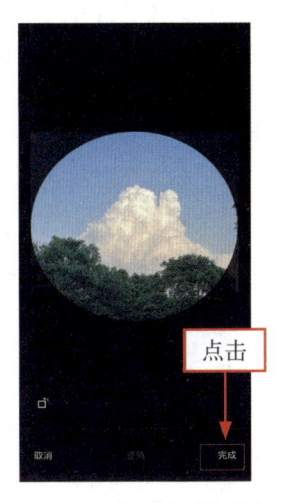

第9章　视频号，赢在起跑线

129

2. 账号名称设置

账号名称设置的步骤与头像设置的步骤基本相同，只是在"资料"界面选择"名字"选项，即可进入"修改名字"界面，如图9-9所示。因此，运营者可以参照头像设置步骤进行账号名称的设置，笔者这里就不再具体展开叙述了。

需要注意的是，视频号的名字一年只可以修改5次，因此运营者不要随意更换视频号的名字。而且，名字更换太频繁也不利于账号的运营和粉丝的积累。

图9-9 "修改名字"界面

9.1.2 认证账号，赢得推荐

运营者成功开通视频号后，运营一段时间达到认证要求的就可以申请视频号认证了。账号认证的好处有很多，最重要的一点就是该视频号可以获得平台更多的推荐，以吸引更多的流量。

目前，视频号认证有个人认证和企业（机构）认证两大类，视频号个人认证适合个人用真实身份申请。申请个人认证的具体步骤如下。

步骤01 进入"视频号认证"界面（符合条件的运营者可以在"设置"界面看到该入口），选择"个人认证"选项，如图9-10所示。

步骤02 执行操作后，进入"个人认证"界面，满足申请条件就可以申请认证了。申请认证之前，可以先点击界面下方的"《视频号认证服务条款》"文字链接进行阅读，如图9-11所示。

图9-10 选择"个人认证"选项

步骤03 执行操作后，选中"阅读并同意《视频号认证服务条款》"单选按钮，点击"开始认证"按钮，如图9-12所示。

步骤04 执行操作后，进入"填写认证信息"界面，如图9-13所示。

步骤05 点击"选择认证类型"按钮，底部弹出"选择行业类型"列表框，如图9-14所示。

步骤06 目前，视频号个人身份认证按行业类型有"职业"和"兴趣领域"两种类型，运营者可根据自己需求选择类型认证。笔者在此以"兴趣领域"的"生活自媒体"为例，运营者在选择好行业类型后，点击"确定"按钮，如图9-15所示。

步骤07 执行操作后，点击"下一步"按钮，如图9-16所示。

步骤08 执行操作后，弹出信息提示框，运营者阅读完毕后，点击"确认"按钮，如图9-17所示。

图 9-11　点击相应文字链接

图 9-12　点击"开始认证"按钮

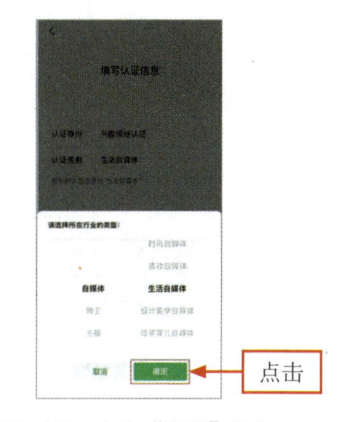

图 9-13　填写认证信息

图 9-14　选择行业类型

图 9-15　点击"确定"按钮

图 9-16　点击"下一步"按钮

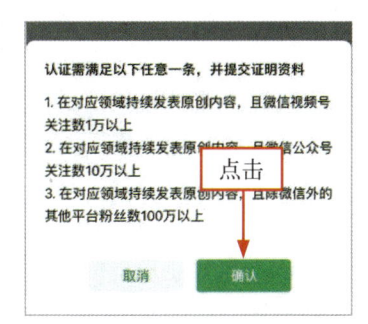

图 9-17　点击"确认"按钮

步骤 09 执行操作后，进入"填写认证资料"界面，如图 9-18 所示，根据界面提示，填写个人资料信息，完成后点击"提交"按钮。

步骤 10 执行操作后，进入"等待审核中"界面，如图 9-19 所示，接下来只需耐心等待审核结果即可。

图 9-18 "填写认证资料"界面　　　　图 9-19 "等待审核中"界面

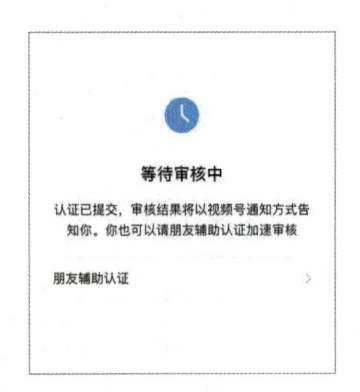

9.2 掌握要点，打造爆款

如果视频号运营者想要创作热门内容，得到更多平台的推荐和用户喜爱，就需要清楚如何让内容成为视频号爆款。本节，笔者将给运营者介绍爆款内容的 3 个基本要点。

9.2.1 找好定位，垂直输出

视频号运营者在开通视频号之后，不要急于发布内容，而是要先弄清楚以下几个问题。

- 自己所运营的视频号的定位是什么？对于新媒体来说，只有有了好的定位才能持续地输出优质的垂直领域内容，吸引更多的精准粉丝。
- 自己的目标用户是什么类型的群体？只有明确目标用户，才能根据他们的属性创作吸引他们的内容。
- 自己的内容能否带给用户价值，以及什么样的价值？视频号用户在刷视频的时候，除了打发空闲的时间外，也希望获得知识，或者其他有价值的内容。
- 自己对账号定位的领域是否熟悉和擅长？一般来说，每个人在自己擅长的领域会做得更好，这同样适用于视频号的运营。

- 如何变现？大部分的运营者都希望自己的账号能够实现变现，只有在前期的时候考虑变现的问题，后面才能游刃有余。

运营者需要注意的是，发布的内容最好能与账号定位相一致，并持续输出以垂直领域作为核心的内容，以吸引更多的精准粉丝。

图 9-20 所示为某视频号发布的短视频，该视频号运营者就是持续输出高质量的、垂直领域的短视频内容，从而获得很多喜欢漂亮风景的视频号用户的关注。

(a)　　　　　　　　(b)

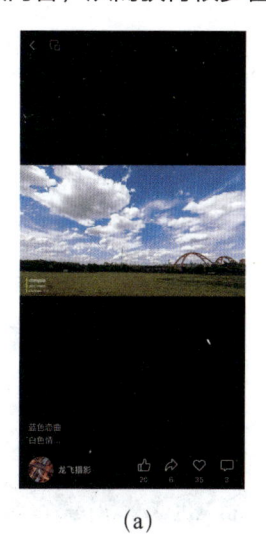

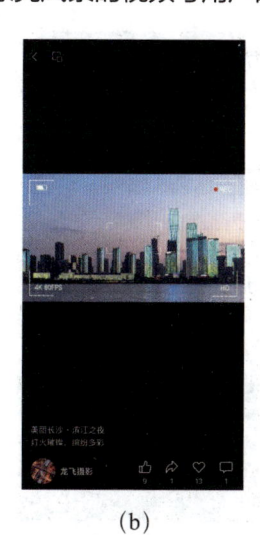

图 9-20　某视频号发布的短视频

不论是以阅读文章为主的长内容阅读时代，还是以刷短视频为主的短内容阅读时代；不论是视频号平台，还是其他新媒体平台，"内容为王"这一点都非常关键。而且，运营者挖掘深层次内容的能力和进行粉丝长效性经营的能力，也是运营视频号并提高其变现能力的关键。

9.2.2　满足需求，引起共鸣

用户在刷到视频后愿意选择继续观看，以及进行点赞、评论、关注，甚至是分享给自己的微信好友等，其主要原因有两个：一是打发空闲的时间并能获得有价值的信息；二是视频内容引起用户的共鸣，如可以是感到有趣或是其他情感上的共鸣。

因此，运营者在创作内容时，需要使自己的内容能给用户提供价值或者能够引起他们的共鸣，也就是说，应该满足用户的需求及强调内容的可看性。视频号所发布的内容应该有让用户印象深刻的记忆点，做到中心明确、求同存异、具有特色，而不是模棱两可，用户看完以后没有留下任何印象。

运营者在创作内容时，应该先找到自己要做的内容的方向，然后形成统一的账号风格，用贴近生活的案例来讲专业知识，从而增加用户观看视频的时间，吸引新粉丝的同时留住老粉丝。

例如，某视频号发布的视频内容就是以民众的生活体验为主，教大家生活中某些场景拍摄图片的PS处理技巧，因此用户在看过视频之后能获得比较实用的PS技巧。图9-21所示为该视频号发布的视频内容。

(a) (b)

图9-21 该视频号发布的视频内容

9.2.3 注重原创，运营出路

微信视频号比较注重内容的原创性，运营者开通视频号之后就会收到视频号官方发送的通知。图9-22所示为视频号官方发送的通知的部分内容。通知明确说明了视频号鼓励运营者分享原创作品，从他人那里直接搬运的内容不会被推荐，甚至还会被处罚，或者降权或者封号。

图9-22 视频号官方发送的通知的部分内容

如果运营者希望将视频号运营好，那就不要直接转发他人作品。这样做既浪费时间，又没有效果。创造优质的原创视频才是将视频号运营好的出路，尤其是真人出镜的原创作品更会获得更多的平台推荐，因此，视频号运营者要多产出真人原创类视频。

9.3 遵守规则，规避违规

目前，视频号的运营规则已经比较完善，但仍有很多运营者因为不够了解规则出现了违规的情况。由于视频号平台的特殊性，可能会与用户的隐私相关，所以平台在治理违规方面是很严格的。因此，运营者在运营视频号时有以下几点需要特别注意。

9.3.1 账号信息，诱导违规

视频号的账号信息违规包括简介违规、名称违规、封面违规和头像违规等。例如，运营者个人简介中有引流到抖音、快手等其他短视频平台的嫌疑；用户名含有夸大的字眼引起资质怀疑，如"新媒体运营师"之类的名称；视频封面诱导别人关注自己或别人；用户头像带有引流图像，包括引流个人微信。

违规的内容会被视频号官方平台删除、清空，而其他合规的内容则不会有影响。但是，如果出现多次违规，账号就会被视频号平台限流、降权，甚至是封号。图9-23所示为简介、名称、封面、头像违规通知内容。

(a)　　　　　　　　　　　　(b)

图 9-23　简介、名称、封面、头像违规通知内容

9.3.2 权利标识，侵权违规

在视频内容中出现含有别人的版权商标等权利标识，例如，含有其他平台的水

印和 Logo，平台就会对其进行限流。图 9-24 所示为侵权违规通知内容。

视频号动态被限制传播

你在 2022-04-21 10:28:15 发表的动态"#闲##无聊##...."可能含有版权商标等权利标识（如水印、Logo 等），有侵权风险。根据视频号运营规范，该动态的传播已被限制，详情请轻触本通知查看。
如需申诉，请附上本通知截图和账号资料等相关证明，邮件发送到 ████@tencent.com。

4月21日 10:28

图 9-24　侵权违规通知内容

9.3.3　搬运视频，作品下架

一般来说，视频号的账号名称都是唯一的，因此没有完全一样的两个名称，但是有的运营者会仿冒他人的账号发布内容，例如，仿冒某个网络红人的身份，故意让其他用户产生混淆，被用户举报后，平台查证之后会直接对其封号。

还有一种情况就是未得到原作者的许可，直接搬运别人的视频，被举报后，作品直接被下架，若多次出现此类违规情况，平台则会将该账号封号，如图 9-25 所示。因此，对于运营视频号的运营者来说，做原创才是最长久、最靠谱的一件事情。

视频号动态违规被删除

由于违反视频号运营规范（如抄袭搬运、违法违规等），你在 2022-02-01 17:39:47 发表的动态"████...."已被删除，继续违规会升级处罚。

昨天 下午 10:27

查看详情

视频号动态违规被删除

由于违反视频号运营规范（如抄袭搬运、违法违规等），你在 2022-02-01 17:39:47 发表的动态"████...."已被删除，继续违规会升级处罚。

昨天 下午 10:27

图 9-25　搬运违规通知内容

9.3.4　其他违规，需要注意

如果视频号用户在短时间内，尤其是在刚注册账号的时候，频繁点赞或者评论他人发布的作品，或者发表敏感内容被人举报，将被禁言 7 天。在此期间，用户是无法评论和点赞的，若多次出现这类情况，同样将被限流、降权或封号。

如果运营者想要运营好一个视频号，账号不被平台清空或封号，就要在微信视频号平台仔细阅读所有的注意事项。下面笔者列出了运营者比较容易忽略或者误犯的两种情况，具体如下。

1. 恶意注册

视频号认证情况与实际情况不符，或者使用违法侵权信息注册，这些行为都是被禁止的，一旦被平台查实，该账号就会被清空并封号。

2. 刷粉刷量、泄露他人隐私、发布不实消息等

视频号是严禁刷粉刷量、泄露他人隐私和发布不实消息的，因此运营者在作品发布之前须仔细检查，避免出现这种低级失误。

9.4 内部引流，增加粉丝

其实，视频号内部引流与抖音、快手等短视频平台的内部引流步骤相似，本节笔者将结合视频号的实际情况介绍内部引流的方法。

9.4.1 "高潮"前置，抓住用户

视频号中的内容非常丰富，所以很多用户对看到的视频会比较挑剔。如果运营者的视频不能从一开始就吸引住用户，用户可能会选择直接滑过视频。

针对这种情况，我们不妨采用"高潮"前置法，把一些能吸引用户目光的内容放在视频的开头位置，在视频的前3秒就抓住用户的眼球，让用户有看完视频的想法。

图 9-26 所示为某视频号运营者发布的短视频内容。在视频一开始就将短视频所要讲的重要内容写了出来，但是又没有完全点明具体情况，给用户设置了悬念，引起了他们的兴趣，抓住了他们的眼球，自然该短视频的完播率也会相应地提高。

(a)　　(b)

图 9-26　某视频号运营者发布的短视频内容

9.4.2 借势热点，快速涨粉

与一般内容相比，热点内容对用户更有吸引力，通常更容易获得大量用户的关注。运营者可以借助这一点，巧妙借势热点，创作与热点相关的短视频，从而实现快速涨粉。

例如，《乘风破浪的姐姐》这个综艺节目非常火，与它有关的各种话题经常上微博的热搜。因此，很多视频号运营者就利用了《乘风破浪的姐姐》的热点制作自己的短视频，然后发布在视频号上，以获得更多的关注，如图9-27所示。

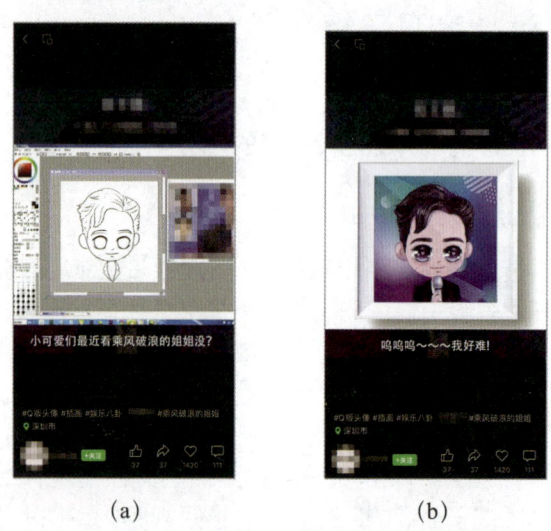

图9-27 某视频号借助热点发布的短视频

9.4.3 添加话题，争取推荐

话题相当于视频的一个标签，部分视频号用户在看一个视频时，会将关注的重点放在查看视频添加的话题上；还有部分视频号用户在看视频时，会直接搜索话题或关键词，如图9-28所示。

因此，话题对一个视频来说还是比较重要的，运营者需要在发布视频之前想好贴合视频的标签，以便用户搜索或查找。

每一个话题都相当于短视频的一个标签，如果视频号运营者能够在视频的文字内容中添加一些话题，就能吸引部分对该话题感兴趣的用户，从而起到一定的引流作用。

一般来说，运营者在发布内容时可以多添加几个话题，这样能够在用户搜索这类内容或话题的时候，让视频号平台把这则内容推送给他，自然也就达到了利用话题引流的目的，视频的浏览量及账号的知名度也会跟着提升。

(a)   (b)

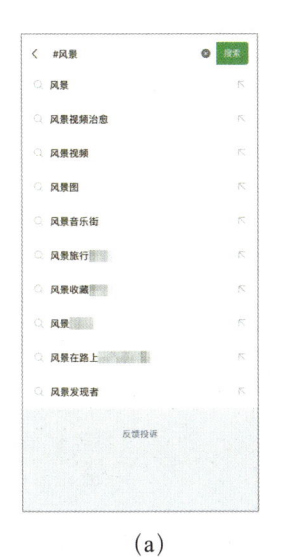

图 9-28　搜索话题

图 9-29 所示为某视频号发布的短视频内容。该视频号运营者给该短视频添加了多个与视频内容相关的话题，当其他视频号用户搜索这几个关键词中的任意一个时，视频号平台就会将该短视频推荐给他，自然也就增加了该视频号的曝光率。

(a)   (b)

图 9-29　某视频号发布的短视频内容

第 10 章

B 站，更多经济补贴

哔哩哔哩现为中国年青一代高度聚集的文化社区和视频平台，被用户亲切地称为"B 站"。它功能齐全，对低质量内容的处理力度大，近年来发展非常迅速。哔哩哔哩为了激励运营者升级了激励创作规则，使其更加适合运营者，给了运营者更多的补贴和自主权。

要点展示：

- 打造账号，成为 UP 主
- 爆款视频，吸粉绝招

10.1 打造账号，成为 UP 主

哔哩哔哩（bilibili），简称 B 站，该网站于 2009 年 6 月 26 日创建，早期是一个 ACG [ACG 即 animation（动画）、comics（漫画）与 games（游戏）的缩写] 内容创作与分享的视频网站。

B 站平台上年轻人居多，其用户活跃度和购买能力也非常高，将一个 B 站账号运营好可以为运营者增加很多的曝光和收入。因此，本节笔者为运营者介绍如何打造属于自己的 B 站账号。

10.1.1 入驻登录，步骤简单

如果用户想要在 B 站登录，步骤也是非常简单的，笔者在这里讲解手机上如何登录 B 站，具体操作步骤如下。

步骤 01 先利用手机中的应用商城下载并安装哔哩哔哩视频 App，然后进入哔哩哔哩视频 App 中的"我的"界面，接着点击该界面上方的"点击登录"按钮，如图 10-1 所示。

步骤 02 执行操作后，弹出"登录注册解锁更多精彩内容"对话框，点击"本机号码一键登录"按钮，即可完成登录，如图 10-2 所示。

图 10-1 点击"点击登录"按钮　　图 10-2 点击"本机号码一键登录"按钮

10.1.2　回答转正，成为会员

哔哩哔哩平台有一个回答转正的机会，运营者想要运营自己的账号就必须转正，这样才会有经验值，账号才会升级，权重才会提高，而且看视频刷弹幕也要求用户是正式会员。哔哩哔哩平台的"我的"界面有一个"挑战转正答题"按钮，用户需要点击该按钮进入答题，如图 10-3 所示。

"挑战转正答题"中一般有 40 道社区规范题和 10 道弹幕规范题，后面的 50 道题运营者可以自己选择领域，如历史、文化、地理、化学、娱乐、时尚、动漫等，选择好领域后继续答题。

如此总共 100 道选择题，一题一分，60 分转正，如果答题够 60 分后可以提前交卷。里面的题比较常规，只要用户选择自己擅长的领域一般都可以得到 60 分，得到 60 分的用户即转为正式会员。图 10-4 所示为答题界面。

图 10-3　点击"挑战转正答题"按钮　　　　图 10-4　答题界面

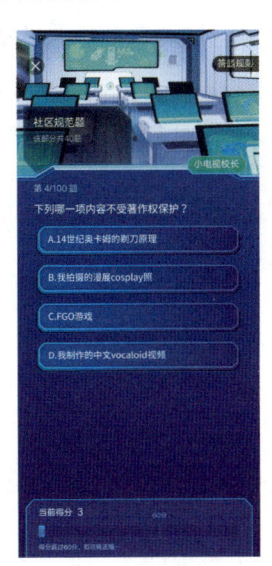

10.1.3　信息修改，增加吸引

待运营者成为正式会员后，就可以进行账号信息的修改和完善，打造一个吸引人的 B 站"门面"，具体操作步骤如下。

步骤01 登录哔哩哔哩账号后，进入"我的"界面，点击该界面的"空间"按钮，如图 10-5 所示。

步骤02 执行操作后，进入自己的账号主页，点击该界面的"编辑资料"按钮，如图 10-6 所示。

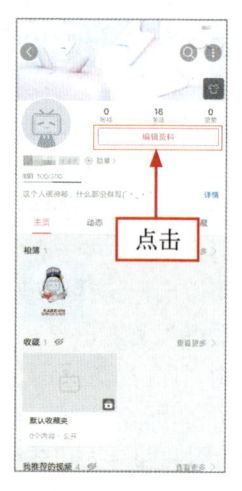

图 10-5 点击"空间"按钮　　　　图 10-6 点击"编辑资料"按钮

步骤 03 执行操作后，进入"账号资料"界面，如图 10-7 所示，运营者在该界面进行账号的信息修改和完善。

步骤 04 首先是设置头像，运营者选择"头像"选项，此时会弹出"头像选择"对话框，如图 10-8 所示，运营者可以根据自己的情况选择合适的图片作为头像。

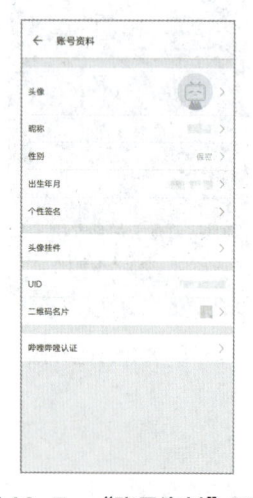

图 10-7 "账号资料"界面　　　　图 10-8 "头像选择"对话框

步骤 05 其次是昵称修改，选择"昵称"选项，进入"修改昵称"界面，如图 10-9 所示，在文本框中输入准备好的昵称。需要注意的是，修改昵称需要使用 6 枚硬币。硬币是哔哩哔哩平台非常重要的物品，当用户看到喜爱的视频作品时可以对该视频作品投硬币表示支持，但是硬币无法直接转换为现金并且只可用于哔哩哔哩平台。目前，硬币无法通过充值获得，一般每日登录账号，平台会发放 1 枚，除此之外，每投稿 10 个视频也可以获得 1 枚。

步骤 06 再次是性别选择，在"账号资料"界面选择"性别"选项，此时会弹出"性别选择"对话框，运营者进行性别选择。哔哩哔哩平台非常尊重用户的隐私，因此用户如果不想显示自己的性别，也可以点击"保密"按钮，如图 10-10 所示。

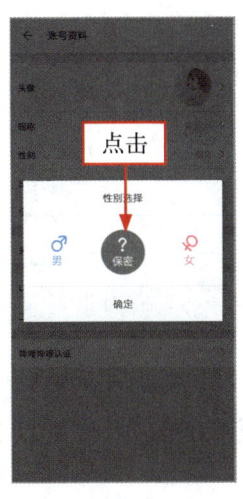

图 10-9　"修改昵称"界面　　　　图 10-10　点击"保密"按钮

步骤 07 最后是个性签名,选择"账号资料"界面的"个性签名"选项,进入"修改个性签名"界面，如图 10-11 所示，运营者可以在此输入准备好的个性签名，需要注意的是，个性签名的字数要控制在 70 字以内。而且个性签名内容不能涉及黄色暴力，不能违法、违规。运营者要将自己的重点特色介绍清楚，以吸引更多的用户关注该账号。

图 10-11　"修改个性签名"界面

10.1.4　账号认证，增加权重

哔哩哔哩平台的账号认证有个人认证和机构认证两种，个人认证包括知名 UP 主认证、身份认证、专栏领域认证；机构认证包括企业认证、媒体认证、政府认证、

组织认证，具体介绍如下。

- 知名 UP 主认证。认证的要求是在哔哩哔哩平台的粉丝数累计达到 10 万，并且在平台投稿，属于转正会员，成功绑定手机。
- 身份认证。认证的要求是在站外单个主流平台的粉丝数达到 50 万，并且属于转正会员，成功绑定手机。
- 专栏领域认证。认证的要求有两种，一种是站外优质作者进行认证需要站外单个主流平台的粉丝数达到 10 万，要在哔哩哔哩平台至少成功投稿 3 篇专栏；另一种是站内优质专栏作者进行认证需要粉丝数为 1000～10 万，近半年内发布原创专栏超过 10 篇并且累计阅读量超过 10 万。
- 企业认证、媒体认证、政府认证、组织认证没有认证的相关要求，但是认证时填写的信息必须真实有效。

下面，笔者以个人认证中的身份认证为例，讲述具体的实名认证的步骤。

步骤 01 登录哔哩哔哩账号，进入"账号资料"界面（10.1.3 信息修改那小节中已经介绍怎么找到"账号资料"界面。笔者这里不再赘述），找到"哔哩哔哩认证"这一栏，点击进入"哔哩哔哩认证"界面。

步骤 02 执行操作后，点击"哔哩哔哩认证"界面的"身份认证"按钮，如图 10-12 所示。

步骤 03 执行操作后，进入"哔哩哔哩认证"界面，点击"提交实名认证"右侧的"申请"按钮，如图 10-13 所示。

步骤 04 执行操作后，进入"实名认证"界面，点击"开始申请"按钮，如图 10-14 所示。

图 10-12　点击"身份认证"按钮　　图 10-13　点击"申请"按钮　　图 10-14　点击"开始申请"按钮

步骤 05　执行操作后，按照实名认证的要求开始填写信息并上传自己的身份证照片，完成后点击"提交"按钮，如图10-15所示。需要注意的是，该界面下方有注意事项、证件要求、照片要求，用户填写信息之前要仔细阅读这些内容，避免出错。

　　　　　　(a)　　　　　　　　　　　　　(b)

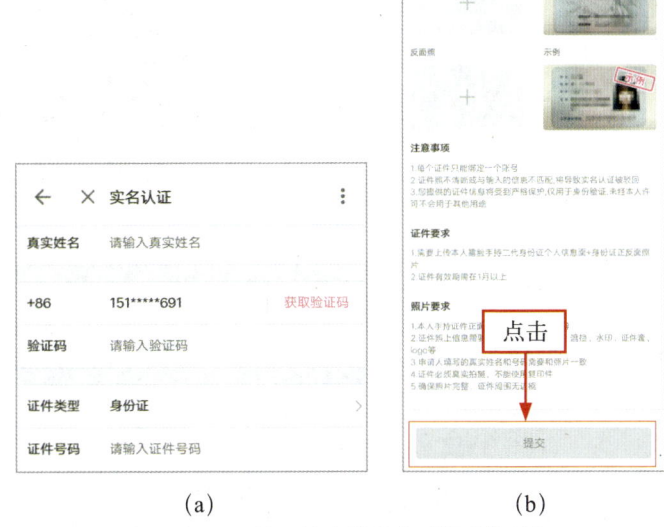

图 10-15　填写信息并点击"提交"按钮

10.2　爆款视频，吸粉绝招

对于哔哩哔哩的运营者来说，增加粉丝的最佳方法就是制作爆款视频，赢得平台更多的推荐机会。只有运营者的视频有足够的吸引力，能够引起其他用户关注，才有机会成为一个大UP主，进而获得更多的变现收入。

10.2.1　作品发布，4种形式

运营者在哔哩哔哩平台上可以选择4种作品发布形式，专栏作品、即时拍摄的作品、上传已经制作完成的作品和音乐视频，接下来将为大家详细介绍。

步骤 01　登录哔哩哔哩App，进入"我的"界面，点击该界面的"发布"按钮，如图10-16所示。

步骤 02　执行操作后，弹出一个对话框，该对话框有专栏、拍摄、上传、音乐视频4种形式，运营者根据自己的需求选择作品发布形式，如图10-17所示。

步骤 03　点击"专栏"按钮，进入"专栏开通申请"界面，先在该界面阅读开通规则，然后填写自己的真实信息，完成后点击"提交申请"按钮，如图10-18所示。

图10-16 点击"发布"按钮

图10-17 选择作品发布形式

(a)

(b)

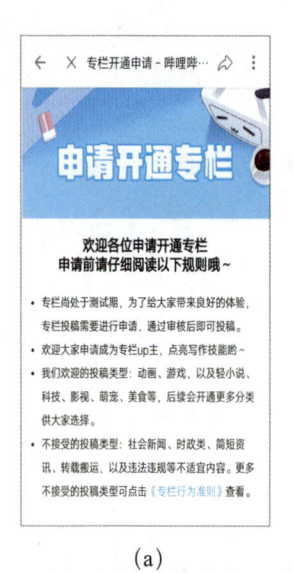

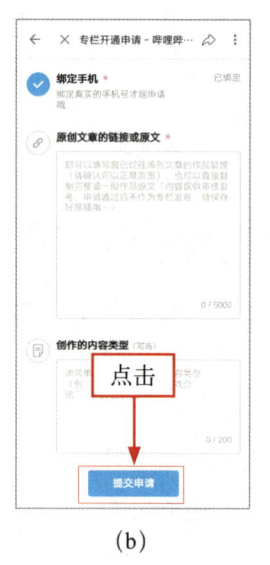

图10-18 进入"专栏开通申请"界面并点击"提交申请"按钮

步骤04 点击"拍摄"按钮,进入视频拍摄界面,运营者可以先选择背景音乐,然后点击拍摄图标,如图10-19所示。

步骤05 执行操作后,进入本地视频界面,运营者选择要发布的视频,如图10-20所示。

步骤06 视频上传完成后,进入视频编辑界面进行视频的后期剪辑,完成后点击"下一步"按钮,如图10-21所示。

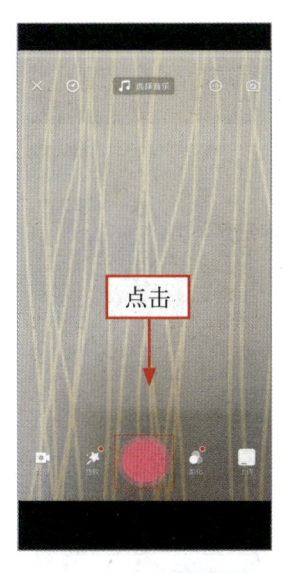

图10-19 点击拍摄图标

图10-20 选择要发布的视频

步骤 07 执行操作后,进入"发布"界面,然后等待视频上传完成,根据要求填写信息,完成后点击"发布"按钮,如图10-22所示。

图10-21 点击"下一步"按钮

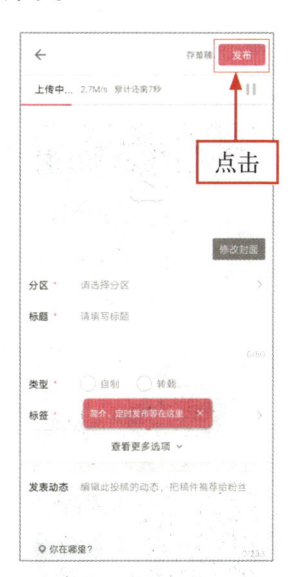

图10-22 点击"发布"按钮

步骤 08 执行操作后,选择自己满意的音乐视频模板,并点击"使用"按钮,如图10-23所示。

步骤09 执行操作后，进入本地图片或者视频的选择，运营者选择要发布的图片或者视频，然后点击"下一步"按钮，如图10-24所示。

图10-23 点击"使用"按钮

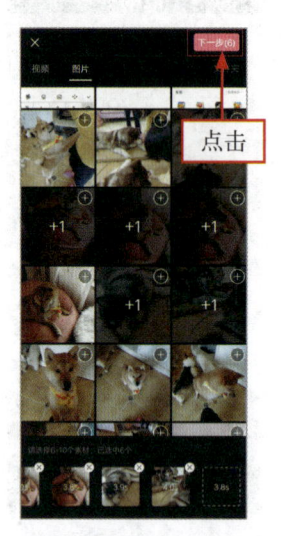

图10-24 点击"下一步"按钮

步骤10 执行操作后，进入音乐视频的编辑界面进行视频的后期处理，完成后点击"下一步"按钮，如图10-25所示。

步骤11 执行操作后，进入"发布"界面，运营者等待视频上传完成，然后填写信息，点击"发布"按钮，如图10-26所示。

图10-25 点击"下一步"按钮

图10-26 点击"发布"按钮

10.2.2 打造爆款，吸引粉丝

在哔哩哔哩平台，运营者让自己的账号吸引粉丝的最有效的方法就是创作爆款视频。那么，如何在哔哩哔哩平台创作爆款视频呢？下面，笔者从 4 个方面进行说明。

1. 视频内容

对于运营者来说，紧跟热点是增加视频流量和增加账号粉丝最好的途径，不紧跟热点的视频一般很难被用户发现。那么，如何紧跟热点呢？笔者总结了以下几个技巧供大家参考，希望能帮助到大家。

（1）分析哔哩哔哩平台上比较受欢迎的运营者的账号，多看看他们的视频，研究他们的视频风格，然后打造自己的视频风格。视频或者账号想要持续受到用户的喜爱，打造统一的、独特的视频风格是非常重要的。

（2）分析哔哩哔哩平台目前比较火的视频。通过对热门视频或者热门话题的分析，运营者找到想要制作或者更有把握做好的话题去制作自己的原创视频，如图 10-27 所示。

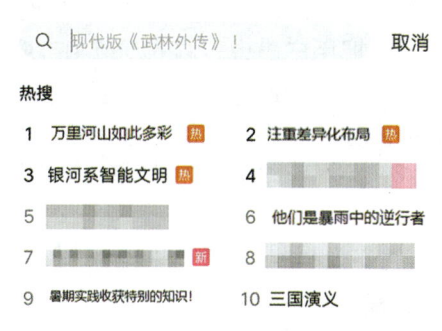

图 10-27 哔哩哔哩的热门话题页

（3）去其他平台找热点，如微博、百度搜索、爱奇艺等。运营者应找符合自己账号风格的话题来制作视频。一般来说，运营者所制作的视频都应该与自己的账号定位一致。

2. 标题

除了视频内容要有自己的独特吸引力外，标题也是吸引用户的一大"法宝"，笔者总结了几个哔哩哔哩平台爆款标题的打造技巧，具体如下。

（1）激发用户好奇心。

人总是对未知事物充满好奇，想要去一探究竟，因此运营者在写作标题的时候不妨在标题中加个问号，也就是设置悬念。图 10-28 所示为激发人好奇心的标题案例。

(a)   (b)

图 10-28　激发人好奇心的标题案例

（2）戳中用户"痛点"。

戳中用户"痛点"就是要引起用户产生共鸣。所谓产生共鸣，就是运营者所写的标题能够说出用户心里话，把用户最想表达的观点和态度替他们表达出来。这一点就需要运营者前期对哔哩哔哩平台的用户有足够的了解，只有知道他们想要什么，才能创作出他们心中所想的内容，引起他们的情感共鸣，为自己的视频吸引更多的流量。当然，不可以哗众取宠，不可以标题与视频内容不相匹配，这些问题运营者需要注意。

例如，某知名运营者所发布视频的标题就非常吸人眼球，能戳中用户的"痛点"，因此他的视频播放量、点赞量、评论量都很高，人气也很旺盛。如图 10-29 所示为该运营者发布的视频标题。

(a)   (b)

图 10-29　该运营者发布的视频标题

(3)制造用户预期。

这里所说的预期,是指所发布的视频能够实现何种结果,也就是说,运营者先为用户制造一个预期,然后用户为了实现此预期而点开运营者的视频,这种方法一般用于科普教育类的视频标题写作。例如,教用户 PS 技巧,视频标题给出的预期是从入门到精通。那么,有兴趣的用户会为了学会并精通 PS 技巧而打开视频。图 10-30 所示为某运营者发布教用户 PS 技巧的视频。

图 10-30　某运营者发布教用户 PS 技巧的视频

(4)蹭知名度。

蹭知名度也是有技巧的,不能生搬硬套,而是要间接地蹭名人的热度,下面笔者总结了几种蹭知名度的技巧供大家参考。

一是蹭名人的知名度。这个很好理解,有钱、有才、有流量的人都可以成为运营者蹭知名度的对象,并且运营者也可以把他的热度很好地利用起来。运营者可以将该名人写入标题,这样,当其他用户搜索该名人的时候,平台就会将运营者的视频推荐给他,其曝光的机会就大大增加。

二是蹭头衔。例如,某知名主播被人称为"口红一哥",这个"口红一哥"就是他的头衔。头衔既可以是自己为自己设定的,也可以是大众起的。

例如,哔哩哔哩有位运营者发布了一个标题为"我应该是全 B 站年纪最小到达十万粉的 UP 主了吧"的视频,该标题的写作就是运用了蹭头衔的方法,即"全 B 站年纪最小到达十万粉的 UP 主"就是他所蹭的头衔,这样的头衔可以很好地吸引用户的关注。图 10-31 所示为该运营者发布的蹭头衔的标题的视频。

(a)   (b)

图 10-31 该运营者发布的蹭头衔的标题的视频

三是蹭品牌的知名度。例如，运营者发布了一个自制酱香鸭的视频，这里便有两个标题可以选择，一个是《原来在家自制酱香鸭这么简单》，另一个是《原来在家自制"周黑鸭"这么简单》，那么用户会觉得哪一个标题的吸引力更大一些呢？显而易见，是第二个，因此运营者要懂得蹭品牌的知名度为自己的视频增加流量。

（5）巧用数字和空格。

为什么要巧用数字呢？因为数字的辨识度比较高。当用户在刷视频的时候，首先映入眼帘的就是数字标题和有空格的标题，这能够让视频从众多视频中脱颖而出，从而成功抓住用户的眼球，吸引用户点击观看。图 10-32 所示为巧用数字的视频标题案例。

(a)   (b)

图 10-32 巧用数字的视频标题案例

3. 添加标签

哔哩哔哩平台的添加标签与抖音、快手、视频号的添加话题类似，一般来说，标签越多越好，因为这样能增加曝光率。需要注意的是，标签不要分得太细，也不要太笼统，除了要符合视频内容外，还应该考虑到用户的搜索习惯，如图10-33所示。

图10-33 添加标签

4. 封面

如果运营者想要哔哩哔哩平台上发布的视频吸引更多的用户，那么对视频封面就要重视起来。封面的好坏直接影响到用户是否会点开运营者的视频进行观看，尤其是使用与明星相关的封面，这是很有吸引力的，用户可能对运营者的视频不感兴趣，但是看到封面是自己喜欢的明星也会点击视频观看。

因此，运营者的封面应该具备以下两点。首先，运营者的封面应该是清晰的、干净的，这样视觉效果会比较好；其次，运营者的封面应该是吸引人、有重点的，并且其重点内容能够引起大部分人的兴趣。

第 11 章

小红书，百万活跃用户

学前提示：

随着互联网的发展，依附于大数据与网络流量的线上交易平台呈现"井喷式"增长的趋势。虽然新媒体电商平台层出不穷，但是能在这些大浪潮中留存下来的很少。小红书作为近年来发展最为迅速的电商平台之一，运营者抓住小红书给予的机会，就是抓住了他们的明天。

要点展示：

- ➢ 平台优势，放心之选
- ➢ 商业运作，高效转化
- ➢ 运营策略，盈利捷径

11.1 平台优势，放心之选

小红书最新数据显示，小红书的月活跃用户数量已超 2 亿，2022 年笔记发布量近 3 亿，每天产生超过 100 亿次的笔记曝光量，通过超 4000 万的关键意见消费者（key opinion consumer，KOC），小红书实现了品牌与用户的实时沟通与反馈。

为什么要选择小红书？其大量的用户和超强的曝光度都是运营者选择小红书的推动力。此外，我们还可以从人群、场景、内容、效果这 4 个方面分析选择小红书的原因，剖析平台优势，深刻了解小红书。

11.1.1 年轻人群，强大驱动

小红书是国内较早经营社区的新媒体电商平台之一，它以社区起家，又以社区作为吸睛点。用户在小红书平台自发分享购物体验，并以独特的笔记形式展现出来，对其他用户的购物更加具有参考意义，能够有效激发用户的购买欲。

小红书数据分析平台——千瓜数据显示，小红书的主要用户是具有强大社交驱动力的年轻人，其中又以"95 后"与"00 后"为主，如图 11-1 所示。

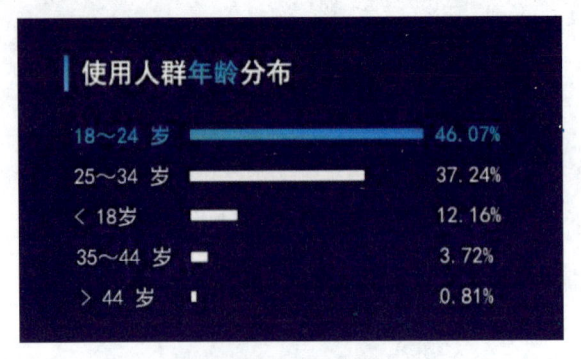

资料来源：千瓜数据。

图 11-1 小红书使用人群的年龄分布

数据显示，在小红书的活跃用户中，18～24 岁的"00 后"用户占比为 46.07%，几乎占据了小红书活跃用户的"半壁江山"。而 34 岁以下，作为网购主力军的青壮年用户占比则高达 83.31%。我们甚至可以毫不夸张地说，小红书就是一个专属于年轻人的购物分享社区平台。

此外，在小红书的活跃用户画像中还有两个值得注意的：一是截至 2022 年第四季度，小红书的女性活跃用户占比高达 70%，男性活跃用户比例升至 30%；二是小红书用户多为北京、上海、广州等一线发达地区的人士。

一般来说，34 岁以下位于发达地区的女性用户的消费欲望会更加强烈，她们敢

于尝试新鲜事物，追求高品质的生活，与此同时，也愿意与其他普通用户分享自己的购物心得与体验，并从笔记的"点赞"中获得成就感。

此外，这部分用户更容易成为 KOC，进而影响他人，也更容易受到其他关键意见领袖（key opinion leader，KOL）和 KOC 的影响产生冲动消费。

图 11-2 所示为千瓜数据显示的小红书活跃用户画像中的人群关注焦点占比。我们可以很直观地看到，在购物中，彩妆、护肤、穿搭这种受年轻人，尤其是年轻女性喜爱的关注焦点和人群标签有很大的占比。

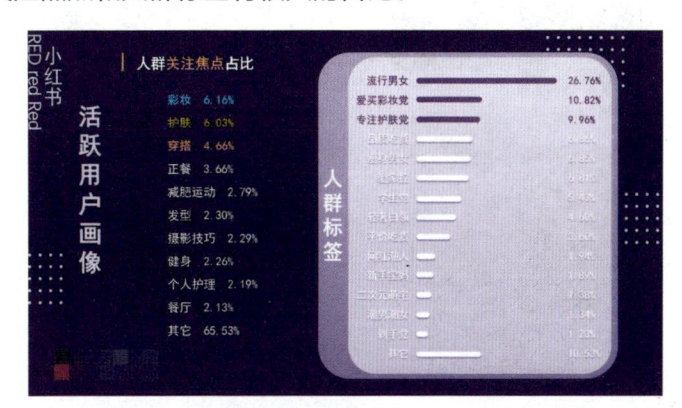

图 11-2　小红书活跃用户画像中的人群关注焦点占比

以购物欲望强烈、社交驱动力强大的年轻人为用户主体，是运营者选择小红书的一个重要原因，通过账号运营成为 KOL 或者 KOC，更加直接地影响其他用户，实现产品的有效变现。

11.1.2　分享生活，定制内容

小红书专注于社区运营，让每一位用户都能在社区中分享生活，包括但不限于购物心得体会、化妆技巧、修图教程、作品展示以及今日穿搭（outfit of the day，OOTD）。在小红书平台，用户除了自由创建、分享内容之外，还可以保存喜欢的内容，关注喜欢的博主，"分享"帖子至微博、微信等外部平台。

可以说，小红书俨然已经是一个集种草、购物、分享于一体的在线互动式新媒体电商平台，极大地增加了用户对品牌的信任度。此外，小红书还使用推荐算法机制，根据用户的搜索浏览历史和兴趣爱好来创建自定义主页，针对用户喜好推荐其感兴趣的内容产品，从而直戳用户"痛点"，影响用户的消费决策。

图 11-3 所示为小红书的主页面，不少用户在小红书平台和网友分享日常生活、种草产品。因此，小红书构建了一个运营者与用户、用户与用户之间可以实现即时交流的在线互动平台，从而大大增强了用户黏性。

此外，小红书为品牌方提供了全面的物流服务、完善的用户服务和更大的曝光度，大品牌能从中扩展新的用户，小品牌能从中寻求新的机遇。小红书还为用户提供了一个更加自由、快捷的在线社区购物平台。

(a)   (b)

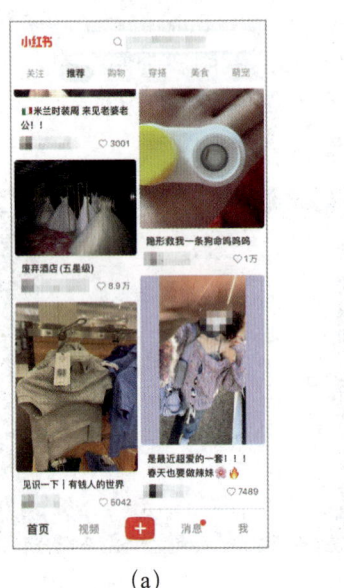

图 11-3　小红书的主页面

小红书与天猫、淘宝这类传统电商不同的是，其实时分享式的内容驱动模式和场景构建模式，更能吸引注重产品真实效果的用户，还因此诞生了许多带货明星、KOL 和 KOC，直接影响用户是否下单购买产品。

11.1.3　美好真实，多元社区

小红书作为一个社区式的购物平台，十分注重营造美好、真实、多元的社区氛围，旨在增加用户之间的信任，以及对于发布内容的诚实共享。

用户不仅可以将小红书作为一个社交媒体，分享生活或者种草好物，还可以在自己喜欢的内容下面点赞、评论，这种真实且美好的社区氛围能够深深地感染每一位用户。运营者与用户积极互动，为用户营造一种和谐、美好的社区氛围，使每个人都成为运营者，在小红书平台分享自己的生活感悟或者购物心得等内容，打造一个多元化的社区。

此外，小红书还坚持精细化的内容生产方式，这种内容生产方式可以从内容来源、内容加工和内容组织 3 个方面进行讲解。

首先，内容来源方面，小红书采用用户原创内容（user generated content，UGC）、专业生产内容（professional generated content，PGC）和专业用户生

产内容（professional user generated content，PUGC）相结合的方式，以保障平台内容的高质量。

其次，内容加工方面，小红书会对运营者发布的原创内容进行细致分类，并根据不同标签将其精准推送至对其感兴趣的用户。小红书的官方还会收录优质的原创内容，并对其进行二次加工处理，从而给用户带来更好的 App 使用体验。

最后，内容组织方面，小红书主要采用专题策划的形式，为用户精准推送他们感兴趣的内容，从而使每一位用户都能看到自己喜欢的笔记。

为了保障社区内容的高质量，小红书会对运营者发布的内容进行严格审核，如不允许运营者辱骂他人，发布违规信息，做广告的品牌等，运营者须严格遵守《广告法》，禁止使用"最好""NO.1""第一""全网最佳"等夸大性质的描述字眼。

通过实施一系列的措施，小红书进一步加强了其平台发布内容的真实性，并大大增强了小红书用户之间的信任度。此外，小红书专注于为用户推荐他们感兴趣的话题，并整理出他们不需要的内容，从而使用户拥有更好的使用体验。

11.1.4 真实口碑，提高信任

小红书的内容展现与分享模式使 KOL/KOC 在平台上格外活跃，他们大多在小红书平台分享自己的真实购物体验与生活感悟，并以此吸引了大批粉丝。KOL/KOC 可以与品牌方合作，向粉丝推销产品，提高品牌知名度与影响力。

另外，小红书特别重视真实，以及用户之间的信任与诚信，因此，小红书通过这种真实的口碑营销，已成为一个年轻人十分热爱的 App。图 11-4 所示为小红书运营者与粉丝分享自己真实的产品使用体验，并向他们推销产品。

(a)　　　　(b)

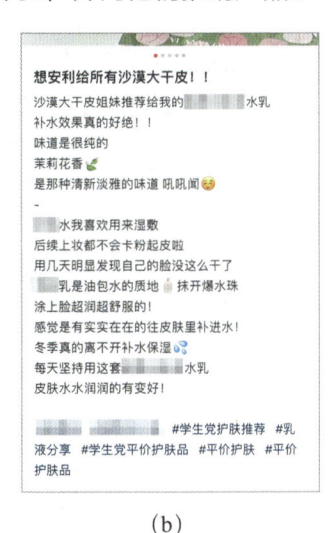

图 11-4　小红书运营者与粉丝分享自己真实的产品使用体验

实际上，在当今的互联网环境中，用户晒自己日常生活的社区平台并不少见，但小红书之所以能从众多的电商平台与社区平台中脱颖而出，靠的就是注重自身口碑。小红书平台集"看""买""用""晒"等于一体，加上其严格的内容管控，以及内容的标签化，这些举措使整个小红书平台井然有序，可以为用户带来良好的使用体验，也为自己带来了更好的口碑，赢得了众多新、老用户的喜爱。

11.2 商业运作，高效转化

小红书创立于 2013 年，经过近十年的发展，其已经由以前为国内用户介绍海外好物的平台，演变成一个网罗世界各地风俗好物，用户自发分享日常生活的社区。小红书的标语（slogan）也由"国外的好东西"变成了今天的"标记我的生活"，从一个小小的空间拓展为一个汇集各种精彩好物的大世界。

如今，小红书作为一个月活跃用户超 1 亿的流量高地，不管是吸粉引流方面还是商品销售方面，都具有极大的优势。与传统的电商平台相比，小红书的内容社区定位能够使大部分流量流向线下商户手中。

11.2.1 企业运营，专属账号

小红书的企业号以前称为品牌号，是小红书平台提供给企业运营者，让他们为自己的品牌产品进行推广营销，以区别于其他普通个人用户的账号。

小红书的企业号认证并不困难，一般只要用手机号注册小红书账号后，提交相关资质申请审核即可，小红书官方 3 日内即可完成审核。审核完成后，企业提交认证资质，小红书官方在 5 个工作日内完成审核。那么，认证企业号的相关资质有哪些。图 11-5 所示为小红书企业号平台的认证申请条件。

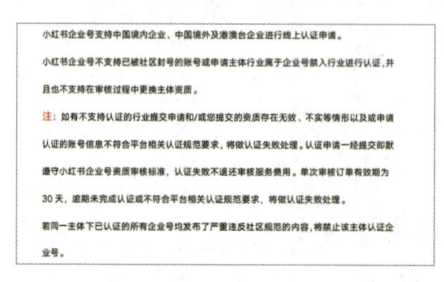

图 11-5 小红书企业号平台的认证申请条件

此外，企业在小红书申请认证企业号时，还需要如实填写账号信息，并提供相应的经营资料，具体要求如图 11-6 所示。

同时，企业在"企业认证"界面填写运营信息的时候，运营者姓名要与《企业认证申请公函》上的运营者姓名一致。认证资料提交之后，手机扫码完成支付即可，

如图 11-7 所示。

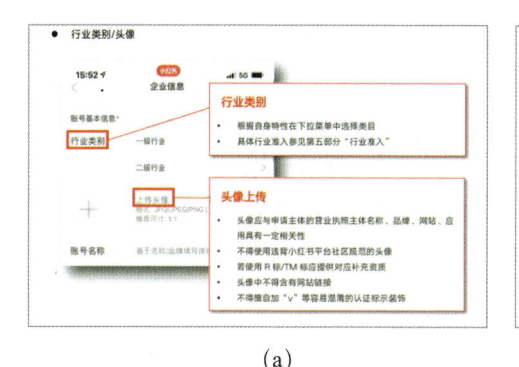

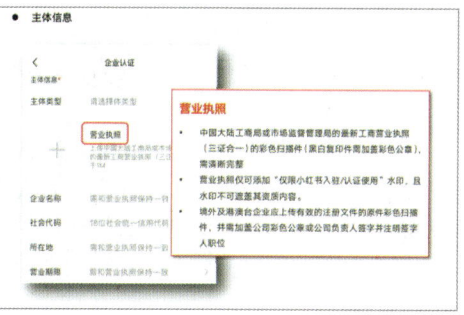

(a) (b)

图 11-6　认证资料的要求

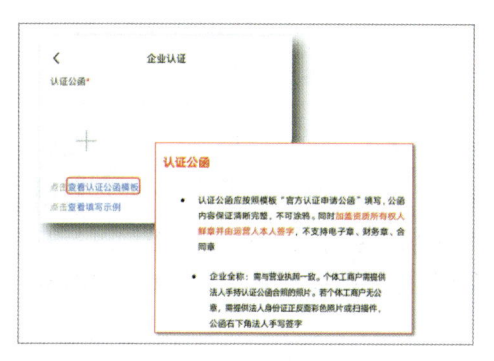

图 11-7　"企业认证"界面

那么，开通企业号对企业又有什么好处呢？通过认证这一商业功能，能够满足企业的大部分商业需求，包括但不限于产品种草、企业文化的宣传等。图 11-8 所示为笔者总结的开通小红书企业号的功能与好处，具体如下。

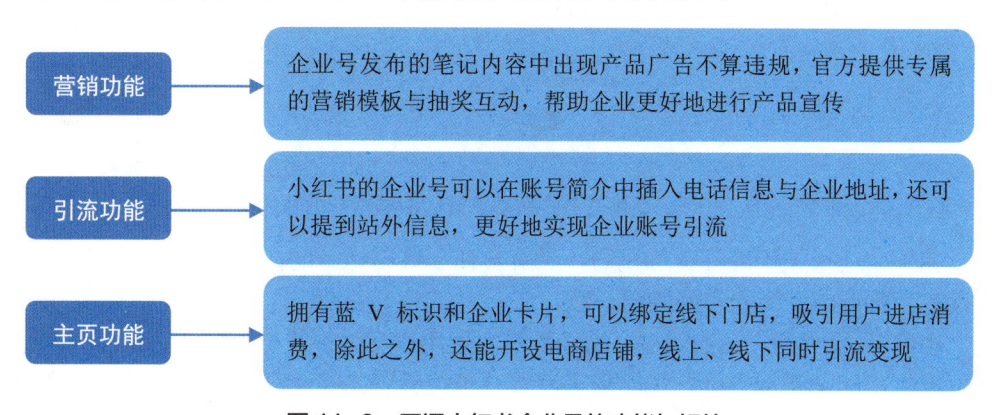

营销功能	企业号发布的笔记内容中出现产品广告不算违规，官方提供专属的营销模板与抽奖互动，帮助企业更好地进行产品宣传
引流功能	小红书的企业号可以在账号简介中插入电话信息与企业地址，还可以提到站外信息，更好地实现企业账号引流
主页功能	拥有蓝 V 标识和企业卡片，可以绑定线下门店，吸引用户进店消费，除此之外，还能开设电商店铺，线上、线下同时引流变现

图 11-8　开通小红书企业号的功能与好处

第十一章　小红书，百万活跃用户

163

11.2.2 推广合作，广告投放

当然，与其他 App 一样，小红书也支持企业品牌方申请投放广告。不过，要想在小红书 App 上投放广告，品牌方还需要进行开户资质认证，从而保障小红书平台发布广告的真实性，并以此维护品牌方与小红书的良好口碑。

那么，品牌方在小红书申请开户资质认证具体有哪些流程？图 11-9 所示为小红书平台的"小红书品牌方开户资质认证整体流程一览"，其中详细介绍了品牌方与代理商在小红书开户的具体流程。

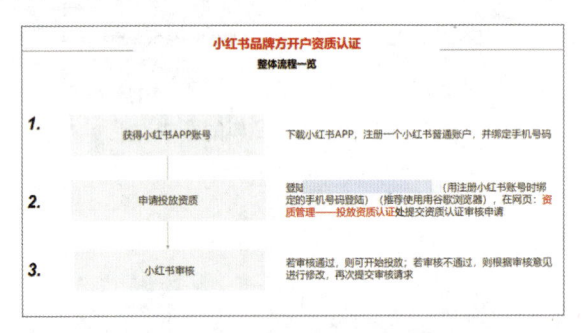

图 11-9 小红书品牌方开户资质认证整体流程一览

图 11-10 所示，为品牌方在小红书投放广告前进行开户资质认证时需要提交填写的相关资料，包括账号信息填写、主体信息填写等内容。

(a)　　　　(b)

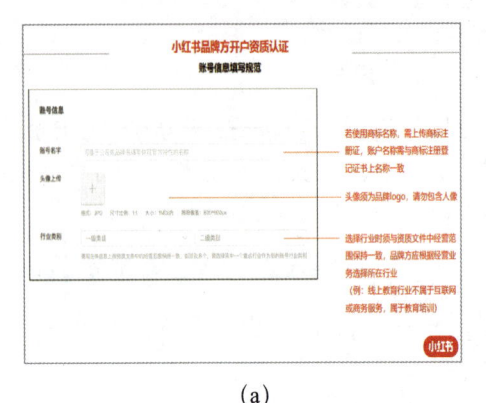

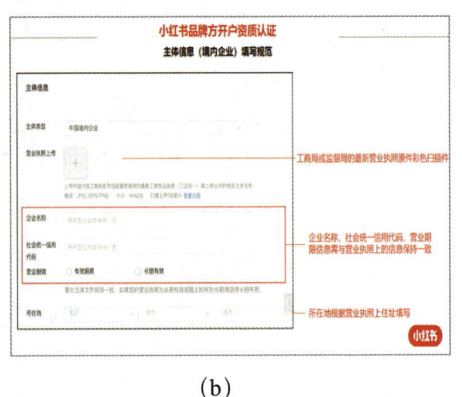

图 11-10 小红书品牌方开户资质认证时需要提交填写的相关资料

另外，还有关于商标类的资质，品牌方在小红书认证时提交的商标必须是没有过期的，并且与商标局官网的要一致。

小红书 App 用户的数量多，覆盖面广，且用户多为一线城市的年轻女性，因此小红书用户的消费能力强，也愿意去消费。可见品牌方在小红书开户并进行资质认证，对企业的品牌产品自然是好处多多。笔者将其好处总结如下。

- 效果直接。小红书的大数据算法机制能够让广告的投放效果更为直接，可以更快速地筛选并匹配到对产品有需求、感兴趣的用户。
- 高效转化。小红书广告的精准投放可以为企业的品牌和产品带来更高的曝光度，以吸引更多的用户流量，带来更为高效的转化和变现。
- 精准投放。当品牌方在小红书投放广告之后，小红书会根据用户的性别、年龄、地区分布等对其进行划分，从而更加精准地为品牌方定位目标用户，使其用很小的成本就能带来极大的广告投放效果。

11.2.3 品牌合作，官方认可

品牌合作人，顾名思义，就是在小红书平台与各大品牌方进行合作，应邀在小红书社区中发布推广企业品牌产品笔记内容的用户。品牌合作人具有小红书官方认可的商业推广资质，可以与品牌方进行商业合作。

小红书的品牌合作人需要运营者自己申请，条件达标后即可开通，进而成为品牌合作人，获得品牌方的青睐，实现流量的有效变现，申请品牌合作人的具体操作步骤如下。

步骤 01 运营者粉丝数量达到 5000 以上后，可以进入"设置"界面，选择"功能申请"选项，如图 11-11 所示。

步骤 02 执行操作后，在"功能申请"界面选择"品牌合作"选项，如图 11-12 所示。

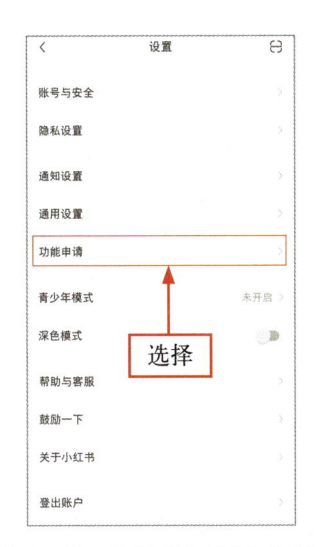

图 11-11　选择"功能申请"选项　　　图 11-12　选择"品牌合作"选项

步骤 03 执行操作后，进入"品牌合作申请"界面，如图 11-13 所示，选中"我已阅读并同意《品牌合作功能协议》"单选按钮；最后点击"申请开通"按钮，即

165

可成为品牌合作人。

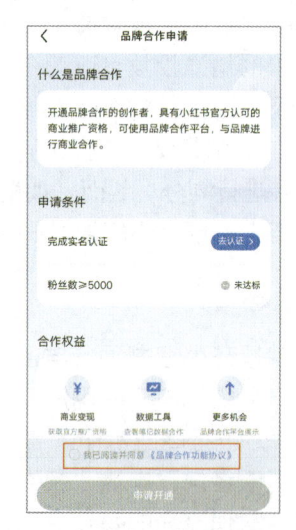

图11-13 "品牌合作申请"界面

另外，品牌合作人发布的品牌合作笔记并不会被小红书官方限流，会正常出现在推荐用户的首页，使品牌方的产品吸引更多用户。

11.2.4 商家入驻，顺利加入

商家如果想通过小红书获得更高的曝光度来吸引更多的用户，可以选择入驻小红书。小红书平台面向国际、国内的优质品牌招商，尊重品牌传统与内涵，欢迎优质商家入驻，以为用户带来更好的商品与服务。

现如今，小红书对商家入驻申请的审核变得格外严格，基本需要邀约才能成功入驻。此外，商家有入驻申请拒绝记录后再申请入驻，难度及审核费用都会有所增加，因此，品牌商家如果想入驻小红书，一定要寻找稳定、靠谱的合作商，并严格遵守小红书的平台规则。

入驻小红书为品牌商家带来的好处是不可估量的，具体如下。

- 广大的用户群体。作为目前最为火热的社区电商平台之一，小红书拥有超过1亿的月活跃用户，受到广大年轻女性的追捧，甚至被称为"海外购物神器"。
- 塑造品牌形象。小红书独特的内容展现形式可以让商家在其发布的笔记内容中塑造品牌形象，并通过关键字的优化及真实使用感受的分享，塑造优质的品牌形象，传播品牌文化，增强用户黏性。
- 提高产品销量。商家入驻小红书之后，可以吸引用户直接来线上的店铺购买产品，提高产品知名度，吸引线下顾客，线上、线下相结合，大幅提高产品销量。

商家想要入驻小红书，必须如实提供相关资料与信息，小红书官方则根据国家相关规定、各品类发展动态及小红书用户的购买需求对商家的入驻申请进行审核。商家成功入驻后可以开设4类店铺，即旗舰店、专卖店、集合店与卖场型旗舰店。

图11-14所示为商家入驻小红书需要提供的品牌资质与企业资质，商家入驻小红书前要仔细阅读并准备好相关材料。

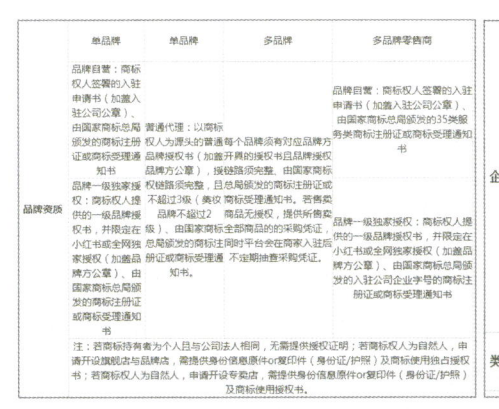

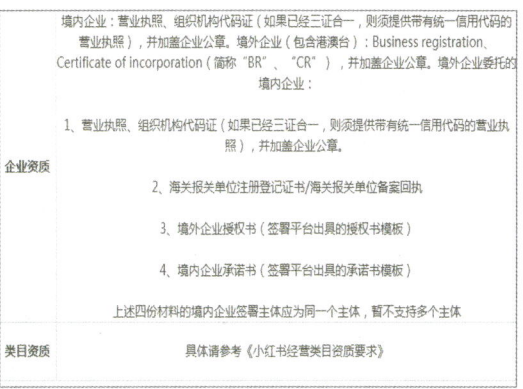

(a) (b)

图11-14 商家入驻小红书需要提供的品牌资质与企业资质

那么，商家入驻小红书提交资质信息时有哪些需要注意的要点及问题呢？笔者将其总结为以下6点，如图11-15所示。

商家入驻小红书提交资质信息时的注意要点及问题：
- 如实提供店铺运营的代理运营商、实际经营主体等
- 如果商家信息和资料的变更有相关规定，从其规定
- 入驻材料有非中文和英文的，要翻译成中文和英文
- 同一品牌在其官方旗舰店中仅能开设一家店铺
- 入驻资质审核通过后需要在60天内完成入驻流程
- 保证资质与信息的真实性，提供虚假材料的商家将被列入非诚信名单，永久限制其入驻

图11-15 商家入驻小红书提交资质信息时的注意要点及问题

11.3 运营策略，盈利捷径

小红书的成功离不开长期坚持的运营，实现流量的快速增长与有效变现需要优质的内容来运营。那么，如何深耕小红书的账号运营与产品推广，如何复制他人的运营策略。笔者认为，不妨从运营思维来入手。

11.3.1 找到定位，持续曝光

小红书的运营理念可以简单地概括为"找到定位"与"持续曝光"这 8 个字。"找到定位"意味着确定新媒体平台的受众和内容定位，以便能够为目标受众提供最有价值的信息和内容；而"持续曝光"，则是要坚持发布优质内容，持续让自己出现在其他用户的视野之中。

1. 找到定位

做好账号的定位，实际上也是找准小红书账号的运营方向，这个定位既可以是自己喜欢的事情，也可以是自己擅长的事情，更可以是能为他人带来价值的事情。无论如何，只有找好了账号的定位，小红书账号运营的方向才能随之确定下来。运营者做好账号定位有 3 个方面的理由，如图 11-16 所示。

例如，在小红书上面，定位为美妆博主的"网红"运营者就会深耕美妆类的内容，分享发布与之相关的好物种草；定位为手绘博主的运营者会持续发布绘画笔记或者绘画教程；定位为书法博主的运营者会每日进行书写打卡并为粉丝推荐好用的文具；定位为美食博主的运营者则会分享各种美食的做法。

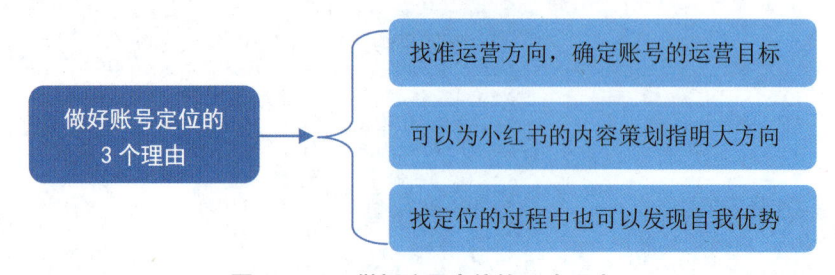

做好账号定位的 3 个理由：
- 找准运营方向，确定账号的运营目标
- 可以为小红书的内容策划指明大方向
- 找定位的过程中也可以发现自我优势

图 11-16　做好账号定位的 3 个理由

实际上，做好小红书的账号定位并不困难，也并不太需要运营者有什么一技之长，只需将小红书当作一个另类的朋友圈看待即可，与众多用户分享自己的日常，以真诚来吸引其他用户。

2. 持续曝光

小红书的持续曝光，并不是指账号的运营者要一天更新多条笔记内容，而是指运营者在保障笔记质量的同时，持续发布内容。

总的来说，小红书的持续曝光宁愿高质量、少数量也不要多数量、低质量。图 11-17 所示为小红书的运营者持续输出高质量内容。

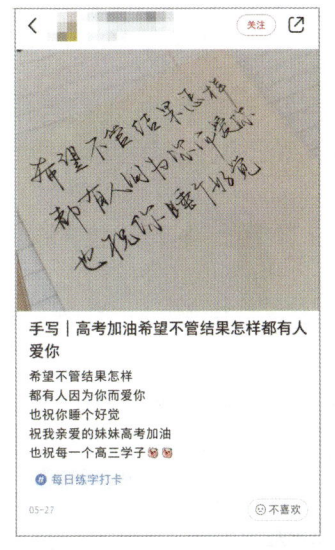

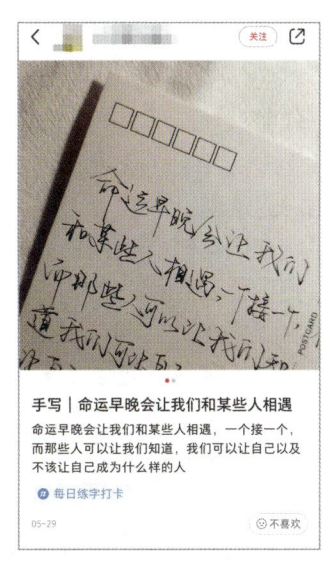

图 11-17　小红书的运营者持续输出高质量内容

那么，小红书的运营者应该如何实现持续曝光，为用户输出高质量的内容呢？又应该怎么确认自己发布的内容是高质量的呢？

笔者认为，在确认自己发布的内容高质量方面，运营者可以先模仿与自己同一领域的 KOL 发布的爆款笔记。如果自己的某个笔记成了爆款，那么，其他的笔记内容和格式、样式可以参照它来写，这样做可以花费更少的时间创作出更多的爆款。实现小红书内容的持续曝光，可以从以下 3 个方法入手，如图 11-18 所示。

实现小红书内容持续曝光的 3 个方法：
- 为笔记添加话题，增大被搜索的概率
- 偶尔推送几条小视频，加速账号升级
- 保障小红书账号输出内容的高质量

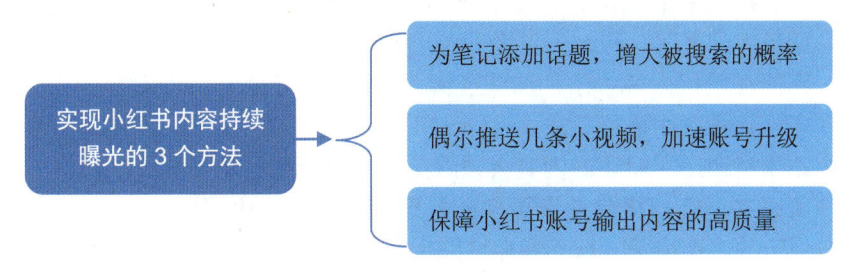

图 11-18　实现小红书内容持续曝光的 3 个方法

11.3.2　平台调性，推荐规则

不管是小红书还是其他平台，作为新媒体运营者与账号运营者，进入平台之前，首先要做的就是对这一平台有一个充分的了解，只有准确把握平台的调性及规则，

才能取得更好的运营效果。

同时，只有认真遵守平台规则，并了解平台特点，才能让自己发布的内容更容易被平台官方看到，并取得更多曝光机会，最后吸引更多的粉丝。

1. 平台调性

在把握小红书平台调性之前，我们需要明白，不管小红书的社区交流如何频繁，它都是一个线上电商平台，因此，用户发布的笔记内容带有种草性质会更容易受到官方与其他用户的欢迎。

一般来说，在以年轻女性用户为主的小红书平台，种草美妆、服装、首饰及护肤类的好物会更容易受到用户的青睐。此外，如今在小红书平台上，学习、成长类的内容也越来越受用户的欢迎，因为每个人都有学习的需求，每个人都想让自己进步。尤其是近年来，学习类的笔记内容迎来大爆发。

值得注意的是，运营者在发布小红书内容的时候，最好为图片添加滤镜，以使其有一个小清新的视觉效果，这样会更符合平台调性。

2. 推荐规则

与其他平台不同的是，小红书平台的推荐周期很长，运营者不用担心，自己发布的笔记会"石沉大海"，不再被其他用户看到。

小红书平台的首页会推荐以前的优质内容，这一推荐机制告诉我们，一定要在小红书平台发布高质量的笔记内容，因为优质内容带来的曝光度，以及带给运营者的回报，绝对是十分巨大的。

3. 违规规定

关于小红书平台的违规规则，具体概括如下。

- 不支持在笔记内容及个人介绍中填写站外信息，如淘宝店铺、微博、QQ、微信、邮箱等，但是开通企业号的品牌商家除外。
- 不能在笔记内容中添加购买链接、二维码、小程序等，如果发布视频，也不能在视频中进行口述。
- 不支持搬运，搬运的内容会被限流，因此大家一定要多多原创。

用户可以去小红书平台搜索更多的社区规定细则，也可以关注小红书官方号，查看官方公示的违规情况，从而避免"踩雷"。

11.3.3 基础技能，互动涨粉

虽然小红书的运营并不困难，但是也需要运营者学会或了解一些基础技能，以便更好地运营小红书账号；另外，学会与用户进行互动能更好地吸粉、固粉，增强粉丝黏性。

1. 基础技能

运营者要想运营好小红书账号,需要学会一些基础技能,让自己发布的笔记内容能更加符合小红书的平台调性,吸引更多粉丝,如图 11-19 所示。

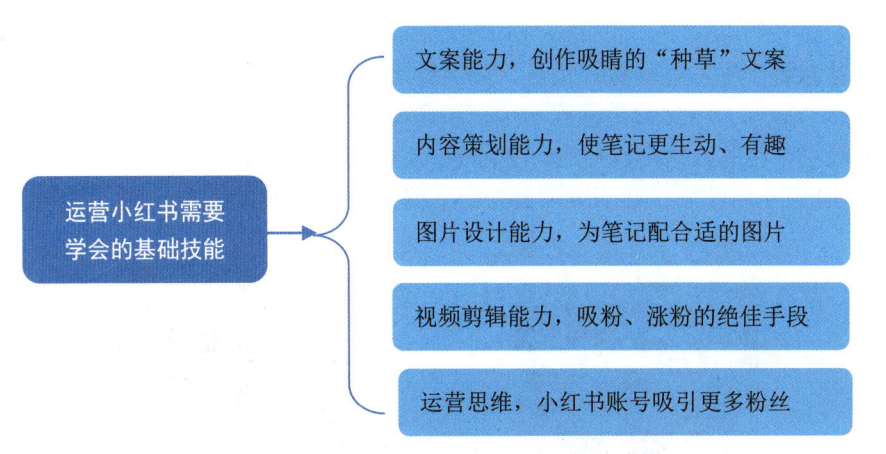

运营小红书需要学会的基础技能:
- 文案能力,创作吸睛的"种草"文案
- 内容策划能力,使笔记更生动、有趣
- 图片设计能力,为笔记配合适的图片
- 视频剪辑能力,吸粉、涨粉的绝佳手段
- 运营思维,小红书账号吸引更多粉丝

图 11-19 运营小红书需要学会的基础技能

在小红书账号的运营中,会拍照能为笔记加分很多,尤其是图片设计,小红书是一个图片推送类的平台,其中,封面图片和笔记首图的设计尤为重要,如图 11-20 所示。

(a) Procreate | 超可爱兔兔后院小房子配色…　♡ 1270

(b) 找到了!!小学老师批改作业的那抹红!　♡ 5892

图 11-20 小红书的封面图片

如果运营者为自己的笔记设计的封面足够吸引人,就能让其在众多推送内容中脱颖而出,更好地抓住用户眼球。而没有封面的笔记内容,则需要在首图上下一番

第十一章 小红书,百万活跃用户

171

功夫，因为这是用户对笔记的第一印象，必须好好把握，慎重对待。

另外，笔者认为，还可以增加每篇笔记之间的联系，让粉丝看你的笔记就如同订阅节目一样，对你的笔记产生好奇与期待，从而增强粉丝黏性。

2. 互动涨粉

不管做哪个平台的新媒体运营，都需要运营者为自己立一个人设，因为相比冷冰冰的账号数据，粉丝会更喜欢一个有亲切感的博主，或者是被一个独特、有魅力的博主吸引。因此，为自己打造一个好的人设，可以很快拉近与粉丝的距离。

图 11-21 所示为小红书运营者为自己树立人设的案例。

(a)   (b)

图 11-21　小红书运营者为自己树立人设的案例

积极与粉丝互动，是一种很好的涨粉技巧。小红书的运营者可以在评论区回答粉丝提出的问题，或者单独写一篇笔记解答粉丝的疑问，甚至还可以开启直播权限，通过直播与粉丝互动。

另外，偶尔进行一次抽奖也是一个与粉丝互动、快速涨粉的好方法，可以用较少的资金实现涨粉的目的。

第 12 章

短视频，新流量"巨头"

学前提示：

随着 5G 时代的到来，手机短视频的用户还在不断增加中，可以说，如今已经是一个"人人玩短视频"的时代。短视频已经成为人们生活中的一种消遣娱乐方式，大量新媒体运营者以短视频拍摄和运营为职业，从中赢得很多的利益。本章笔者将介绍短视频的相关运营技巧。

要点展示：

- ➢ 深度解读，推荐机制
- ➢ 优化内容，吸引用户
- ➢ 爆款内容，快速蹿红
- ➢ 创意想法，把握热点
- ➢ 提升流量，增加粉丝

12.1 深度解读，推荐机制

新媒体运营者在短视频账号的运营过程中，除了要重视短视频的内容之外，也要重视不同平台的各种运营技巧，这能够帮助运营者增加短视频的流量和账号的关注量，而平台的算法机制就是不容忽视的重要环节。目前，大部分短视频平台都是采用去中心化的流量分配逻辑，本节笔者将以抖音为例，介绍短视频的推荐算法机制，帮助你的短视频获得更多平台流量，轻松上热门。

12.1.1 算法机制，获得流量

简单来说，算法机制就像一套评判规则，这个规则作用于平台上的所有用户（运营者和用户），用户在平台上的所有行为都会被系统记录，同时系统也会根据这些行为来判断用户的性质，将用户分成优质用户、流失用户、潜在用户等类型。

例如，某个运营者在平台上发布了一个短视频，此时算法机制就会考量这个短视频的各项数据指标，以此来判断短视频内容的优劣。如果算法机制判断该短视频为优质内容，则会继续在平台上对其进行推荐，否则就不会再提供流量支持。

如果运营者想知道抖音平台上当下的流行趋势是什么，平台最喜欢推荐哪种类型的视频，就可以注册一个新的抖音账号，然后记录前 30 条刷到的视频内容，每个视频都全部看完，这样算法机制是无法判断新用户的喜好的，此时算法机制就会给运营者推荐当前平台上最受欢迎的短视频内容。

因此，运营者可以根据平台的算法机制来调整自己的内容细节，让自己的内容能够最大限度地符合平台的算法机制，从而获得更多流量。

12.1.2 抖音算法，精准匹配

抖音平台会通过智能化的算法机制来分析运营者发布的内容和用户的行为，如点赞、停留、评论、转发、关注等操作，从而了解每个人的兴趣，并给内容和账号打上相应的标签，从而实现彼此的精准匹配。

在这种算法机制下，好的内容能够获得用户的关注，也就是获得精准的流量；而用户则可以看到自己需要的内容，从而持续在这个平台上停留；同时，平台也获得了更多的高频用户，可以说是"一举三得"。

运营者发布到抖音平台上的短视频内容需要经过层层审核，才能被大众看到。运营者除了要注意视频内容要合乎平台规范外，也要注意平台的主要算法逻辑。抖音平台背后的主要算法逻辑有 3 部分，如图 12-1 所示。

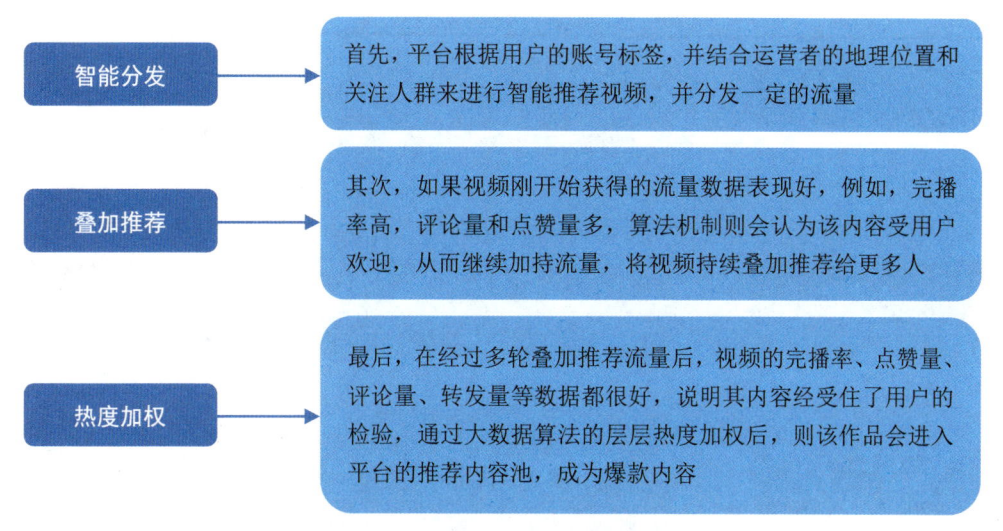

| 智能分发 | → | 首先，平台根据用户的账号标签，并结合运营者的地理位置和关注人群来进行智能推荐视频，并分发一定的流量 |

| 叠加推荐 | → | 其次，如果视频刚开始获得的流量数据表现好，例如，完播率高，评论量和点赞量多，算法机制则会认为该内容受用户欢迎，从而继续加持流量，将视频持续叠加推荐给更多人 |

| 热度加权 | → | 最后，在经过多轮叠加推荐流量后，视频的完播率、点赞量、评论量、转发量等数据都很好，说明其内容经受住了用户的检验，通过大数据算法的层层热度加权后，则该作品会进入平台的推荐内容池，成为爆款内容 |

图 12-1　抖音平台背后的主要算法逻辑

12.1.3　流量赛马，内容竞赛

抖音短视频的算法机制其实是一种流量赛马机制，也可以看作一个漏斗模型，如图 12-2 所示。

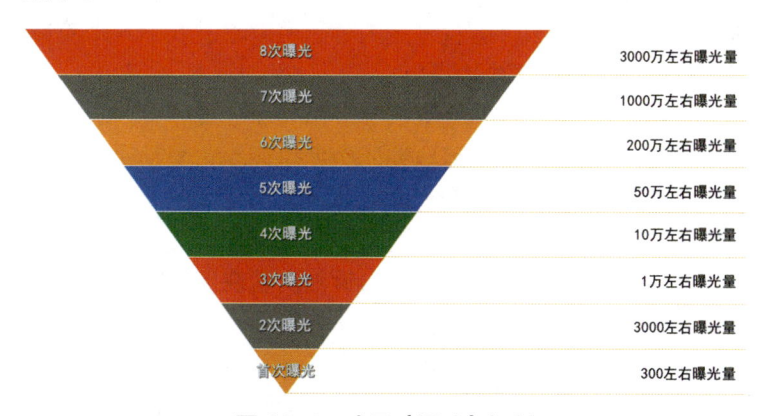

曝光次数	曝光量
8次曝光	3000万左右曝光量
7次曝光	1000万左右曝光量
6次曝光	200万左右曝光量
5次曝光	50万左右曝光量
4次曝光	10万左右曝光量
3次曝光	1万左右曝光量
2次曝光	3000左右曝光量
首次曝光	300左右曝光量

图 12-2　赛马（漏斗）机制

新媒体运营者发布内容后，抖音会将同一时间发布的所有视频放到一个池子里，然后给予一定的基础推荐流量，最后根据这些流量的反馈情况进行数据筛选，选出数据好的内容，再将其放到下一个流量池中，而数据差的内容系统就暂时不会再推荐了。

也就是说，在抖音平台上，内容的竞争如同赛马一样，会通过算法机制将差的内容淘汰。图 12-3 所示为流量赛马机制的相关流程。

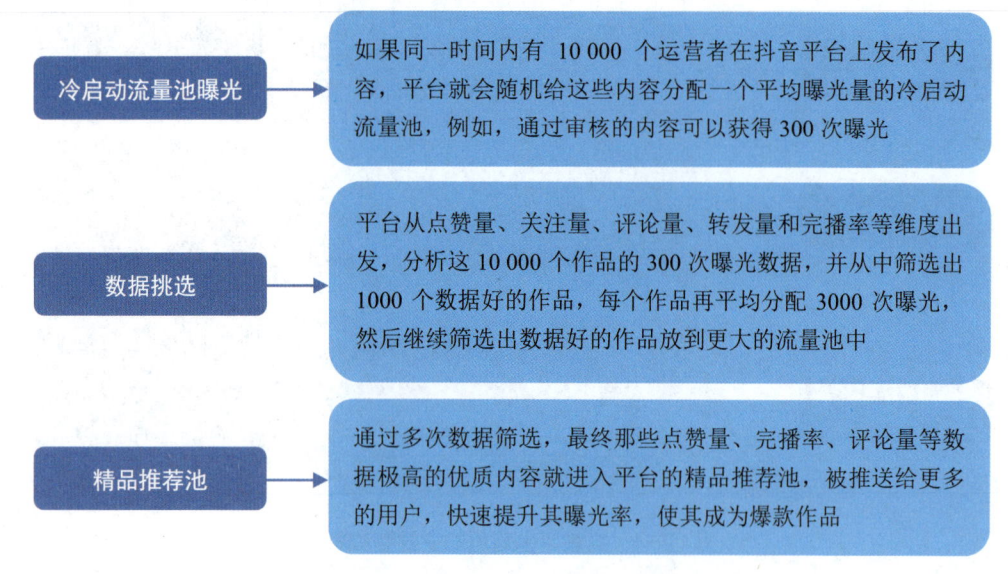

冷启动流量池曝光 →	如果同一时间内有 10 000 个运营者在抖音平台上发布了内容，平台就会随机给这些内容分配一个平均曝光量的冷启动流量池，例如，通过审核的内容可以获得 300 次曝光
数据挑选 →	平台从点赞量、关注量、评论量、转发量和完播率等维度出发，分析这 10 000 个作品的 300 次曝光数据，并从中筛选出 1000 个数据好的作品，每个作品再平均分配 3000 次曝光，然后继续筛选出数据好的作品放到更大的流量池中
精品推荐池 →	通过多次数据筛选，最终那些点赞量、完播率、评论量等数据极高的优质内容就进入平台的精品推荐池，被推送给更多的用户，快速提升其曝光率，使其成为爆款作品

图 12-3 流量赛马机制的相关流程

12.1.4 流量池中，把握机会

在抖音平台上，不管运营者有多少粉丝，内容质量是否优质，每个人发布的内容都会进入一个流量池。当然，运营者的内容是否能够进入下一个流量池，关键取决于内容在上一个流量池中的数据情况。

总的来说，抖音的流量池分为低级、中级和高级 3 类，平台会依据运营者的账号权重和内容的受欢迎程度来分配流量池。也就是说，账号权重越高，发布的内容越受用户欢迎，得到的曝光量也就会越多。

因此，运营者一定要把握住冷启动流量池，要想方设法让自己的内容在这个流量池中获得较好的表现。通常情况下，平台评判内容在流量池中的表现，主要依据点赞量、关注量、评论量、转发量和完播率这几个指标。

运营者发布短视频后，可以通过自己的私域流量或者付费流量来增加短视频的点赞量、关注量、评论量、转发量和完播率等指标的数据。也就是说，账号是否能够运营成功，这几个指标是关键因素。如果某个运营者连续 7 天发布的短视频都没有用户关注或点赞，甚至很多用户看到封面后就直接刷掉了，那么算法系统就会判定该账号为低级号，给予的流量就会非常少。

如果某个运营者连续 7 天发布的短视频播放量都维持在 200～300，则算法系统会判定该账号为最低权重号，同时将其发布的内容分配到低级流量池中。另外，若该账号发布的内容持续 30 天的播放量仍然没有突破，则同样会被系统判定为低级号。

如果某个运营者连续 7 天发布的短视频播放量都超过了 1 000，则算法系统会判定该账号为中级号或高级号，这样的账号发布的内容只要随便蹭个热点就能轻松上热门。

运营者清楚了抖音的算法机制及流量池的规则后，即可轻松引导平台给账号匹配优质的用户，让账号权重更高，从而让内容被分配到更多流量。

12.1.5 优质内容，叠加推荐

抖音平台给内容提供第一波流量后，算法机制会根据这波流量的反馈数据来进一步判断内容的优劣，如果判定为优质内容，则会给内容叠加分发多波流量；反之，就不会再继续分发流量了。

因此，抖音的算法机制采用的是一种叠加推荐机制。一般情况下，运营者发布作品后的第一个小时内，如果短视频的播放量超过 5 000 次，点赞量超过 120 个，评论量超过 12 个，则算法系统就会马上进行下一波推荐。图 12-4 所示为叠加推荐机制的基本流程。

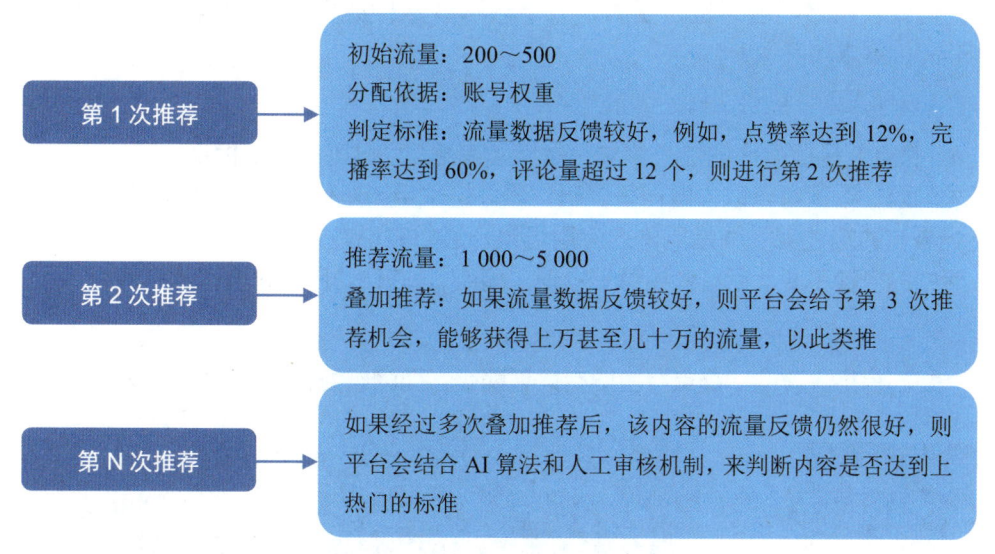

第 1 次推荐
初始流量：200～500
分配依据：账号权重
判定标准：流量数据反馈较好，例如，点赞率达到 12%，完播率达到 60%，评论量超过 12 个，则进行第 2 次推荐

第 2 次推荐
推荐流量：1 000～5 000
叠加推荐：如果流量数据反馈较好，则平台会给予第 3 次推荐机会，能够获得上万甚至几十万的流量，以此类推

第 N 次推荐
如果经过多次叠加推荐后，该内容的流量反馈仍然很好，则平台会结合 AI 算法和人工审核机制，来判断内容是否达到上热门的标准

图 12-4 叠加推荐机制的基本流程

对于算法机制的流量反馈情况来说，各个指标的权重是不一样的，具体为：播放量（完播率）＞点赞量＞评论量＞转发量。毕竟运营者的个人能力是有限的，因此当内容进入更大的流量池后，这些流量反馈指标就很难进行人工干预了。

运营者需要注意的是，千万不要走捷径去刷流量反馈数据，平台对于这种违规操作是明令禁止的，并会根据情况的严重程度，给予审核不通过、删除违规内容、内容不推荐、后台警示、限制上传视频、永久封禁、报警等处理。

12.2 优化内容，吸引用户

新媒体运营者做短视频的运营，本质上还是做内容运营，那些能够快速涨粉和实现变现的运营者，都是靠优质的内容来实现的。通过优质内容吸引的粉丝，都是对运营者分享的内容感兴趣的人群，这些人群更加精准。因此，内容是运营短视频的核心，同时也是账号获得平台流量的核心。

对于短视频运营来说，内容就是王道，而内容定位的关键就是用什么样的内容来吸引什么样的群体。本节笔者将介绍短视频的内容定位技巧，以帮助运营者找到一个特定的内容形式，实现快速引流和变现。

12.2.1 内容定位，精准吸引

在短视频平台上，运营者不能简单地去模仿或跟拍热门视频，必须确定自己的目标用户，从而做好自己的账号定位，这是由内容定位的重要性决定的。内容不仅可以直接决定账号的定位，而且可以决定账号的目标人群和变现能力。

运营者在做内容定位时要清楚一个非常重要的要素——这个精准人群有哪些"痛点"、需求和问题？

1. 什么是"痛点"？

"痛点"是指用户的核心需求，是运营者必须为他们解决的问题。对于用户的需求问题，运营者可以去做一些调研，最好是采用场景化的描述方法。那么，什么是场景化的描述呢？就是具体的应用场景。通俗来说，"痛点"其实就是人们日常生活中的各种不便，运营者要善于发现"痛点"，并帮助用户解决这些"痛点"。

2. 挖掘"痛点"有什么作用？

找到目标人群的"痛点"主要有以下两个方面的好处，具体如图 12-5 所示。

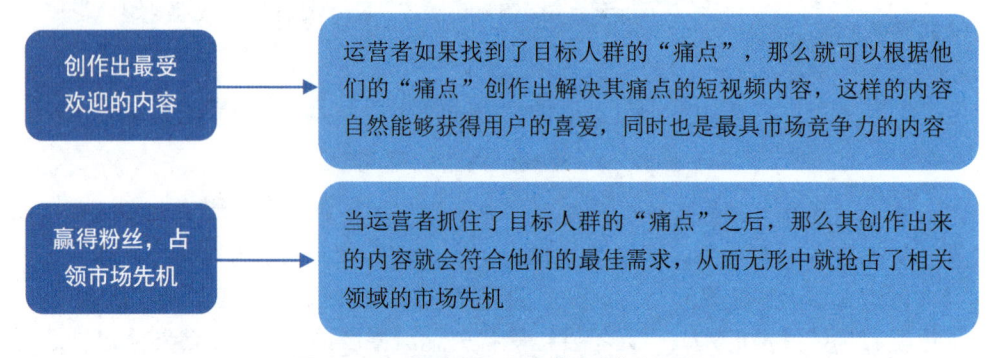

创作出最受欢迎的内容	运营者如果找到了目标人群的"痛点"，那么就可以根据他们的"痛点"创作出解决其痛点的短视频内容，这样的内容自然能够获得用户的喜爱，同时也是最具市场竞争力的内容
赢得粉丝，占领市场先机	当运营者抓住了目标人群的"痛点"之后，那么其创作出来的内容就会符合他们的最佳需求，从而无形中就抢占了相关领域的市场先机

图 12-5 找到目标人群"痛点"的好处

12.2.2 找关注点，制作视频

一般来说，短视频的用户越缺什么，就会越关注什么，而运营者只需要找到他们关注的那个点，并据此制作内容，这样的内容就会受大家欢迎。只要运营者敢于在内容上下功夫，根本不用愁没有粉丝和流量。但是，如果运营者一味地在打广告上下功夫，则可能会被用户厌烦。

在一个短视频内容中，往往能戳中用户内心的点也就那么几秒钟，也许这就是所谓的"一见钟情"。运营者要记住一点，在短视频平台上涨粉只是一种动力，能够让自己更有信心地在这个平台上做下去，并且能够让自己实现变现的，是吸引到精准粉丝，且让他们持续关注自己的内容。

不管运营者处于什么行业，只要你能够站在用户的角度去思考，去进行内容定位，将自己的行业经验分享给大家，那么这种内容就有非常大的价值。

12.2.3 自身特点，输出内容

在短视频平台上输出内容是一件非常简单的事情，但是，要想输出有价值的内容并获得用户的认可，这就有一定难度了。特别是，如今各种短视频内容创作者多如牛毛，那么，到底如何才能找到适合的内容来输出呢？又该怎样提升内容的价值呢？下面，笔者介绍具体的方法。

1. 选择合适的内容输出形式

当运营者在行业中积累了一定的经验，有了足够优质的内容之后，就可以去输出这些内容。

如果你擅长写，就可以写文案；如果你的声音不错，就可以通过音频去输出内容；如果你镜头感比较好，就可以去拍一些真人出镜的短视频内容。通过选择合适的内容输出形式，运营者即可在比较短的时间内成为这个领域的佼佼者。

2. 持续输出有价值的内容

在互联网时代，内容的输出形式非常多，如图文、音频、短视频、直播及中长视频等，这些运营者都可以去尝试。而在持续输出有价值的内容方面，笔者有一些个人建议，具体如下。

- 做好内容定位，专注于做垂直细分领域的内容。
- 始终坚持每天创作高质量内容，并保证持续产出。
- 发布也很重要，要及时将内容发送到平台上。

如果运营者只创作内容，而不输出内容，那么，这些内容就不会被用户看到，自然也就没有办法通过内容来影响用户。

总之，运营者要根据自己的特点去生产和输出内容，而且持续地输出内容。因

为只有持续地输出内容，才有可能拥有自己的行业地位，成为所在领域的"信息专家"。

12.2.4 标准规则，精准把握

对于短视频的内容定位而言，内容最终是为用户服务的，要想让用户关注你的短视频，或者给你的内容点赞和转发，那么，这个内容就必须要能够满足他们的需求。要做到这一点，运营者的内容定位还需要符合以下几个标准，如图12-6所示。

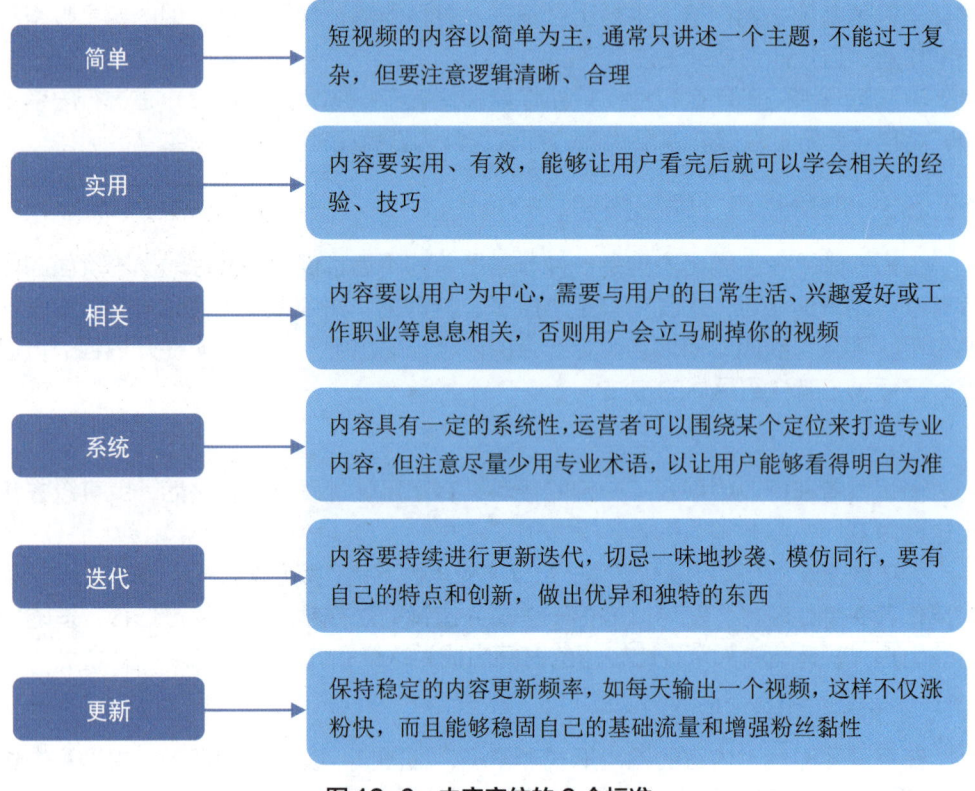

简单	短视频的内容以简单为主，通常只讲述一个主题，不能过于复杂，但要注意逻辑清晰、合理
实用	内容要实用、有效，能够让用户看完后就可以学会相关的经验、技巧
相关	内容要以用户为中心，需要与用户的日常生活、兴趣爱好或工作职业等息息相关，否则用户会立马刷掉你的视频
系统	内容具有一定的系统性，运营者可以围绕某个定位来打造专业内容，但注意尽量少用专业术语，以让用户能够看得明白为准
迭代	内容要持续进行更新迭代，切忌一味地抄袭、模仿同行，要有自己的特点和创新，做出优异和独特的东西
更新	保持稳定的内容更新频率，如每天输出一个视频，这样不仅涨粉快，而且能够稳固自己的基础流量和增强粉丝黏性

图12-6　内容定位的6个标准

短视频平台上的大部分爆款内容，都是运营者经过精心策划的，因此内容定位也是成就爆款内容的重要条件。运营者需要让内容始终围绕定位来进行策划，保证内容的方向不会产生偏差。

在进行内容定位策划时，运营者需要遵守以下几个规则。

- 选题有创意。内容的选题尽量独特且有创意，同时要建立自己的选题库和标准的工作流程，这样不仅能够提高创作的效率，还可以刺激用户持续观看的欲望。例如，运营者可以多收集一些热点加入自己的选题库中，然后

结合这些热点来创作内容。
- 剧情有落差。短视频通常需要在 15 秒内将大量的信息清晰地传递出来，因此，内容通常都比较紧凑。尽管如此，运营者还是要开动脑筋，在剧情上安排一些高低落差来吸引用户的眼球。
- 内容有价值。不管是哪种内容，都要尽量给用户带去价值，让用户值得为此付出时间成本和流量成本来看完视频内容。例如，做搞笑类的短视频，就需要能够给用户带来快乐；做美食类的短视频，就需要让用户产生食欲，或者让他们有动手实践的想法。
- 情感有对比。内容可以源于生活，采用一些简单的拍摄手法来展现生活中的真情实感。同时，加入一些情感的对比，这种内容反而更容易打动用户，主动感染用户的情绪和情感。
- 时间有把控。运营者需要合理地安排短视频的时间节奏，以抖音拍摄的默认 15 秒短视频为例，因为这种时长的短视频是最受用户喜欢的，而短于 7 秒的短视频不会得到系统推荐，长于 30 秒的短视频，用户则很难坚持看完。

12.3 爆款内容，快速蹿红

很多运营者在拍摄短视频时，不知道该拍什么内容，更不知道哪些内容更容易上热门。笔者在本节分享了一些常见的爆款短视频的内容形式，即便运营者只是一个普通人，也可以让你快速蹿红。

12.3.1 颜值内容，"一见钟情"

用户给短视频点赞的很大一部分原因，是他们被短视频中的人物颜值吸引了，也可以理解为"心动的感觉"，即"一见钟情"。与其他的内容形式相比，好看的外表确实很容易获得大众的好感。

需要注意的是，人物所处的拍摄环境也相当重要，必须与视频的主题相符合，而且场景尽量要干净、整洁。因此，运营者要尽量寻找合适的场景，不同的场景可以营造出不同的视觉感受，通常是越简约越好。在抖音上我们可以看到，很多颜值高的运营者只是简单地唱一首歌，跳一段舞，在大街上随便走走，或者翻拍一个简单的动作，即可轻松获得百万点赞。从这一点可以看出，外表吸引力型的内容容易获得大家的关注。

但是，笔者所说的"一见钟情"，并不单单指视频中的人物颜值高或身材好，而是其通过一定的装扮和肢体动作，在视频中表现出来"充分入戏"的镜头感。因此，"一见钟情"是"颜值＋身材＋表现力＋亲和力"的综合体现，如图 12-7 所示。

(a)　　　　　　　　(b)

图12-7　"一见钟情"的视频示例

12.3.2　搞笑内容，轻松消遣

打开抖音App，随便刷几个短视频，就会看到搞笑类的视频内容。为什么会这样呢？这是因为，刷短视频是人们在闲暇时间用来放松或消遣的一种娱乐方式，能在其中获得一些快乐，得到一些精神上的放松。

同时，平台也非常喜欢这种搞笑类的视频内容，因此更愿意推送这些内容，给用户带去快乐并增加用户对平台的好感，同时让平台变得更为活跃。

因此，运营者也要充分了解平台的喜好，创作平台喜欢的内容，通过在自己的短视频中添加一些搞笑元素，增加内容的吸引力，让用户看到视频后便开心、快乐，忍不住要给你点赞。

运营者也可以自行拍摄各类原创幽默、搞笑段子，变身"搞笑达人"，轻松获得大量粉丝关注。当然，这些搞笑段子的内容最好来源于生活，并与大家的生活息息相关，或者就是发生在自己周围的事，这样就会让人们产生亲切感。

另外，搞笑类的视频内容包含面非常广，各种酸、甜、苦、辣应有尽有，不容易让用户产生审美疲劳，这也是很多人喜欢搞笑段子的原因。

运营者在拍摄搞笑类短视频时，可以从以下几个方面入手来创作内容。

- 剧情恶搞。运营者可以通过自行招募演员、策划剧本，来拍摄具有搞笑风格的视频作品。这类视频中的人物形体和动作通常都比较夸张，同时语言幽默搞笑，感染力非常强。

- 创意剪辑。通过截取一些搞笑的短片镜头画面或动图，将其嵌入视频的转场处，并配上字幕和背景音乐，制作成创意搞笑的视频内容。
- 犀利吐槽。对于语言表达能力比较强的运营者来说，可以直接通过真人出镜的形式，上演脱口秀节目，吐槽一些接地气的热门话题或者各种奇闻趣事，加上较为夸张的造型、神态和表演，给用户留下深刻的印象，并吸引用户关注。

12.3.3 萌值内容，治愈心灵

与颜值类似的是"萌值"，如萌宝、萌宠等类型的短视频内容，它们同样具有难以抗拒的强大吸引力，能够让用户瞬间觉得内心被治愈了。

在短视频中，那些憨态可掬的萌宝、萌宠具有超强治愈力，不仅可以快速火起来，还可以获得大家的持续关注。"萌"往往和"可爱"对应，因此许多用户在看到萌的事物时，都会忍不住想要多看几眼。

萌宝是深受用户喜爱的一个群体。因为萌宝本身看着就很可爱了，而且他们的一些行为举动也容易让人觉得非常有趣。所以，与萌宝相关的视频，就能很容易地吸引许多用户的眼球。

当然，萌不是人类的专属，小猫、小狗等可爱的宠物也是很萌的。许多人之所以养宠物，就是觉得萌宠特别地惹人喜爱。如果能把宠物日常生活中惹人喜爱、憨态可掬的一面通过视频展现出来，也能轻松吸引大家的关注，如图 12-8 所示。

图 12-8　萌宠短视频

也正是因为如此，抖音上兴起了一大批"网红"萌宠。例如，某运营者在抖音上获得了近 4000 万的粉丝关注，其内容以记录两只猫在生活中遇到的趣事为主，视频中经常出现各种"热梗"，配以"戏精"主人的表演，给人轻松、愉悦之感。

12.3.4 专业内容，才艺技能

专业内容类型是指在短视频中展示各种才艺技能，如唱歌跳舞、影视特效或者生活化的冷门匠人技能等，或者拍摄"技术流"类型的短视频，如此种种，都能够让用户由衷喜欢。在制作这些类型的内容时，要注意才艺的稀缺度和技能的专业度，同时还要有一定的镜头感，才能获得用户的大量点赞。

才艺包含的范围很广泛，除了常见的唱歌、跳舞之外，还包括摄影、绘画、书法、演奏、相声、脱口秀、武术、杂技等。只要视频中展示的才艺足够专业、独特，并且能够让用户觉得赏心悦目，那么，视频就很容易上热门。

例如，"技术流"类的视频内容，主要是通过让用户看到自己难以做到，甚至是从没有见过的事情，从而引起他们的钦佩之情。

以视频特效这种"技术流"内容为例，普通的运营者可以直接使用抖音的各种"魔法道具"和控制拍摄速度的快慢等功能来实现一些简单的特效；而对于较为专业的运营者来说，则可以使用剪映、Adobe Photoshop 等软件来实现各种酷炫特效。

图 12-9 所示为利用剪映 App 制作的"人物分身"视频效果。这里想要深入学习剪映的读者可以购买《剪映：手机短视频剪辑从入门到精通》这本书，其中包含了很多视频的剪辑和特效技巧。

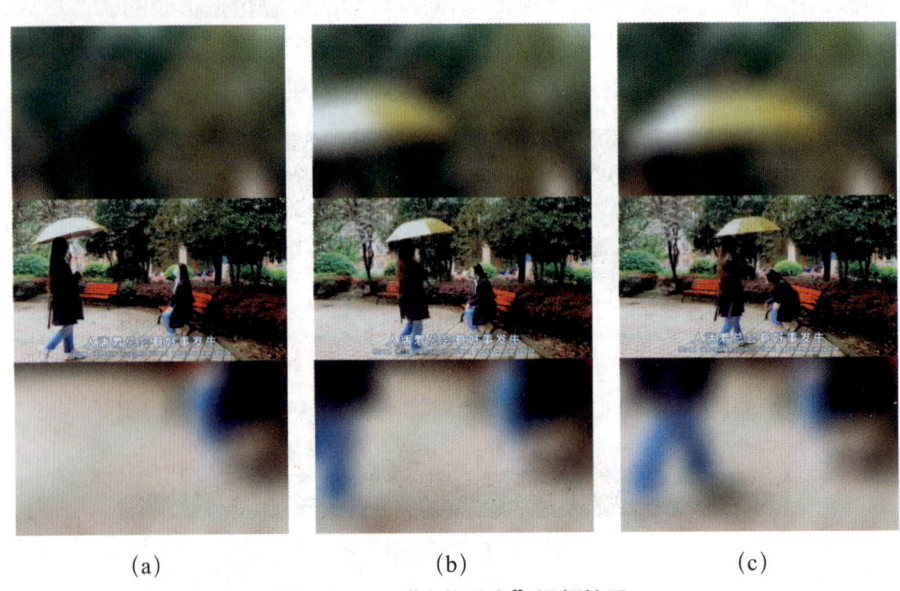

(a)　　　　　　　　　(b)　　　　　　　　　(c)

图 12-9　"人物分身"视频效果

与一般的内容不同，才艺技能类的短视频内容能让一些用户觉得像一个"新大陆"，因为他们此前从未见过，所以会觉得特别新奇。如果用户觉得短视频中的技能在日常生活中用得上，甚至还会进行收藏和转发操作。

12.3.5 精彩内容，无法言喻

无法言喻的内容类型，是指难以用图文来描述的短视频内容，如优美的自然风光、生活中的精彩瞬间，这些都能够给用户带来深刻的感受。

例如，风光类短视频是很多 Vlog 类创作者喜欢拍摄的题材，如图 12-10 所示。用户通常利用自己的碎片化时间来刷短视频，因此运营者需要在视频开始的前几秒钟就将风光的亮点展现出来，同时整个视频的时间也不宜过长。

图 12-10　风光类短视频内容示例

需要注意的是，风光类短视频的后期处理是必不可少的，与此同时还需要搭配应景的背景音乐。而且，运营者在发布风光类短视频时，还可以给短视频加上一句能够触动人心的文案或相关话题，让粉丝产生共鸣，从而带动作品的话题性，这样产生爆款的概率会更大。

总而言之，无法言喻的内容需要"观赏性＋稀缺性＋声音与文案"的配合，这样才能让用户感到无法言喻的喜欢，才能获得很高的曝光量。

12.3.6 情感内容，产生共鸣

情感共鸣类的短视频内容主要是将情感文字录制成语音，然后配合相关的视频背景来渲染情感氛围。例如，某抖音号以输出"心灵鸡汤""情感语录"为主要创作内容，是一个典型的"情感号"，其粉丝量达到了 4 000 多万，获赞量更是达到了 2.9 亿个，其发布的短视频内容如图 12-11 所示。

情感共鸣类的短视频内容引流效果特别好，它通过优美的文案内容使用户产生心灵共鸣，甚至认同运营者的价值观。运营者也可以有一些更专业的玩法，那就是拍摄情感类的剧情故事，这样会更具感染力。当然，对于这种剧情类的情感视频内容来说，以下两个条件是必不可少的。

- 优质的场景布置。
- 专业的拍摄和剪辑技能。

图 12-11　情感类视频内容示例

另外，情感类视频的声音处理也非常重要，运营者可以找专业的录音公司帮忙进行处理。

12.4　创意想法，把握热点

有了账号定位，有了拍摄对象，有了内容风格后，运营者还需要什么呢？此时，运营者只需要在短视频中加入一点点创意玩法，这个作品离火爆就不远了。本节，笔者总结了一些短视频常用的热点创意玩法，希望能够帮助运营者快速打造爆款短视频。

12.4.1　影视混剪，浓缩精华

在西瓜视频和抖音等视频平台上，常常可以看到各种影视混剪的短视频作品，这种内容创作形式相对简单。影视混剪短视频的主要内容形式为剪辑电影、电视剧或综艺节目中的某一剧情桥段，同时加上语言轻快、幽默诙谐的配音解说。

这种内容形式的主要难点在于运营者需要在短时间内将相关影视内容完整地解说出来，这需要运营者具有极强的文案策划能力和语言输出能力，能够让用户对影视情节有一个大致的了解。影视混剪类短视频的制作技巧，如图 12-12 所示。

此外，做影视混剪类的短视频内容，运营者还需要注意两个问题：首先，要避免内容侵权，可以找一些不需要版权的素材，或者购买有版权的素材；其次，避免内容重复度过高，可以采用一些消重技巧来实现，如抽帧、转场和添加贴纸等。

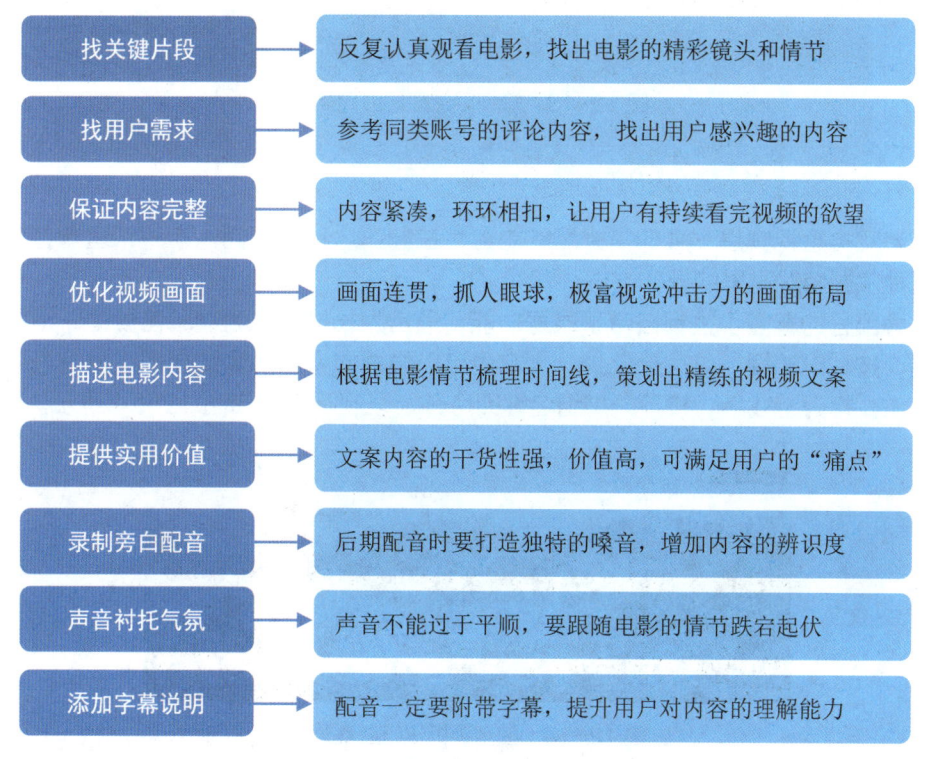

找关键片段	反复认真观看电影，找出电影的精彩镜头和情节
找用户需求	参考同类账号的评论内容，找出用户感兴趣的内容
保证内容完整	内容紧凑，环环相扣，让用户有持续看完视频的欲望
优化视频画面	画面连贯，抓人眼球，极富视觉冲击力的画面布局
描述电影内容	根据电影情节梳理时间线，策划出精练的视频文案
提供实用价值	文案内容的干货性强，价值高，可满足用户的"痛点"
录制旁白配音	后期配音时要打造独特的嗓音，增加内容的辨识度
声音衬托气氛	声音不能过于平顺，要跟随电影的情节跌宕起伏
添加字幕说明	配音一定要附带字幕，提升用户对内容的理解能力

图 12-12 影视混剪类短视频的制作技巧

12.4.2 热门话题，精准定位

模仿跟拍爆款内容时，如果运营者一时找不到合适的爆款，此时添加热门话题也是一个不错的方法。在抖音的短视频信息流中可以看到，几乎所有的短视频都添加了话题。

给短视频添加话题，其实就等于给短视频内容打上了标签，让平台快速了解这个内容是属于哪个标签系列的。不过，运营者在添加话题时，注意要添加同领域的话题，以便蹭到这个话题的流量。也就是说，话题可以帮助平台精准地定位运营者发布的短视频内容的类型。通常情况下，一个短视频的话题为 3 个左右，具体应用规则，如图 12-13 所示。

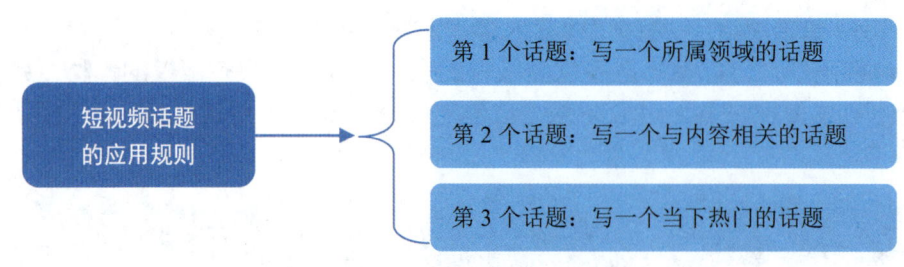

```
短视频话题        第 1 个话题：写一个所属领域的话题
的应用规则        第 2 个话题：写一个与内容相关的话题
                 第 3 个话题：写一个当下热门的话题
```

图 12-13　短视频话题的应用规则

12.4.3　游戏录屏，人气火爆

游戏类短视频是一种非常火爆的内容，在制作这种类型的内容时，运营者必须很好地掌握游戏录屏的操作方法。

大部分的智能手机都自带了录屏功能，通常为长按"电源键+音量键"组合键开始，按"电源键"结束。此外，大家也可以尝试或者上网查询自己手机型号的录屏方法。打开游戏后，按下录屏组合键即可开始录制画面，如图 12-14 所示。

图 12-14　使用手机进行游戏录屏

对于没有录屏功能的手机来说，可以去手机应用商店搜索并下载一些录屏软件。另外，利用剪映 App 的"画中画"功能，也可以轻松合成游戏录屏界面和运营者真人出镜的画面，制作出更加生动的游戏类短视频作品。

12.4.4　课程教学，分享知识

在短视频大行其道的时代，运营者可以非常方便地将自己掌握的知识录制成课程教学的短视频，然后通过短视频平台来传播并售卖给用户，以帮助运营者获得收益和知名度。

如果运营者想要通过短视频开展在线教学服务，首先要在某一领域比较有实力和影响力，这样才能确保教给付费者的东西是有价值的。另外，对于课程教学类短视频来说，操作部分相当重要，运营者可以根据点击量、阅读量和粉丝咨询量等数据，精心挑选一些热门、高频的实用案例。

下面，笔者总结了一些创作知识技能类短视频的相关技巧，如图 12-15 所示。

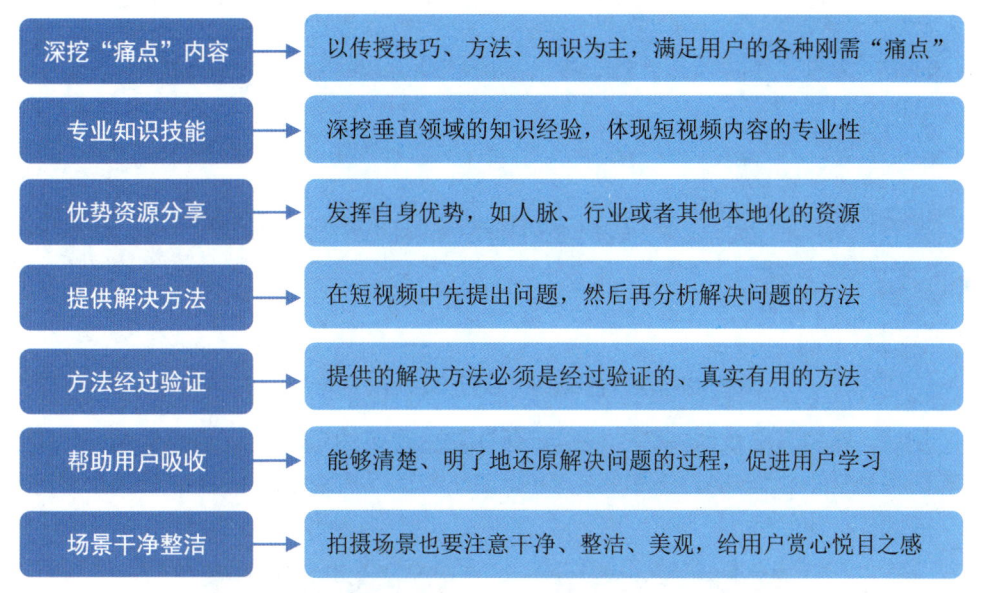

深挖"痛点"内容 →	以传授技巧、方法、知识为主，满足用户的各种刚需"痛点"
专业知识技能 →	深挖垂直领域的知识经验，体现短视频内容的专业性
优势资源分享 →	发挥自身优势，如人脉、行业或者其他本地化的资源
提供解决方法 →	在短视频中先提出问题，然后再分析解决问题的方法
方法经过验证 →	提供的解决方法必须是经过验证的、真实有用的方法
帮助用户吸收 →	能够清楚、明了地还原解决问题的过程，促进用户学习
场景干净整洁 →	拍摄场景也要注意干净、整洁、美观，给用户赏心悦目之感

图 12-15 创作知识技能类短视频的相关技巧

12.4.5 热梗演绎，制造热度

短视频的灵感来源，除了靠自身的创意想法外，运营者也可以多收集一些热梗，这些热梗通常自带流量和话题属性，能够吸引大量用户点赞。

运营者可以将短视频的点赞量、评论量、转发量作为筛选依据，找到并收藏抖音、快手等短视频平台上的热门视频，然后进行模仿、跟拍和创新，最终打造出自己的优质短视频作品。

同时，运营者也可以在自己的日常生活中寻找这种创意搞笑短视频的热梗，然后采用夸大的创新方式将这些日常细节演绎出来。另外，在策划热梗内容时，运营者还需要注意以下事项。

- 短视频的拍摄门槛低，运营者的发挥空间大。
- 剧情内容有创意，能够紧扣用户的生活。
- 多看网络大事件，不错过网络热点。

12.4.6 节日热点，增加人气

各种节日向来都是营销的旺季，运营者在制作短视频时，也可以借助节日热点来进行内容创新，以增加作品的曝光量。运营者可以从以下几个方面入手，如图 12-16 所示，在短视频中营造节日氛围，引起用户共鸣。

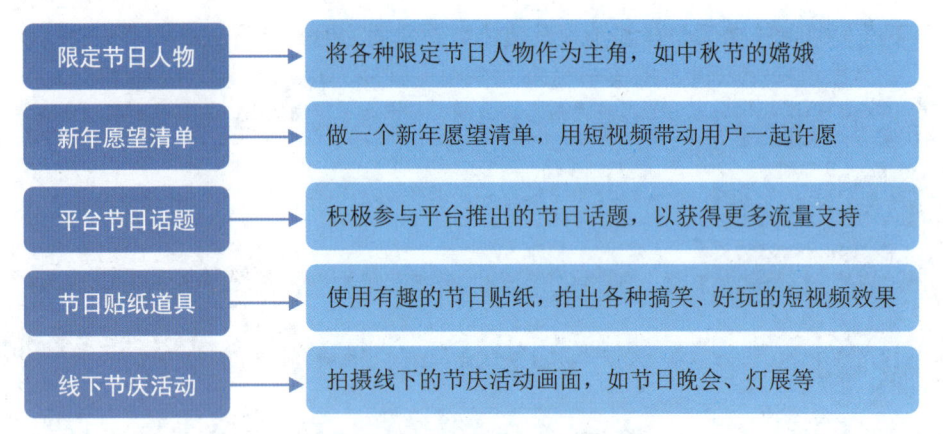

限定节日人物	→	将各种限定节日人物作为主角，如中秋节的嫦娥
新年愿望清单	→	做一个新年愿望清单，用短视频带动用户一起许愿
平台节日话题	→	积极参与平台推出的节日话题，以获得更多流量支持
节日贴纸道具	→	使用有趣的节日贴纸，拍出各种搞笑、好玩的短视频效果
线下节庆活动	→	拍摄线下的节庆活动画面，如节日晚会、灯展等

图 12-16　在短视频中借助节日热点的相关技巧

例如，在抖音 App 中就有很多与节日相关的贴纸和道具，而且这些贴纸和道具是实时更新的，运营者在拍短视频时不妨试一试，可能会为你的作品带来更多的人气，如图 12-17 所示。

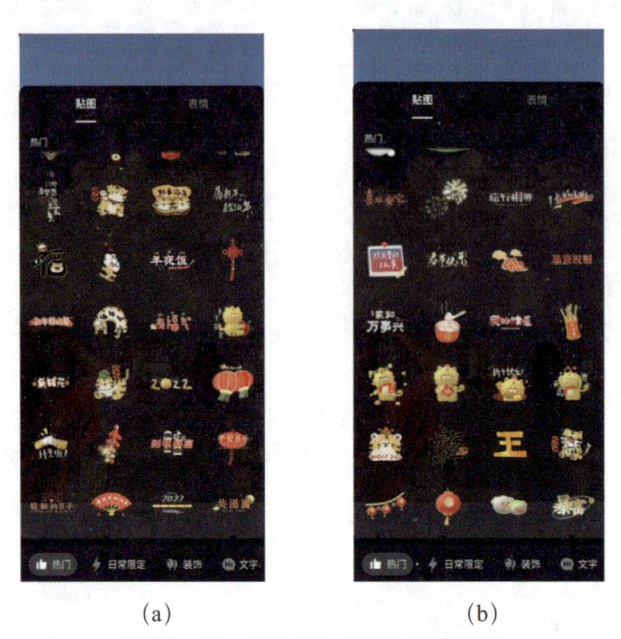

(a)　　(b)

图 12-17　抖音中与节日相关的贴纸

12.5　提升流量，增加粉丝

短视频已经成为新媒体的一个发展趋势，影响力越来越大，随之用户也越来越多。对于短视频这个聚集大量流量的地方，运营者必须要把握住。

流量是短视频运营者的核心竞争力，引流则成为短视频运营的关键环节，运营者需要通过社交转化来获取更多的流量，如此才能让自己的短视频内容被更多用户看到和关注。本节，笔者主要介绍短视频引流的常用技巧。

12.5.1 精准流量，利于盈利

对于短视频行业来说，流量的重要性不言而喻，很多运营者都在利用各种方法来为账号或作品引流，目的就是希望能够增加粉丝量，打造爆款内容。然而，流量的提升关键是看运营者怎么做，舍得花钱的可以采用付费渠道来引流，规模小的运营者则可以充分利用免费流量来提升曝光量。

但有一个前提，即流量一定要精准，这样才能有助于后期的变现。例如，很多运营者在抖音上拍摄段子内容，然后在视频中植入商品。拍段子相对来说会比较容易吸引大家的关注，也容易产生爆款内容，能够有效触达更多的人群，但这样做往往获得的都是"泛流量"，用户关注的更多是内容，而不是产品。很多运营者的内容做得非常好，但转化效果很差，通常就是流量不精准造成的。

当然，并不是说这种流量一无是处，有流量自然好过没有流量，但运营者更应该注重流量的精准度。如果一定要拍段子视频，那么就要注意场景的代入，在段子中突出产品的需求场景及使用场景，这样的内容才会更符合短视频的算法机制，从而获得更多的曝光量。

12.5.2 原创内容，平台鼓励

大部分短视频平台都是保护原创作品，抵制搬运的。因此，对于有短视频制作能力的运营者来说，原创内容引流是最好的选择。运营者可以把制作好的原创短视频发布到短视频平台，同时在账号资料部分进行引流，如在昵称、个人简历等地方可以留下微信、微博等联系方式。

短视频平台上的年轻用户偏爱热门和创意有趣的内容。例如，在抖音的官方介绍中，平台鼓励的视频是：场景化、画面清晰，记录自己的日常生活，内容健康向上，多人类、剧情类、才艺类、心得分享、搞笑等多样化内容，不拘泥于一个风格。运营者在制作原创短视频内容时，可以记住这些原则，让作品获得更多推荐。

12.5.3 种草视频，独特优势

"种草"是一个网络流行语，表示分享推荐某一商品的优秀品质，从而激发他人购买欲望的行为。如今，随着短视频的火爆，带货能力更强的种草视频也开始在各大新媒体和电商平台中流行起来，为产品带来大量的销量。

相对于图文内容来说，短视频可以使产品种草的概率大幅提升。因此，种草短视频有着得天独厚的引流和带货优势，可以让用户的购物欲望更加强烈，其主要优势如图12-18所示。

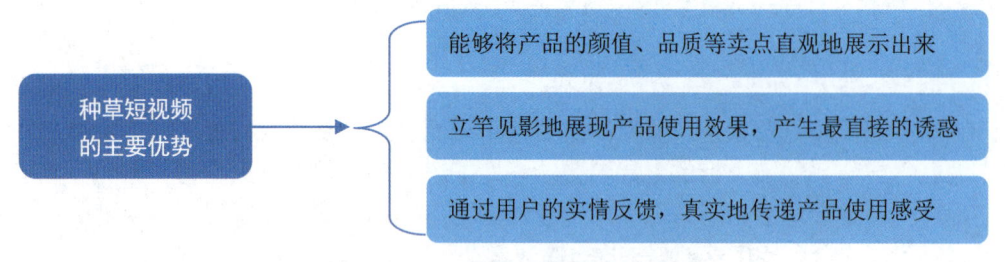

种草短视频的主要优势：
- 能够将产品的颜值、品质等卖点直观地展示出来
- 立竿见影地展现产品使用效果，产生最直接的诱惑
- 通过用户的实情反馈，真实地传递产品使用感受

图12-18　种草短视频的主要优势

种草短视频不仅可以让潜在用户知道你的产品是如何优秀，还可以快速建立信任关系。任何事物的火爆都需要借助外力，而爆品的锻造升级也是如此。

在这个产品繁多、信息爆炸的时代，如何引爆产品是每一个运营者都要去思考的问题。从种草短视频的角度来看，打造爆款需要做到以下几个关键点，如图12-19所示。

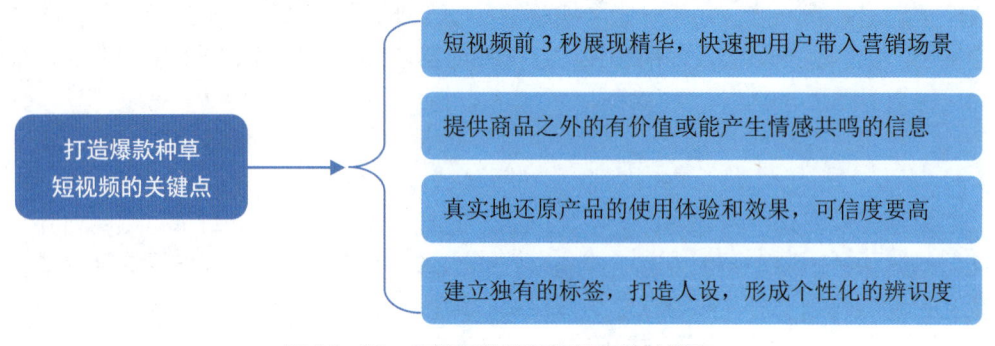

打造爆款种草短视频的关键点：
- 短视频前3秒展现精华，快速把用户带入营销场景
- 提供商品之外的有价值或能产生情感共鸣的信息
- 真实地还原产品的使用体验和效果，可信度要高
- 建立独有的标签，打造人设，形成个性化的辨识度

图12-19　打造爆款种草短视频的关键点

12.5.4　付费工具，引流利器

如今，各大短视频平台针对有引流需求的用户都提供了付费工具，如抖音的"DOU＋帮上热门"、快手的"帮上热门"等。例如，"DOU＋帮上热门"是一款视频"加热"工具，可以将视频推荐给更多对其感兴趣的用户，以提升视频的播放量与互动量，以及可以提升视频中带货产品的点击率。

以抖音短视频为例，运营者可以在抖音上打开要引流的短视频，点击右下角的按钮，在弹出的"分享给朋友"对话框中点击"上热门"按钮，如图12-20所示。执行操作后，即可进入"DOU＋上热门"界面。

另外，运营者还可以在抖音的创作者服务中心的功能列表中点击"上热门"按钮，同样也可以进入"DOU＋上热门"界面，如图 12-21 所示。

图 12-20　点击"上热门"按钮　　　图 12-21　"DOU＋上热门"界面

在"DOU＋上热门"界面中，运营者可以选择具体的推广目标，如获得点赞评论量、粉丝量或主页浏览量等，系统会显示预计转化数并统计投放金额，运营者只需确认支付即可。

投放"DOU＋"的视频必须是原创视频，内容完整度好，视频时长超过 7 秒，而且没有其他 App 水印和非抖音站内的贴纸或特效。

12.5.5　评论功能，方便引流

运营者可以通过关注同行或同领域的相关账号，并且友好地评论他们的热门作品，以给自己的账号或者产品引流。评论热门作品引流主要有以下两种方法。

- 直接评论热门作品，其特点是流量大，但竞争激烈。
- 评论同行的作品，其特点是流量小，但粉丝精准。

12.5.6　平台热搜，更多曝光

对于短视频运营者来说，蹭热词已经成为一项重要的技能。运营者可以利用短视频平台的热搜功能寻找当下的热词，并让自己的短视频高度匹配这些热词，以得到更多的曝光。下面，笔者总结了几个利用平台热搜功能引流的方法，如图 12-22 所示。

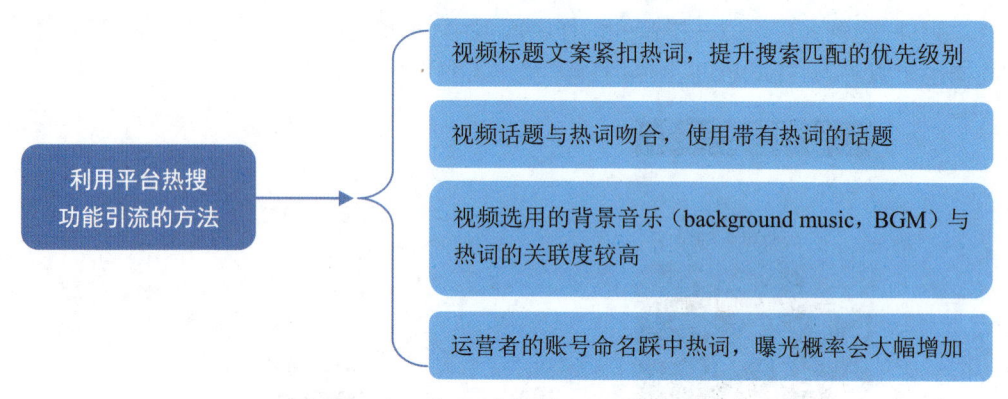

```
利用平台热搜          视频标题文案紧扣热词，提升搜索匹配的优先级别
功能引流的方法
                     视频话题与热词吻合，使用带有热词的话题

                     视频选用的背景音乐（background music，BGM）与
                     热词的关联度较高

                     运营者的账号命名踩中热词，曝光概率会大幅增加
```

图 12-22　利用平台热搜功能引流的方法

12.5.7　矩阵账号，稳定流量

矩阵账号，是指通过同时运营多个不同类型的账号来打造一个稳定的粉丝流量池，整体的运营思维为"大号打造知识产权（Intellectual Property，IP）+ 小号辅助引流 + 最终大号转化"。

打造矩阵账号通常需要建立一个短视频团队，至少要配置 2 名主播、1 名拍摄人员、1 名后期剪辑人员及 1 名营销推广人员，从而保障矩阵账号顺利运营。运营者在打造矩阵账号时，还有一些注意事项，如图 12-23 所示。

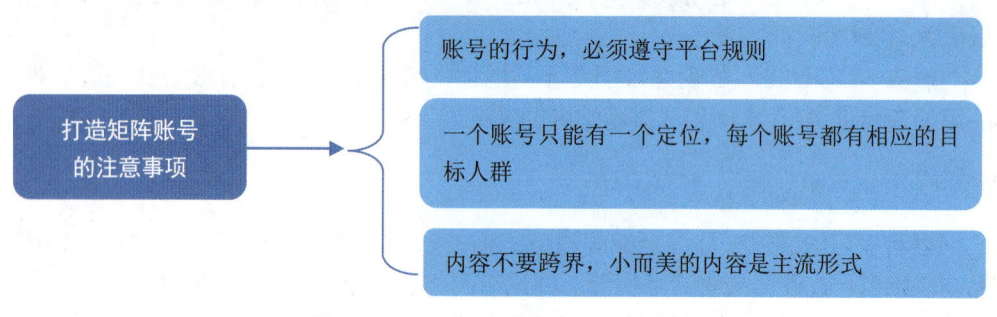

```
打造矩阵账号       账号的行为，必须遵守平台规则
的注意事项
                  一个账号只能有一个定位，每个账号都有相应的目
                  标人群

                  内容不要跨界，小而美的内容是主流形式
```

图 12-23　打造矩阵账号的注意事项

矩阵账号中的各子账号的定位一定要精准，这一点非常重要，每个子账号的定位不能过高或者过低。既要保障主账号的发展，也要让各子账号能够得到很好的成长与发展。

第 13 章

直播营销，用户为主

学前提示：

直播营销是时下热度很高的一种电商形式，但是，并不是所有的直播营销都是成功的。直播营销想要获得成功，运营者应该有一个周密的策划方案，如果只是敷衍了事，是很难获得用户的关注和追捧的。

那么，如何策划才能做好直播营销呢？本章笔者主要来回答这个问题。

要点展示：

- ➢ 直播主题，不可或缺
- ➢ 优质内容，吸引流量
- ➢ 直播推广，7 种方式

13.1 直播主题，不可或缺

运营者想要做好直播营销，第一步就是选好直播的主题。一个引人注目的优秀主题是一场完美且成功直播不可或缺的。因此，如何确立直播主题就是直播营销中最关键的一个步骤。俗话说，"好的开头是成功的一半"，选好直播的主题也是如此。

13.1.1 明确目的，做好准备

运营者首先要明确直播的目的，是要营销，还是要提升知名度。如果运营者只是想要增加销售量，就将直播主题指向卖货，吸引用户立刻购买；如果运营者的目的是通过直播提升其知名度和品牌影响力，那么，直播的主题就要策划得宽泛一些，最重要的是要具有深远的意义。直播的目的大致可以分为3种类型，即短期营销、持久性营销、提升知名度。

运营者策划直播的主题时，应该从自己的产品特点出发，并结合其他运营者直播间的特点来突出自己的优势，或者直接在直播中教给用户一些实用的知识和技巧。这样一来，用户就会对运营者产生好感，或许还会成为运营者的忠实用户。

例如，淘宝直播中有一位运营者专门为女孩提供定制衣服，店内所有服装的款式都主打"显瘦"的效果，吸引了不少用户观看。在该运营者的直播间中，不仅有产品的直接展示，主播还会告诉用户怎样选择适合自己身材的衣服，让用户感觉购物的同时还能学到不少穿搭知识。图13-1所示为该运营者的直播界面。

(a)　　　　　　(b)

图13-1　该运营者的直播界面

如图 13-1 所示，运营者在直播间的公告牌中展示了模特的身高和体重信息，这样可以让用户进行参考。很多用户看到直播之后会觉得很实用，同时，也有效地抓住了女性用户的爱美心理，使用户与运营者紧密联系起来。

许多用户在观看完直播后都能获得一定的收获，因此也会对下次直播的内容充满期待。这就是持久性营销的直播目的，即实现销售的长久性，全力黏住、吸引用户。

13.1.2 用户为主，迎合口味

服务行业有一句经典的话："顾客都是上帝"，在直播行业，用户也是这样，因为他们决定了运营者直播间的火热程度。没有人气的直播间是无法经营并维持下去的，因此，直播主题的策划应以用户为主，从用户的角度切入。

从用户的角度切入，要注意 3 点，笔者总结如下。
- 引起用户情感共鸣。
- 调查用户喜爱的话题。
- 让用户自己投票选择主题。

从用户的角度切入，最重要的是了解用户喜欢什么，对什么感兴趣。一些直播为什么如此火热？用户为什么会去看？其中一个重要的原因就是这些直播迎合了用户的口味。

现在关于潮流和美妆的直播都是比较受欢迎的，因为直播的用户大多都是年轻群体，对时尚有自己独特的追求。如"清新夏日，甜美时尚减龄搭""小短腿的逆袭之路""微胖女孩儿的搭配小技巧"等主题都是用户所喜爱的。而且，关于美妆的直播更是受到广大女性用户的热烈追捧。

例如，淘宝直播的一位运营者，专门直播微胖女生的穿搭技巧。在直播中，运营者亲自试穿不同的服装，为用户展示如何利用服装搭配的技巧来掩饰身材的不足，如图 13-2 所示。同时，如果用户觉得运营者试穿的衣服也适合自己，就可以点击相关链接直接购买，如图 13-3 所示。

美妆类的直播也是如此。除此之外，各种新鲜热点、猎奇心理等主题也能引起用户的兴趣，运营者需要从身边的事情挖掘，同时多关注成功的直播间是怎么做的，这样才能策划出一个完美的主题。

通过分析社交媒体上的用户互动，可以了解用户感兴趣的话题。运营者可以跟踪社交媒体上的评论和分享，以了解用户对哪些话题感兴趣。另外，通过分析网站或应用程序的数据，可以了解用户的行为和偏好。例如，可以分析用户的搜索记录或浏览历史，以了解他们感兴趣的话题。

当然，用户自己投票选择主题也是从用户角度切入的一个点。为了迎合用户的喜好，运营者需要准备好"打一场无准备之仗"，即按照用户的意愿来选用直播主

题。运营者要随机应变，积极调动用户参与。

投票的另一种方法就是在直播开始之前投票。例如，运营者可以在微信公众号、微博等社交软件发起投票，让用户选择自己喜爱的主题。

图 13-2　某位运营者的直播界面　　　　图 13-3　直播中的购买链接

13.1.3　抓住热点，抢占先机

在互联网发展无比迅速的时代，热点就代表了流量。因此，及时抓住时代热点是营销的不二选择。在这一方面，运营者要做的就是抢占先机，迅速出击。

打个简单的比方，如果一个服装设计师想要设计一款引领潮流的服装，那他就要有对时尚热点的敏锐眼光和洞察力。同样地，确立直播主题也是如此，一定要时时注意市场趋势的变化，特别是社会的热点。

总而言之，运营者既要抓住热点，又要抓住时间点，同时还要抓住用户的心理，这样才能确立一个优秀的直播主题。那么，运营者要如何根据热点策划直播内容呢？在直播内容策划中，抓住热点做直播应该分 3 个阶段进行，具体内容如下。

1. 策划开始阶段

在策划开始阶段，直播营销的运营者首先要做的是"入"和"出"的工作。所谓"入"，就是怎样把热点切入直播内容中，这是需要运营者找准角度的，应该根据产品、用户等的不同来选择合适的切入角度。所谓"出"，就是怎样选择直播内容的发布渠道，这就需要运营者找准合适的直播平台，应该根据自己直播内容的分类、自己在各直播平台的用户数量及各直播平台的特点来选择。

例如，可以与游戏结合的产品和直播内容，就应该以那些大型的主打游戏的直播平台作为策划点，如斗鱼直播、虎牙直播等。图 13-4 所示为斗鱼直播 App 的主要内容；图 13-5 所示为虎牙直播 App 的主要内容。

图 13-4　斗鱼直播 App 的主要内容

图 13-5　虎牙直播 App 的主要内容

2. 策划实施阶段

直播内容有了策划的切入角度和合适的平台选择等基础后，接下来就是在此基础上进行具体的内容准备。

首先，运营者要撰写一篇营销宣传的文案，以便使直播营销更快实现变现。因此，在撰写文案时，运营者应该抓住热点和用户兴趣的融合点来进行创作。

其次，运营者在整体上对直播内容进行规划和布局，这是根据热点策划直播内容整个过程中的主要内容，具体应该注意以下 3 个方面。

- 在直播中加入引导，巧妙地体现营销产品。
- 在直播过程中，应该注意营销产品的讲述方式。
- 在直播内容的安排上，应该注意讲述的顺序。

3. 策划输出阶段

热点也是有时效性的，因此直播内容的输出应该在合适的时间点呈现出来，既不能在热点完全过去的时候呈现，因为那时已出现了新的"热点"，原来的"热点"就不再是热点了；又不能在热点还只是刚刚"萌芽"的时候呈现，除非运营者自身有着极大的品牌影响力，否则可能因选择不当走错方向或者错失机会，还可能会为

其他品牌宣传做嫁衣。

因此，运营者在策划直播内容输出时，应该找准时间点，又快又准地击中用户的"痛点"，吸引他们关注。其实，把握热点话题来策划直播内容是一个非常有效的营销方式，具有巨大的营销作用，具体如下。

- 以热点吸引大量的用户关注，增加直播内容用户量。
- 用热点的传播来引导用户参与其中，促进产品的广泛销售。

13.1.4 制造噱头，锦上添花

制造一个好的话题也是直播营销成功的法宝。当然，制造话题是需要技巧的，利用噱头来制造话题会使很多用户为此瞩目。所谓噱头，即看点和卖点。运营者可以巧用噱头制造话题令用户为之吸引。那么，如何利用噱头来制造话题呢？从不同的角度来看，可分为3类，具体内容如下。

- 引用关键热点词汇做噱头。
- 抛出关于运营者的噱头。
- 利用爆炸性新闻当噱头。

在策划直播主题时，运营者要学会利用热点词汇来做噱头，以更好地吸引目标用户的注意力。例如，在《文玩》相声中有一句话："干干巴巴的，麻麻赖赖的，一点都不圆润，盘他！"这句话原本的笑点是不管是什么东西都能盘，遇到什么盘什么。后来，被很多运营者用于直播的带货中，用于力推产品，让用户买相关产品。

很多运营者在直播中也借助这个关键词，吸引用户的眼球。类似的热点词汇还有很多，如6月18日购物节这天，最好的热点词汇就是618了。在直播中，运营者可巧妙地借用618这个关键词来吸引用户，增加流量。例如，淘宝直播中有一位运营者的直播主题就采用了这个热点词汇，叫"618爆款福利返场"，如图13-6所示。

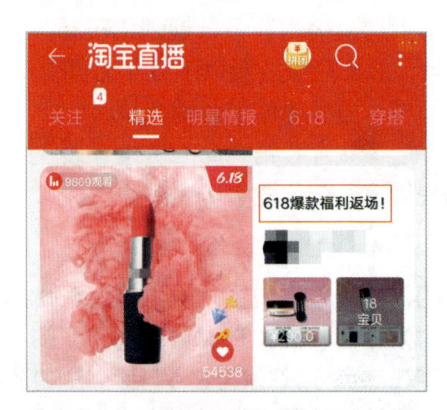

图13-6 利用热点词汇打造直播主题

由此可见，制造噱头主题时借鉴热点词汇是一个相当实用的技巧，能成功地引起人们的共鸣，同时获得人气和收益。但成功的直播主题策划需要能吸引用户来直播间观看，同时还要从各个方面综合考虑。

13.1.5 围绕特点，展现优势

如果运营者想要让用户从头到尾地将直播看完，就一定要围绕产品特点来做直播主题策划。因为你要向用户全面展示产品的优势和特点，这样用户才会产生购买的欲望。

围绕产品特点的核心就是"让产品当主角"。有的运营者直播时将产品放在一边，根本没有向用户详细介绍产品的优势和特点，只能是一味地给用户讲一些无关紧要的东西；还有的运营者一开始直播就滔滔不绝地介绍产品，丝毫没有什么实用技巧。这两种直播方式都是不可取的，对运营者的营销有百害而无一利。

运营者必须要清楚地认识到：产品是关键，产品才是主角，直播的目的就是让用户对产品留下深刻的印象，从而激发用户的购买欲。那么，"让产品当主角"具体该怎么做呢？这里有3个做法，即运营者的讲话要与产品相关、运营者的动作要联系产品、运营者将产品放在自己旁边。

当然，这些都需要运营者在直播之前做好相关准备，如此才能在直播时有条不紊地进行产品营销。例如，淘宝直播中有一个卖家具的运营者，在直播中展示了产品的相关信息，如图13-7所示。她的直播内容也全都是围绕产品进行的，如家具的特色、质地等，而且还可以边看直播边点击链接购买，如图13-8所示。

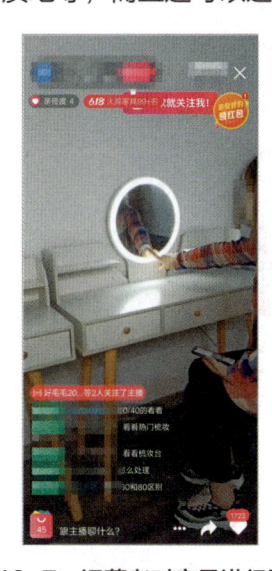

图13-7　运营者对家具进行展示　　　　图13-8　家具的购买链接

由此可以看出，用户观看以销售为目的的直播是因为对产品感兴趣。因此，直播主题策划就应该以产品为主，大力宣传产品的优势、特点，只有这样，用户才会观看直播，从而购买产品。

13.2 优质内容，吸引流量

利用直播进行营销时，内容往往是最关键的。运营者只有提供优质内容，才能吸引用户，进而增加流量。运营者应结合多个方面综合考虑，为创造优质内容打下良好的基础。本节，笔者将从内容包装、用户互动、直播内容、口碑营销、病毒营销、事件营销、创意营销、真实营销、创新内容、增值内容等方面介绍如何提供优质内容。

13.2.1 内容包装，增加曝光

对于直播营销的内容来说，它终归还是要通过盈利来体现自己的价值。因此，内容的电商化非常重要，否则运营难以持久。而要实现内容电商化，首先就要学会包装内容，给内容带来更多的额外曝光机会。

图 13-9 所示为淘宝直播中的内容包装案例。大家可以看到，运营者利用一些文案将用户吸引到自己的直播间，这也就是笔者所说的内容包装。

(a)   (b)

图 13-9 淘宝直播中的内容包装案例

除了利用吸引人眼球的文案吸引用户外，直播营销最常用的方法就是将自己的内容与热点人物相结合，利用名人自带的流量为自己的直播间增加人气，吸引更多的用户来直播间观看，从而卖出更多的产品。

13.2.2 用户互动，非常关键

内容互动是联系用户和直播的关键，直播推送内容或者举办活动，最终的目的都是和用户交流。只有内容体现价值，才能吸引更多用户的关注和喜爱，而且内容的质量不是根据用户数的多少来体现的，与用户的互动情况才是非常重要的判断依据。

13.2.3 直播内容，打动人心

直播的内容只有真正打动用户的内心，才能吸引他们长久地关注。也只有那些能够留住与承载用户情感的内容才能获得成功。在这个基础上，加上电商元素，就有可能掀起更大、更火热的抢购风波。

直播内容并不只是用文字等形式堆砌起来就可以的，而是需要用平淡真实的内容打造出一个带有画面的场景，让用户能边看边想象出一个与生活息息相关的故事，如此才能更好地激发用户继续往下看的兴趣。简单来说，就是把产品的功能、用途的具体内容体现出来，不是告诉用户这是什么，而是要告诉用户这个东西是用来干什么的。

13.2.4 口碑营销，快速传播

口碑营销，顾名思义，就是一种基于运营者品牌、产品信息在目标群体中建立口碑，从而形成"辐射状"扩散的营销方式。在互联网时代，口碑营销更多是指运营者品牌、产品在网络上或移动互联网的口碑营销。

例如，小米超高的性价比造就了高层次的口碑形象，利用直播和口碑让品牌在人群中快速地传播开来。图 13-10 所示为淘宝直播中"小米官方旗舰店"的直播间。

(a)　　　　(b)

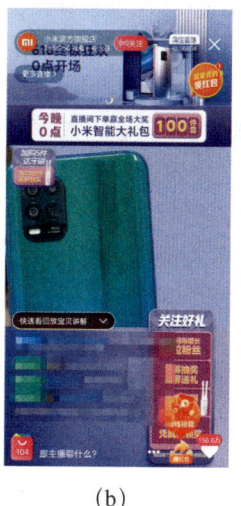

图 13-10　淘宝直播中"小米官方旗舰店"的直播间

13.2.5　病毒营销，广泛传播

不管在计算机还是生物界中，"病毒"都是一种极具传播性的东西，而且它还具有隐蔽性、感染性、潜伏性、可激发性、表现性或破坏性等特征。在直播营销中，病毒营销确实是一个好的方式，它可以让运营者的产品或品牌在不经意中通过内容大范围地传播到许多人群中，并形成"裂变式""爆炸式"或"病毒式"的传播效果。

例如，"你比想象中更美丽"是由著名女性品牌多芬发布的一部视频短片。据悉，该视频推出不到一个月，就收获了 1.14 亿的播放量、380 万次转发和分享，同时多芬还因此获得了 1.5 万左右的 YouTube（视频网站）的订阅用户。

多芬通过在全球范围内做相关的调查，得出一个惊人的结论：有 54% 的女性对自己的容貌不满意。因此，在"你比想象中更美丽"的视频中，塑造了一个人像预测素描专家——一个名叫 Gil Zamora 的人物。他可以在不看对方容貌的情况下，只通过女性的口头描述便描绘出她们的素描画像。然后，他再通过其他人对同一位女性的印象再画一张画像。最后，通过将这两张画像进行对比，Gil Zamora 发现，同一位女性在其他人眼中要远远比在自己眼中更漂亮。

动人心弦的视频内容，再加上联合利华公司的病毒式营销手段，即将视频翻译成 25 种不同的语言，通过 YouTube 的 33 个官方频道同步播放，其内容很快便扩散到了全球 130 多个国家和地区，这些操作使多芬取得了巨大的成功。

13.2.6　事件营销，结合热门

所谓直播中采用事件营销，就是通过对具有新闻价值的事件进行操作和加工，让这一事件变成带有宣传特色的事件，并继续得以传播，从而达到实际的广告效果。事件营销能够有效地提高运营者的知名度、美誉度等，也能在一定程度上提高产品的营销转化率。

也就是说，优质的内容甚至能够直接让运营者树立良好的品牌形象，从而进一步地促成产品的推广，这是销售手段的一部分。运营者可以关注一些流量比较大的平台的热门事件，如微博话题榜、抖音热搜榜和今日头条热点频道等。

事件营销具有几大特性，分别为重要性、趣味性、接近性、针对性、主动性、保密性、可引导性等。这些特性决定了事件营销可以使运营者的 IP 变得火爆，这样不仅能提升运营者账号的影响力，还能提高账号的变现能力。

事件营销对于打造账号 IP 十分有利，但是，事件营销是一把"双刃剑"，如果运用不当，会产生一些不好的影响。笔者总结了在事件营销中需要注意的几个问题，如图 13-11 所示。

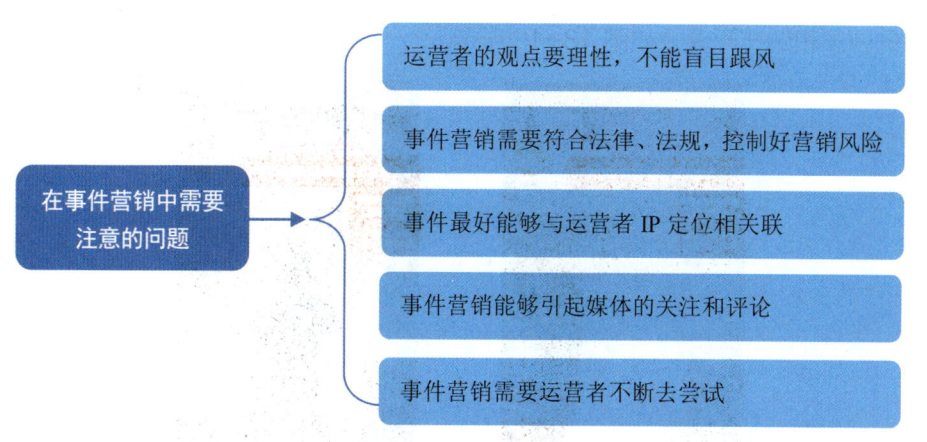

图 13-11　在事件营销中需要注意的问题

13.2.7　创意营销，新鲜有趣

创意不但是直播营销的一个重要元素，同时也是营销必不可少的"营养剂"。互联网上的创业者或运营者，如果想通过直播来提高自己或品牌的知名度，就需要懂得"创意是王道"这个道理，在注重内容质量的基础上还要拥有创意。只有具有创意的内容才能够帮助运营者吸引更多的用户。

创意可以表现在很多方面，新鲜有趣只是其中的一种，创意还可以是贴近生活，关注社会热点话题，引发思考，蕴含生活哲理，包含科技知识和关注人文情怀。对于直播营销来说，如果内容缺乏创意，那么整个内容只会成为广告的附属品，因此运营者在进行内容策划时，内容一定要具有创意性。

13.2.8　真实营销，抓住"痛点"

优质内容的定义，也可以说是能带给用户真实感的直播内容。真实感听起来很容易，但通过网络这个平台来表现，似乎就没有那么简单了。运营者首先要明确传播点，即自己所传播的内容是不是用户想要看到的，运营者是否真正地抓住了用户的要点和"痛点"，这是一个相当重要的问题。

例如，某个账号的粉丝大多数都喜欢美妆、服装搭配，结果运营者邀请了游戏界的顶级玩家主播讲了一系列关于游戏技巧和乐趣的内容，那么，就算这位主播讲得再生动，内容再精彩，用户还是不感兴趣，与其喜好不相符合，没有了真实感，则这场直播还是失败的。

那么，究竟要怎么做呢？笔者用一个淘宝直播的例子来说明。淘宝直播中有个运营者十分受用户欢迎，因为她充满真实感，也很接地气。她推荐的东西大多比较平价，而且每次介绍产品也不会用很夸张的语言，还会亲自换装，给用户展示服装

上身的效果和细节问题，如图 13-12 所示。

(a)　　　　　　　　(b)

图 13-12　展示服装上身的效果和细节问题

由图 13-12 可以看出，这个运营者走的就是做真实内容的运营之路，同时也取得了很好的直播成绩。那么，她成功的原因有哪些呢？具体来说，有以下 3 点。

- 首先，她明确了目标用户，也就是收入中低层次的年轻群体。
- 其次，她在直播中的行为、语言都是真实的。
- 最后，她成功抓住了用户的"痛点"。

13.2.9　创新内容，"无边界"式

"无边界内容"是指大胆、有创意的且不拘一格的营销方式。现在许多新锐品牌的广告内容中并没有展示具体产品，但表达出来的信息能让用户无法忘怀。

正如"无边界管理"最终演变成"没有管理是最好的管理"一样，直播中的"无边界内容"也是一种与传统内容完全不同的概念，也就是说，它是一种创新性的概念。

概括地说，"无边界内容"的直播营销，就是在直播中完全没有看到任何与产品相关的内容，但是直播所表达出来的概念和主题等会给用户留下深刻的印象，让用户在接受直播概念和主题的过程中，推动其迅速扩展，最终促成产品的营销。在传统的广告推广中，"无边界内容"的表现就有经典的、成功的案例。

现在很多运营者做直播时，营销方式大多都比较墨守成规。随着直播营销竞争的加剧，运营者做直播也应该有所创新，多创造一些"无边界内容"，以激发人们

的兴趣。

例如，淘宝直播中有一家专门卖电子产品的运营者就十分有创意。该运营者的直播内容以"王者荣耀等手游面临下架，竟因这个"为题，这让人一开始很难想到这家店铺是为了卖电脑等产品而做的直播。

很多人一开始都以为这只是一个日常的直播，没想到后来竟弹出了相关产品的购买链接，而且直播中还讲述了一些与游戏相关的知识，不看到产品链接根本无法联想到这是电子产品的营销。这样"无边界"的直播内容更容易被用户接受，而且也会悄无声息地引发他们的购买欲望。

当然，运营者在创造"无边界"的内容时，一定要设身处地地为用户着想，让用户更好地接受你的产品和服务。

13.2.10 增值内容，满足需求

运营者在直播时，要让用户心甘情愿地购买产品，最好的方法就是给他们提供产品的增值内容。这样一来，用户不仅获得了产品，还收获了与产品相关的知识或者技能，自然也就觉得一举两得，购买产品也会毫不犹豫。

那么，增值内容应该从哪几个方面入手呢？笔者将其大致分为3个方面，即陪伴、共享及让用户学到东西。

典型的增值内容就是让用户从直播中获得知识和技能。例如，天猫直播、淘宝直播、抖音直播在这方面就做得很好，一些利用直播进行销售的运营者纷纷推出产品的相关教程，给用户带来更多所需的产品增值内容。

例如，淘宝直播中的一些化妆直播，一改过去长篇大论地介绍化妆品的成分、特点、功效、价格、适用人群等的古板方式，而是直接在镜头面前展示化妆过程，边化妆边介绍产品。运营者在化妆的同时，用户还可以通过弹幕向其咨询与化妆有关的问题，如"油性皮肤适合什么护肤产品？""皮肤黑也能用这个色号的BB霜吗？""什么口红色号比较显白呢？"等，运营者也会为用户耐心解答。

因此，用户不仅通过直播了解了产品的相关信息，还学到了护肤和美妆的相关知识，对自己的皮肤也有了比较系统的了解。另外，用户得到优质的增值内容自然就会忍不住想要购买产品，此时直播营销的目的也就达到了。

13.3 直播推广，7种方式

随着互联网的不断发展，各种各样有助于营销的信息工具和软件平台应运而生。运营者学会将直播推广出去，也是直播营销中不可或缺的一环。如果没有恰当的推广，就算运营者介绍得再好，内容再优质，营销效果也无法达到最佳。本节，笔者将介绍直播推广的方法和诀窍。

13.3.1 社交网络，推广预热

运营者在直播前，对直播进行推广预热是十分必要的，因为只有这样才能保证直播有一定的流量。例如，在微博平台，用户只需要用很短的文字就能反映自己的心情或者发布信息，这样便捷、快速的信息分享方式使大多数运营者和直播平台开始抢占微博营销平台，再利用微博"微营销"，开启网络营销市场的新天地。

微博引流常用的方式是在微博内容中提及直播或者相关产品，以增强宣传力度和知名度。例如，各大直播平台都开通了自己的微博账号，而运营者、明星、名人也可以在自己的微博里分享自己的直播链接，借此吸引更多的用户。

微信与微博不同，微博是广布式营销，而微信是投递式营销，引流效果更加精准。尤其是微信的朋友圈，微信运营者可以利用朋友圈的强大社交功能为自己的直播间吸粉引流，因为与陌生人相比，微信好友的转化率会更高。例如，我们可以将直播链接分享到朋友圈，如图13-13所示。朋友们只需轻轻一点就可以直接观看直播内容，如图13-14所示。

图13-13　将直播链接分享到朋友圈

图13-14　点击观看直播内容

这种推广方式对于刚刚入门的运营者来说更为适用，因为熟人会更愿意帮助其推广，逐渐扩大运营者的影响力，这样才能吸引新用户的注意，获得更多流量。

13.3.2 自身口碑，方便高效

作为自身口碑就较好或者规模较大的运营者，在推广直播时，可以利用自身的口碑来进行推广。那么，运营者具体应该怎么做呢？下面，笔者将介绍两种最典型、最有效的方式。

1. 自有平台和自媒体推广

现在，一般的运营者都拥有自己的自有平台，因此在做直播营销时，就可以利用自有平台来推广自己的品牌。例如，小米会在自己的官方网站推送直播消息，京东会在京东商城推送京东直播的消息，等等。

小米利用官方网站进行直播推广获得更大的浏览量，用户可以通过官方网站第一时间了解小米的直播动态。首先就是官方网站推广，其次才是微博、微信公众号等平台的推广。利用自有平台推广直播，更能培养用户的忠诚度。

此外，自媒体推广也是利用口碑推广的绝佳方法。例如，小米的很多直播都是品牌创始人等自媒体大咖主持的，吸引了很多的用户。因为品牌创始人能以自身的魅力获得用户的青睐，所以，他们往往是推广直播的最佳"主播"。他们可以利用自身强大的影响力，在微信个人号、朋友圈、微博、QQ空间推广直播，这样效果更加显著。

知名运营者可以凭借自身的品牌影响力来做直播推广，无论是在运营者的自有平台，还是在公众号都可以进行，这就是知名运营者的优势。当然，如果刚入门的运营者想要利用这种方式进行推广，可以主动申请创建自有平台。

2. 利用展览、会议等增加热度

品牌运营者可以通过举办展览、开会等方式进行直播推广，因为这些活动通常会吸引众多媒体参与，从而提升运营者的品牌影响力。在此过程中，为了宣传运营者的品牌，可以加入直播，进而达到推广直播的目的。那么，运营者具体应该怎么做呢？笔者总结为3点，即发传单（宣传册），做PPT展示，送纪念品。

总之，利用口碑和品牌进行推广是一种既方便又高效的推广方式，只要运用恰当，就会取得良好的成效。

13.3.3 论坛推广，内容丰富

论坛是为用户提供发帖和回帖的平台，它是互联网上的一种电子信息服务系统。在传统的互联网营销中，论坛社区始终是较为重要的一个推广宣传平台。一般情况下，早期的目标用户都是从论坛社区找到的，再通过发掘、转化，提高用户的核心转化率，逐步打造品牌。

在论坛中进行直播推广，最重要的就是找准热门论坛，然后投放直播信息。如搜狐社区、天涯社区、新浪论坛、百度贴吧等都是论坛代表。

在论坛投放直播信息有以下步骤。首先，收录相关论坛；其次，在收集的论坛里注册账号；再次，撰写多篇包括直播推广内容的软文，保存好；最后，每天在这些热门论坛选择性发帖，并做好相关记录工作，如果帖子沉了，要用马甲号顶上。

值得注意的是，如果想让用户关注帖子内容，并注意到运营者所推广的直播信息，就要多在论坛中与用户进行互动。互动之后，论坛中关于直播的内容就会渐渐进入用户的视野，相应地，直播也就得到了推广。

在论坛社区推广中，首先考虑的是一线、二线城市中影响力较大的平台。运营者先仔细观察论坛的一些规则与玩法，接着持续地参与到论坛中去，做到论坛版主、小编，如此才能为自己的信息推广创造更多的机会。

13.3.4　软文推广，3种技巧

软文推广主要是针对一些拥有较高文化水平和欣赏能力的用户，对于他们而言，文字所承载的深刻文化内涵是很重要的。因此，软文推广对于各大营销方式来说都是很实用的。

在直播营销中，软文推广也是不可缺少的，掌握软文推广技巧是运营者学习推广技巧的重中之重。随着硬广告渐渐退出舞台，软文推广的势头开始上涨，并正在慢慢占据主导地位。例如，当年的"必胜客""联想"等都巧妙地通过软文推广宣传了口碑，有效提升了品牌的影响力，从而创下了惊人的销售业绩。

当然，这都是因为他们掌握了一定的软文推广技巧。那么，在软文直播推广中，运营者应该怎么做呢？下面，笔者将介绍3种软文直播推广技巧。

1. 原创软文 + 关键词

原创是运营者创造任何不同形式的内容都需要重视的，软文直播推广更是少不了原创。因为只有原创才能吸引用户的注意，提起用户的兴趣。

在直播营销推广中，关键词的选取是软文写作的核心。选取关键词也有相关的要求，如实用价值、略带争议、独特见解等。

2. 热门网站 + 总结经验

当运营者有了优秀的软文推广内容之后，接下来就是找准平台发布软文，再推广直播信息了。一些人气高的网站往往就是软文发布的好去处，而且发布之后还可在网站上与他人交流经验。

目前，网上有很多专业的软文发布平台，另外，还可以将软文推广发布在博客论坛等平台，效果也很不错。当然，在网站上发布软文直播推广也有不少注意事项，笔者总结为3点，具体如下。

- 标题要正中要点。
- 正文要呈现直播内容、运营者信息。
- 发送直播发布的网址。

运营者发布完直播软文后总结经验也是相当重要的。例如，用户喜欢哪一类软文，为什么有的软文没有达到预期效果，软文发布到哪个平台反响最好，等等。运

营者在平时的工作中要多多总结并积累经验，这样能够使软文推广效果越来越好，并且有助于推广直播信息，从而吸引更多用户观看直播。

13.3.5 联盟推广，集多平台

对于直播营销来说，没有用户就没有影响力，因此吸引用户流量是直播营销的生存之本。在进行直播内容传播时，运营者切不可仅依赖一个平台。

互联网讲究的是"泛娱乐"战略，直播平台可以以内容定位为核心，将内容向游戏、文学、音乐、影视等互联网产业延伸，以此来联结和聚合用户情感，实现高效引流。

在"泛娱乐"的战略下，直播平台可以将自己创作的优质内容实现跨新媒体平台和行业领域进行传播，使内容拓展到更加广泛的领域，吸引更多的用户来关注。直播平台和运营者可以借助各种新媒体平台，让内容与用户真正建立联系。与此同时，这些新媒体平台还具有互动性和不受时间、空间限制的特点，有利于直播间的推广。

13.3.6 "地推+直播"，新兴推广

地推作为营销推广方式的一种，主要是利用实际生活中的地推活动获取更大的网上流量，进而达到推广效果的最优化。例如，为了宣传一个品牌，运营者在学校举办了一场活动，主要是通过发传单或者演讲让路人了解。

这样推广的效果往往是有限的，因为宣传的影响范围比较小。但如果运营者在举办活动的同时又进行直播，就会有更多的用户从网络上了解到这个活动，尽管用户本人可能并不会来到活动现场，但他还是会通过直播参与这个活动，于是品牌在无形之中得到了推广，提升了知名度。

地推是一种很传统的推广方法，但它与直播的结合是未来的发展趋势。两者相结合能够最大限度地发挥出营销的效果，是一件"双赢"的事情。

那么，"地推+直播"模式的优势到底体现在哪些方面呢？笔者总结为3点，即用户较多，参与度高，传播范围更广。

13.3.7 借势造势，联合推广

借势推广是抓住热点的推广方法之一，热点的传播速度如同病毒蔓延，让人猝不及防。运营者的直播想要获得更多的浏览量，就需要借助热点事件的影响力。此外，"借势+手机通知栏推广"也是一种比较好的直播推广方法，值得各大运营者借鉴应用。

除了借势推广，造势推广也是运营者需要学会的推广技巧。造势，就是如果没有热点事件可以借势，就自己创造热点事件，引起用户的注意。造势推广需要一个

过程，具体如下。

- 首先，在直播还没开始前就应该营造气氛，让用户知道这件事情，以便直播开始时有一定基础数量的用户关注。
- 其次，主题的确定，运营者应该根据产品的特色来设计直播的主题。
- 最后，通过运营者的预热及邀请明星，或者透露消息等方式来吸引用户关注，使用户心甘情愿地为直播买单。

直播造势推广的方法多种多样，最典型的就是众多知名运营者常用的利用自身品牌及其代言人来造势。因为其本身的存在就是一种"势"，在进行直播时，只要运营者有意营造氛围，那么这样的造势推广就自然会夺人眼球。

例如，淘宝在自己的直播平台利用"淘宝购物节"吸引用户的关注。在直播没有开始之前，淘宝首页就已经开始宣传，为直播预热，造势推广的效果很不错。

不管是借势推广还是造势推广，运营者都要付出一定的努力和心血，只有用心经营才能助力直播，使其变得火热起来，从而达到营销的目的。

第14章

商业盈利，收益增长

学前提示：

在一些新媒体平台上，很多运营者进驻的目的是利用自身的创作能力来获得收益，这些平台也积极满足运营者的这一要求，提供了多种变现方式，力求在发展平台的同时让运营者的账号更具有变现的能力，进而实现其变现的目标。本章笔者从运营和内容两个角度介绍新媒体平台商业变现的多种方式。

要点展示：

➢ 运营盈利，获得收益
➢ 内容盈利，灵活运用

14.1 运营盈利，获得收益

新媒体的运营与营销是一个需要付出很多汗水与努力的工作。无论是引流还是营销，都需要运营者积极开动脑筋，积极去尝试和实践。俗话说"一份耕耘一份收获"，新媒体运营也是如此。本节，笔者就介绍几种通过不断地运营来实现变现的方式，帮助运营者获得收益。

14.1.1 平台补贴，吸引用户

平台补贴作为魅力无限的新媒体变现模式，自然受到了很多运营者的关注，同时，平台的补贴策略也成为运营者的重点关注对象。

平台补贴既是平台吸引运营者的一种手段，同时也是运营者盈利的有效渠道，平台补贴对于平台和运营者的意义如图14-1所示。

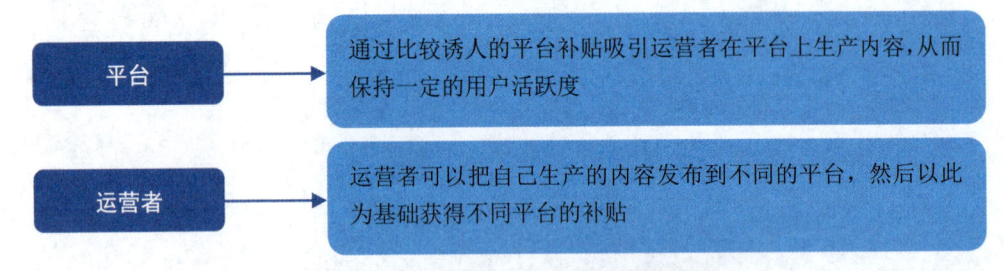

平台 → 通过比较诱人的平台补贴吸引运营者在平台上生产内容，从而保持一定的用户活跃度

运营者 → 运营者可以把自己生产的内容发布到不同的平台，然后以此为基础获得不同平台的补贴

图14-1 平台补贴对于平台和运营者的意义

在这样的平台补贴的保护之下，部分运营者能够满足变现的基本需求，如果内容足够优质，那么变现的效果可能会更显著，甚至会获取更多的补贴。

但是，在借助平台补贴进行变现时，运营者也应该注意一些问题，笔者认为主要有两点：一是不能把平台补贴作为主要的赚钱手段，因为这个补贴本质上只是一个基础的保障，无法作为运营账号主要的经济来源，运营者也不要因为拿到了平台补贴就不对内容精益求精；二是跟上平台补贴的脚步，因为每个平台的补贴策略都是在变化的，所以顺势而动是最好的。

14.1.2 增值插件，添加链接

增值插件，是指运营者在平台上利用自定义菜单栏的功能添加微店、淘宝店铺、天猫店铺等可以购买产品的地址链接，或者直接在文章内添加购买产品的链接，以此引导粉丝进行产品购买的一种盈利方式。

但是，运营者采用这种盈利方式的前提是自己拥有微店、淘宝、天猫等店铺，或者与其他商家达成推广合作的协议，在自己的平台上提供一个合作方的链接入口，

或在推送的文章中插入合作方的链接。添加增值插件这种盈利方式，很多新媒体平台都有使用。

14.1.3 代理运营，另找财路

一些企业想要尝试新的营销方式，这便又给了运营者一个机会。一些新媒体平台的账号已经在营销上小有成就，拥有了一定的经验和资金，于是这些账号开始另找财路，帮助一些品牌运营新媒体。

现在的新媒体平台有很多粉丝过百万的运营账号，这些账号的粉丝基本上都是通过微信代运营的模式，依靠以前微博积累的用户转化过来的。图14-2所示为微信代运营的模式。

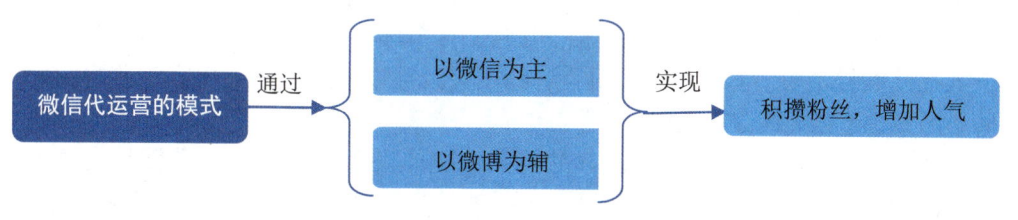

图 14-2 微信代运营的模式

14.1.4 付费会员，获利盈利

此外，招收付费会员也是平台运营者实现变现的方法之一，最典型的例子就是"罗辑思维"的微信公众号。"罗辑思维"微信公众号推出的付费会员制如下。

- 设置了5000个普通会员，成为这类会员的费用为200元/个。
- 设置了500个铁杆会员，成为这类会员的费用为1200元/个。

"罗辑思维"为什么能够做到这么牛的地步？主要是"罗辑思维"运用了社群思维来运营微信公众号，将一部分属性相同的人聚集在一起，就是一股强大的力量。

需要注意的是，"罗辑思维"在初期的任务也主要是积累粉丝。当粉丝达到了一定的数量之后，才推出了招收付费会员制度。对于该平台来说，招收会员其实是为了设置更高的门槛，最终留下忠诚度高的粉丝，形成纯度更高、效率更高的有效互动圈，最终更好地获利变现。

运营者有了基础粉丝后，可以学习"罗辑思维"微信公众号的变现模式，汲取前人的经验，更好地运营自己的平台。也有很多新媒体运营者有自己的变现模式，但不论什么样的变现模式，都要求运营者有一定的基础粉丝。

14.1.5　MCN 模式，IP 聚集

　　MCN，是 Multi-Channel Network 的缩写，MCN 模式来自国外成熟的"网红"运作。它是一种多频道网络的产品形态，基于资本的大力支持，生产专业化的内容，以保障变现的稳定性。随着新媒体的不断发展，用户对接收内容的审美标准也有所提高，因此，这也就要求运营团队不断增强创作的专业性。

　　由此，MCN 模式逐渐成为一种标签化 IP，标签化 IP 的产品打造与自媒体是不同的，自媒体通常讲究单点极致，致力于单一产品的打造；而标签化 IP 则更强调生态，因此需要强大的产品矩阵来支持其平台流量的变现。

　　单纯的个人创作很难形成有力的竞争优势，因此，加入 MCN 机构是提升内容质量的不二选择。原因主要有两个：一是机构可以给运营者提供丰富的资源；二是机构能够帮助运营者完成一系列的相关工作，如管理创作的内容、实现内容的变现、个人品牌的打造等。有了 MCN 机构，运营者就可以更加专注于内容的精打细磨，而不必分心于账号运营、变现。

　　那么，笔者就以创作较复杂的视频内容为例，MCN 机构开设了新片场社区，它一开始是以构建视频运营者的社区为主，聚集了 40 多万的加 V 运营者，从这些运营者生产的作品中逐渐孕育出《造物集》《感物》《小情书》等多个栏目，而这些栏目渐渐地也形成了标签化的 IP。例如，基于新片场社区产生的"魔力美食"短视频创作团队，就是由 MCN 机构模式孵化而来的。

　　直播和短视频行业正处于发展阶段，因此 MCN 机构的成长和改变也是不可避免的，而大部分短视频平台的头部内容基本上也是由几大 MCN 机构助力生产的，如图 14-3 所示。

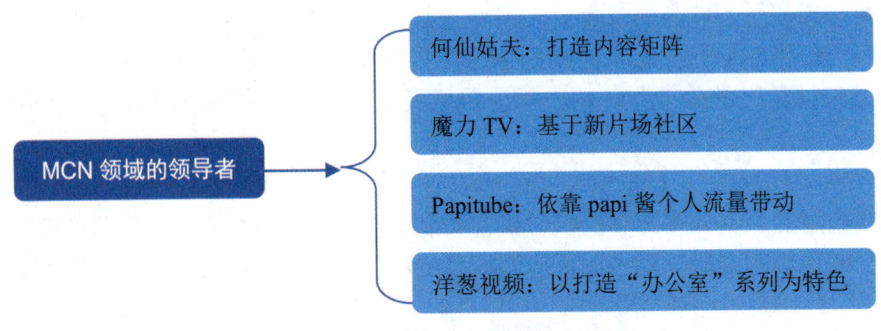

```
                          ┌─ 何仙姑夫：打造内容矩阵
                          │
                          ├─ 魔力 TV：基于新片场社区
MCN 领域的领导者  ───────→│
                          ├─ Papitube：依靠 papi 酱个人流量带动
                          │
                          └─ 洋葱视频：以打造"办公室"系列为特色
```

图 14-3　MCN 领域的领导者

　　MCN 模式的机构化运营对于新媒体平台内容的变现来说是十分有利的。运营者要注意 MCN 机构的发展趋势，紧跟潮流，否则就无法掌握有利条件，从而难以实现变现的理想效果。单一的 IP 可能会受到某些因素的限制，但把多个 IP 聚集在一起就容易产生群聚效应，进而提高变现的效率。

14.1.6 账号转让，养号卖号

生活中，无论是线上还是线下，都是有转让费存在的。所谓"转让费"，即一个线上商铺的经营者或一个线下商铺的经营者，向下一个经营者转让经营权时所获得的一定的费用。这一概念随着时代的发展，逐渐有了账号转让的存在。同样地，账号转让也是需要接收者向转让者支付一定的费用，就这样，账号转让也成为经营者获利变现的方式之一。

如今，互联网上关于账号转让的信息鱼龙混杂，在这些信息中，有意向的账号接收者一定要慎重对待，不能轻信，而且一定要到正规的网站去操作，否则很容易上当受骗。

笔者在此以鱼爪新媒为例介绍账号转让的一些具体知识。在该平台上，可以转让的账号有很多种，如头条号、微信公众号、微博号和快手号等，而且在不同的模块下，还提供了转让的价格参考。

14.1.7 频道电商，精准推荐

频道电商化是基于"内容引流、电商变现"的商业模式，致力于最大限度地利用公域流量，在各种垂直频道用内容为商品引流。

垂直频道电商化的内容要求有如下两点：首先，建立在垂直领域用户的精准推荐基础上，因而可以有效地提升用户的转化率；其次，采用图文标题的信息推送形式，对用户来说，这是一种更容易被人接受的信息推广形式，因而想要变现获利也就相对容易。

对于淘宝客、电商卖家、企业品牌、实体店老板、厂商等运营者来说，采用频道电商化模式，就等于有了自己的"个人财产"，这样流量就会具有更强的转化优势，同时也有更多的变现可能。

例如，今日头条如今已经成为紧跟腾讯的又一大流量池，其也希望通过电商业务来充分发挥流量价值。今日头条 App 的"特卖"频道，就是垂直频道电商化变现的典型代表。"特卖"频道是今日头条试行电商的第一次探索，采用的是类似淘宝客的佣金模式。运营者可以在"今日特卖"中添加天猫、京东、唯品会等平台的商品链接。

在今日头条的"推荐"界面中采用消息流的形式来展现"今日特卖"的推广商品。当用户点击商品链接后，即可跳转到相应的电商平台完成购买行为。

当然，除了这些明显带有电商名称特色的垂直频道外，今日头条 App 还在一些以图文标题的信息内容为主的垂直频道中也加入了电商变现途径，特别是那些与电商产品有着明显关系的频道，如科技频道、数码频道、时尚频道等，其中都有电商品牌入驻，以及各种包含了产品和品牌信息的内容推送。

14.2 内容盈利，灵活运用

新媒体内容变现的形式有很多，本节笔者介绍 7 种以供参考。运营者在变现的过程中可以灵活运用，只要变现的方式不违反平台规则，就可以按照自己的想法来进行内容变现。

14.2.1 在线教学，知识付费

在线教学是一种非常有特色的运营者获得盈利的方式，也是一种效果比较可观的吸金方式。如果运营者要开展在线教学，首先在某一领域要比较有实力或影响力，这样才能确保教给付费者的东西是有价值的。

如今，通过在线教学变现的平台非常多，诸如微博、微信、今日头条、喜马拉雅FM、得到、知乎Live、优酷等平台纷纷推出相应的知识付费产品。同时，这些平台为运营者提供了内容发布渠道，运营者可以将自己的课程产品一键转发至微信好友、朋友圈、社群等，这样不但可以简化知识付费产品变现的过程，还能缩短内容生产者的盈利周期。

采用在线教学这种盈利方式的新媒体账号中，运营得不错的有微信公众号"沪江网校"。"沪江网校"是一个为广大学生及想学习外语的群体提供教育培训的公众号，语种包括英语、法语、韩语、日语等，而且它有自己的官方网站和手机 App。"沪江网校"微信公众号上的课程分为收费和免费两种，不同的课程价格也不一样。图 14-4 所示为"沪江网校"微信公众平台上的相关内容。

(a)　　(b)

图 14-4 "沪江网校"微信公众平台上的相关内容

14.2.2 软文广告，接受度高

软文广告，是指运营者在微信公众平台或者其他平台上以在文章中软性植入广告的形式推送文章。文章中软性植入广告时，一般文章里不会介绍产品，也不会直白地夸产品有多好。而是将产品渗入文章情节中去，达到在无声无息中将产品的信息传递给用户，从而使用户能够更容易接受该产品。软文广告是广大运营者使用得比较多的盈利方式，同时其获得的效果也是非常可观的。

图 14-5 所示为某品牌推送的咖啡软文广告，该软文广告以健身为主题，非常自然，这样用户也乐于买单，变现效果也会比较好。

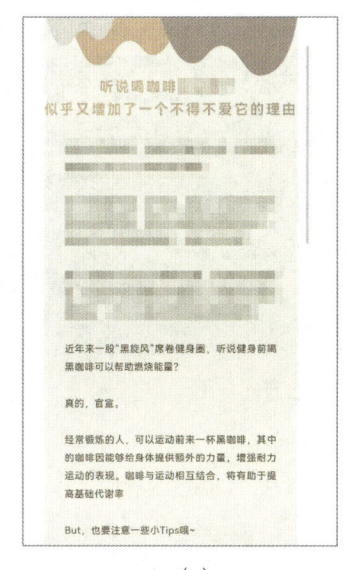

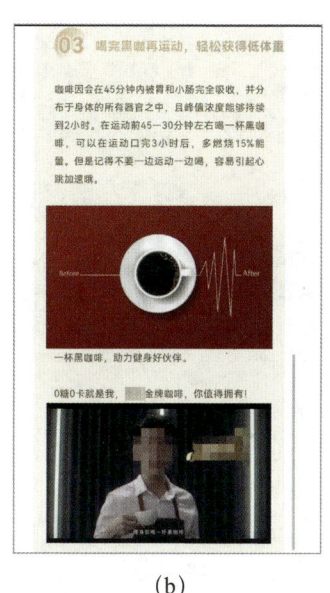

(a)　　　　　　　　　(b)

图 14-5　某品牌推送的咖啡软文广告

14.2.3 视频广告，软硬兼施

在视频中植入广告，即把视频内容与广告结合起来，这是目前新媒体平台比较常见的变现方式，大部分运营者都能通过视频广告实现变现。视频广告一般有两种形式：一种是硬性植入，将广告不加任何修饰地植入视频之中；另一种是创意植入，即将视频的内容、情节很好地与广告的理念融合在一起，不露痕迹，让用户不容易察觉。相比较而言，很多人认为第二种创意植入的方式效果会更好，而且用户接受度也更高。

在视频领域中，广告植入的方式除了可以从"硬"广和"软"广的角度划分，还可以分为台词植入、剧情植入、场景植入、道具植入、奖品植入等，具体介绍如

图 14-6 所示。

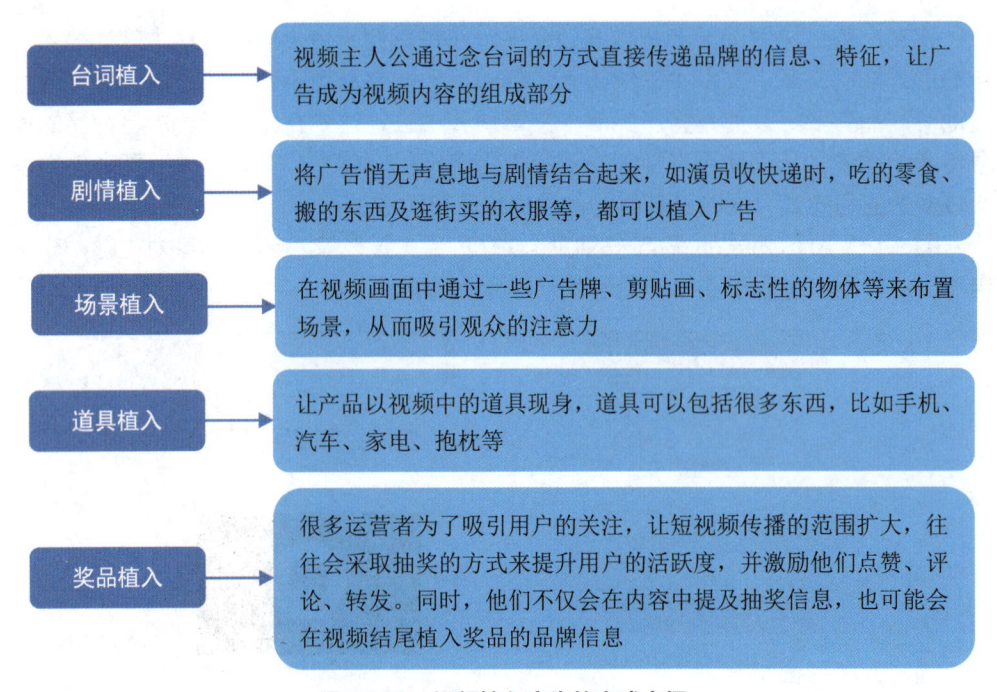

台词植入	视频主人公通过念台词的方式直接传递品牌的信息、特征，让广告成为视频内容的组成部分
剧情植入	将广告悄无声息地与剧情结合起来，如演员收快递时，吃的零食、搬的东西及逛街买的衣服等，都可以植入广告
场景植入	在视频画面中通过一些广告牌、剪贴画、标志性的物体等来布置场景，从而吸引观众的注意力
道具植入	让产品以视频中的道具现身，道具可以包括很多东西，比如手机、汽车、家电、抱枕等
奖品植入	很多运营者为了吸引用户的关注，让短视频传播的范围扩大，往往会采取抽奖的方式来提升用户的活跃度，并激励他们点赞、评论、转发。同时，他们不仅会在内容中提及抽奖信息，也可能会在视频结尾植入奖品的品牌信息

图 14-6 视频植入广告的方式介绍

14.2.4 原创认证，获得打赏

为了鼓励优质的新媒体内容创作者，很多平台都推出了"赞赏"功能。例如，大家熟悉的微信公众号就有这一功能。开通"赞赏"功能的微信公众号必须满足以下两个条件，如图 14-7 所示。

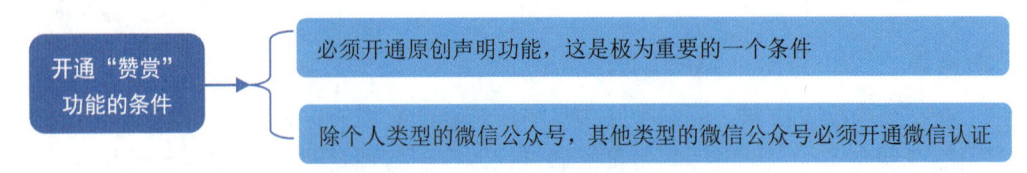

开通"赞赏"功能的条件	必须开通原创声明功能，这是极为重要的一个条件
	除个人类型的微信公众号，其他类型的微信公众号必须开通微信认证

图 14-7 开通"赞赏"功能的条件

开通"赞赏"功能可分为两个阶段进行，具体方法如下。

第一阶段是坚持一段时间的原创后，收到微信公众平台发出原创声明功能的邀请，运营者就可以在后台开通原创声明功能了。第二阶段是运营者在开通原创声明功能后，继续坚持一段时间的原创，就会收到微信后台发出"赞赏"功能的邀请，这时运营者就可以开通"赞赏"功能了。

14.2.5 出版图书，要有实力

所谓图书出版付费，主要是指运营者在某一领域或行业经过一段时间的经营，拥有了一定的影响力或者有一定经验之后，将自己的经验进行总结，然后进行图书出版以此获得收益的盈利模式。

采用出版图书这种方式获得盈利，只要平台运营者本身有一定的基础与实力，那么，收益还是很可观的。例如，微信公众平台"手机摄影构图大全"推送内容中就介绍了一个自己所写图书的出版消息，如图 14-8 所示。

图 14-8 "手机摄影构图大全"推送内容中图书出版的案例

14.2.6 电商盈利，更具优势

新媒体的浪潮已经席卷各个行业，因此，电商行业也不可避免。原始的一手交钱一手交货的买卖方式也可以照搬到互联网上，在新媒体平台上也依然适用，而且与传统模式相比，新媒体营销会更具有优势。

新媒体平台的便捷化，让运营者的脚步迈得越来越大。目前，大部分电商巨头企业如京东、淘宝、拼多多等都已经投入新媒体平台营销的大潮，并且迅速跟上了新媒体的发展步伐。

图 14-9 所示为"京东"微信公众号的商品购买入口。广大用户可以在"京东"微信公众号上，点击相应内容，即可进入京东的商品专区选购商品，并且付款

也非常方便，用户从选品到购买都不需要切换 App，可以在一个程序里完成所有的操作。

(a) (b)

图 14-9 "京东"微信公众号的商品购买入口

14.2.7 第三方支持，平台合作

随着新媒体平台的快速发展，运营者要想快速实现内容变现，除了自己需要努力外，还可以求助第三方支持。这里的"第三方支持"，主要是指基于微信平台的软件运营服务（software as a service，SaaS）型工具产品。其作用在于，能为新媒体运营者提供变现的技术支持，这一类产品主要有短书和小鹅通等。

在这些产品的技术支持和运营方案的指导下，致力于在新媒体领域进行内容创业的运营者，可以在平台上输出内容，创建一个专注于优质内容变现的"知识小店"。在这一变现模式中，付费用户会用更便捷的方式从平台上获取内容——只需扫一扫二维码，就可完成订阅、收听、购买等一系列操作。而在这一过程中，运营者则可以轻松获得收益。

当然，对于运营者来说，"第三方支持"这一类型的工具型产品，之所以成为变现的一种重要方式，除了用户使用便捷外，还在于平台能提供包含图文、音频、语音直播、视频直播等在内的多样化的知识形态，以及平台提供的运营方面的指导，特别是在用户、付费转化和社群运营等方面，更是为内容付费的变现提供了强大支持。

第15章

学好新媒体，做好新零售

学前提示：

学好新媒体，做好新零售。

要点展示：

> 社会化新媒体，数字化新零售
> 线上平台，用户引流
> 线下门店，成交分享
> 数字化品销，成就未来

15.1 社会化新媒体，数字化新零售

新媒体的特点简单来说主要有两个，一是渠道非常多，适合做广告促销活动；二是新媒体适合多种社会人群使用，既适合个人用户，又适合运营者，还适合企业来推广，而且传播速度非常快。

例如，在国外发生了什么事，可在很短的时间内就传播到国内，不仅传播的速度快，而且是"裂变式"的传播，因此开展营销推广的成本很低。

什么是新零售？即企业在现有的互联网基础上依托大数据、人工智能等手段，对产品的生产、流通和销售进行升级，然后打造线上服务、线下体验，形成一个场景化的新零售模式。

笔者对新零售进行了3点总结，即线上加线下、数据加智能、场景加体验，如果这3点做到位了，就是新零售。本节，笔者就来介绍如何将新媒体运营和新零售相互结合、互相赋能。

15.1.1 新兴媒体，4个特征

什么是新媒体？网络上可以检索到很多种定义，有的从媒体的技术手段方面进行剖析，有的从信息传播的载体方面进行分类，在笔者看来，这些描述方式都显得过于复杂，实际上新媒体相对于传统媒体而言，存在4个明显的特征：即时、交互、碎片化和自传播。凡是符合这4个特征的媒介平台，我们都可以认为其属于新媒体。

一是即时，就是发送内容可以随时随地，不受时间和空间的约束。

二是交互，是指内容发布的过程中，用户几乎在同一时间就可以发表自己的观感和意见，可以褒奖或批评，可以点赞或吐槽，甚至还可以发挥联想，与发布者实时地开展互动。

三是碎片化，是指传播内容可以是文字、图片、短视频、中视频或者直播等，内容形式多样，长短随意，详略自由。

四是自传播，其可以说是新媒体最为重要的特征，也决定了其在这个时代无可争议地成为传播媒介的"王中之王"。因为当一个创作（发布）者的内容在某一方面打动了粉丝，粉丝就可以自主决定将该内容进行转发，一开始只有几个粉丝转发，后来越来越多的粉丝参与进来，形成圈层涟漪一般的扩散效应，涟漪不断扩大，最后形成了不可阻挡的传播态势。这使一开始受小众关注的内容，最后变成被全社会了解和广泛传播的话题，声音变得越来越大。

这就是新媒体蕴藏的巨大爆发力。正是因为新媒体具备以上四大特征，我们一定要研究如何将其善加利用。新媒体是一把"双刃剑"，用好了可以瞬间提升个人、企业和品牌的影响力和知名度；不会用或用不好，也可能会被新媒体反噬，导致非常被动的局面。因此，身处这个时代的每个人、企业和社会组织，乃至政府部门，

都应该对新媒体予以高度的重视。

15.1.2 创新零售，3个维度

前几年，人们对新零售的理解主要聚焦在：新零售是一种更高效率的零售方式。通过这几年的咨询、辅导、实践，笔者总结归纳了数字化新零售的商业模型，如图15-1所示，并将新零售的运营体系分解为三个维度和两大板块。

图 15-1 数字化新零售的商业模型

新零售运营体系中的三个维度包括，通过新零售商业模式构建的体验场景维度，基于智能化流量工具的使用和运营实现的流量导入维度，依托移动新媒体平台和自媒体账号传播的内容维度。

新零售运营体系中的两大板块包括，效率板块，由"强体验""短路径""爆品策略"和"品牌IP"的要素组合来实现零售效率的提升；零售板块，通过"流量""转化率""客单价"和"复购率"4项数值的乘积来完成销售业绩指标的达成。

综合来看，数字化新零售的商业模式及其基于"线上＋线下""数据＋智能""场景＋体验"的系统化分析方法，不仅适用于消费品面向个人（to consumer，ToC）零售企业的品牌营销数字化转型，也可以赋能广大原来基于面向企业（to business，ToB）业务模式的生产制造型企业，帮助它们加强线上品牌传播并提升目标客户的转化效率。

因此，我们可以将数字化新零售作为一套在移动互联网时代和即将到来的人工智能时代的品牌营销策划和运营方针来加以运用。

15.1.3 强化体验，最短路径

那么怎样才能在做好新媒体运营的同时，又做好新零售呢？笔者给大家举一个例子。太二酸菜鱼是一家比较火的"网红"店，首先这家的店面装饰有自己的风格，

是个性鲜明的黑白版画风装饰，属于年轻人喜欢的二次元风格，因此吸引了很多年轻人去店里打卡。

太二酸菜鱼店铺中的位置安排以 4 个人小方桌的形式为主，因为选址是在大型商场的店中店，这样比较节省场地，并且这个座位设置和年轻目标群体的消费场景密切相关。来商场消费的主要是年轻群体中的闺蜜、三口之家或情侣，人数一般不会超过 4 个，4 个人的小方桌足以满足用户的用餐人数需求。图 15-2 所示为太二酸菜鱼店铺内的装饰布置。

图 15-2　太二酸菜鱼店铺内的装饰布置

太二酸菜鱼作为一家餐饮企业，它的品牌口号是"专心致志做产品，稀里糊涂忘开门"，而且其销售主张中有一条非常有意思，就是"本店超过 4 人就餐不接待"，这刚好对应了前文说到的该店面的座位安排是 4 个人小方桌。这样不禁会让人觉得这个餐饮企业很有个性，让大家产生好奇心，自然也就想去看看。

以上是太二酸菜鱼的实体店情况，它之所以可以获得大量的关注和喜爱，除了企业自身的店面风格和品牌文化以外，还有就是它在新媒体平台上的宣传和推广。太二酸菜鱼经常会在自己的微信公众号上发布新菜或者举办活动来吸引流量，而且它在公众号平台的粉丝也会对发布的图文内容积极开展评论和分享，进而裂变到更大的年轻消费群体层面。

图 15-3 所示为太二酸菜鱼推出新菜时发布的文案，该文案以漫画的形式展现，而且还是连载的形式，这无形之中又给之前的内容增加了曝光，既成功地吸引了新进入的粉丝，也成功地留住了原来的粉丝。

图 15-4 所示为太二酸菜鱼为了迎接端午节而举办的龙舟大赛活动的文案。在该文案的末尾还加上了购买端午粽子的小程序。该企业通过活动来吸引粉丝，并激

活公众号平台的粉丝，成功达到为实体店增加客流的目的，可以说，这样做无论是对新媒体的运营，还是对实体店的推广都有非常积极的作用。

(a)   (b)

图 15-3   太二酸菜鱼推出新菜时发布的文案

(a)   (b)

图 15-4   太二酸菜鱼为了迎接端午节而举办的龙舟大赛活动的文案

另外，太二酸菜鱼不仅利用微信公众号进行销售，而且抖音、快手等短视频平台，以及直播、小程序商城的线上销售也做得很成功，内容也都很有创意。

大家通过太二酸菜鱼的例子可以看出，"强体验"要素的设计和创意，对于让消费者和目标客户快速了解和认识一个企业或者品牌来说是至关重要的。无论是实体店还是新媒体平台，只要具备足够个性化的体验要素的创意内容，就能够引发人们广泛的关注、评论和分享，由此可以使企业和品牌在较低广告投入的基础上，实现高效的品牌传播和粉丝转化。

另外，通过太二酸菜鱼的例子也可以看出，在数字化新零售时代，品牌触达用户的最短路径不外乎以下几个：自媒体公众号、短视频直播、社群＋活动、小程序、朋友圈，如图 15-5 所示。

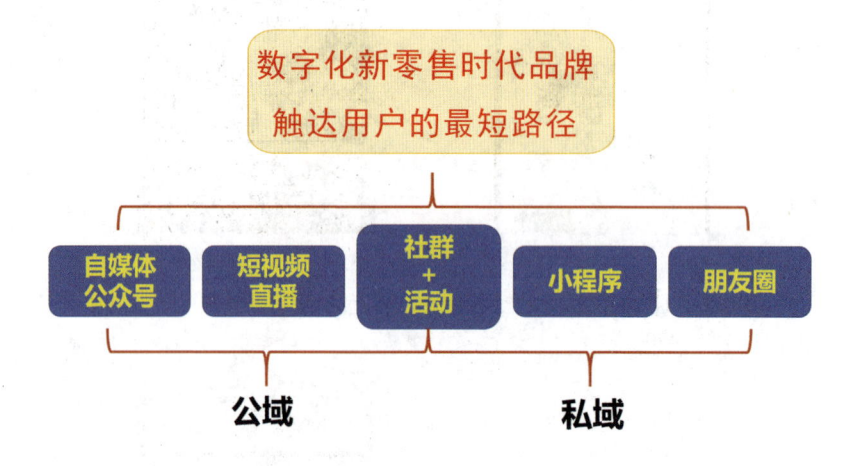

图 15-5　数字化新零售时代品牌触达用户的最短路径

图 15-5 中的前两项属于立足公域流量的短路径用户触达，后两项属于立足私域流量的粉丝触达，而社群及社群活动具备公域流量和私域流量的双重属性，介于两者之间，起到相互连接和公域向私域实现转换的作用。

15.1.4　爆品策略，品牌 IP

什么是爆品，简单来讲，就是当用户看到这个产品时，只是简单了解一下就可以理解并决定购买的产品，整个购买的过程中用户会去了解产品的功能和卖点，会去比较产品的价格，会去评判产品对自己的好处。

在这个过程中，完全看不出销售人员运用了什么样的销售技巧，就好像爆品自己会说话，会自我介绍一样，整个销售过程就完成了，用户就购买了。

而仔细分析一下爆品产生的逻辑，我们可以发现，一款优秀的爆品其实是产品设计和开发人员通过深入分析目标客户的日常行为和生活需求，得出了对某类产品的创新解决方案。

这种创新解决方案一旦体现在产品上，就必然能够满足某一类目标用户的刚需，同时也能够击中用户的使用"痛点"，或者是挠到了用户的某个"痒点"，抑或者是实现了用户的某种"爽点"，三者必有其一。

我们做数字化新零售，不是只注重通过新媒体完成品牌的传播和营销内容的传达，而且将新媒体端目标用户的信息、意见和问题，甚至是很多"难言之隐"反馈给产品开发团队，打磨出一个"爆款产品"，将会使企业新零售的整体局面焕然一新，步入蓝海市场，获得提升营销业绩和转型发展的优势。

什么是 IP，有人说是"网际互连协议"的英文字头缩写，有人说是"知识产权"，也有人认为是"品牌标签化"，笔者认为，最贴切的定义应该是"自带流量的魅力人格体"。

现在的品牌传播，再采用以往的传播手段就不再那么有效了，也不能再过于依赖抽象化的 Logo 品牌标志，因为今天的社会公众既没有兴趣也没有耐心去理解一个抽象的品牌标记的背后含义。

与很多抽象的品牌标志相比，人们更容易记住并产生好感的是"具有魅力的人格形象"。这种人格形象，一旦被人们记住并喜爱，人们就会通过广泛的社会化新媒体平台去搜寻、了解甚至分享，并参与到这种人格形象的塑造当中。

由此，我们不难理解，现代企业要做新零售模式创新转型，就必须打造自己独有的品牌 IP。只有企业自己的品牌 IP 建立起来了，具有独特的人格化魅力，才能吸引流量，才能为新零售赋能。

要打造企业的品牌 IP，笔者认为有 3 种路径：一是创始人自带，像埃隆·里夫·马斯克（Elon Reeve Musk）这样的创业大佬就具有独特的人格魅力，人们可以赞赏他，同时也有很多人讨厌他，但这丝毫不影响他用自己独特的人格形象，为自己的企业带来公众关注和流量；二是创作一个虚拟的人物形象，例如，"江小白""三只松鼠"都属于创作出来的人物形象，同样容易让人记住并喜爱；三是企业如果暂时没有自己的品牌 IP，就可以考虑与大流量 IP 合作，借力引流。

很多品牌为了得到更多的曝光和客户，会请很多明星来代言，这就属于借力引流。例如，OPPO、华为等，它们都通过借助明星的热度和流量来达到让品牌获得更多曝光的目的，如图 15-6 所示。

其实，对于品牌企业或创业公司来讲，还可以通过与行业大 V 或者意见领袖的互动和合作来为自己增加人气，而且这类合作的成本相对来说比较低，有些新媒体大 V 的粉丝量并不比明星少，因此现在很多企业都青睐于在新媒体平台上借助大 V 的 IP 来进行宣传。

(a)   (b)

图 15-6   请明星为品牌代言

例如，有很多的化妆品品牌也都会找一些大Ⅴ博主进行品牌宣传。图15-7所示为化妆品品牌"完美日记"与大Ⅴ博主合作的视频。

(a)   (b)

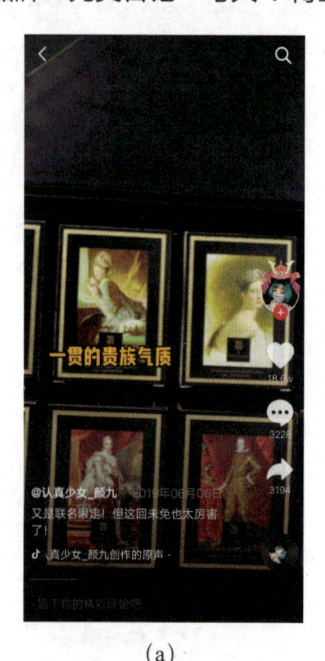

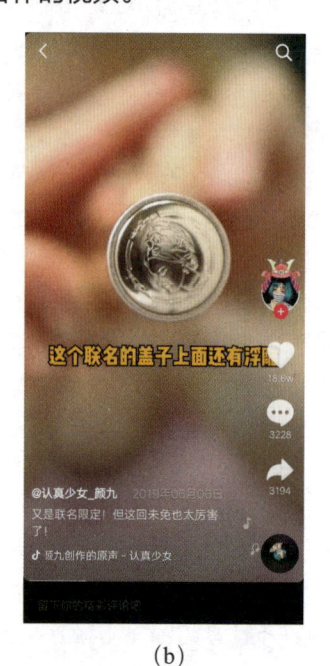

图 15-7   化妆品品牌"完美日记"与大Ⅴ博主合作的视频

15.2 线上平台，用户引流

15.1 节笔者梳理了数字化新零售的商业模型，那么，这一节笔者就来具体分析其中关于移动新媒体推广维度的详细内容，通过新媒体的内容传播将粉丝引流到自己的实体门店来实现体验和成交，然后又如何留住这些粉丝，让他们成为企业或者品牌的老客户并实现复购。

目前来看，通过线上平台做用户引流的成本是最低的，因为线下实体门店想要通过传统线下营销活动获得大量顾客，需要花费大量的人力和财力。例如，房地产公司举办一个嘉宾见面会，大家聚在一起品尝下午茶并顺便研究一下楼盘，这种活动收获的粉丝会更加精准，但是数量太少，并不能吸引大量的粉丝。

图 15-8 所示为线上平台与线下门店结合的沙漏模型，从图中可以看出，大家需要充分利用线上平台去为自己的企业引流。其实，在新媒体与新零售的互相转化中用户引流可以分为 4 个阶段，即新媒体传播、关注交互、社交认知和情感认同，本节笔者将从这 4 个阶段来进行说明。

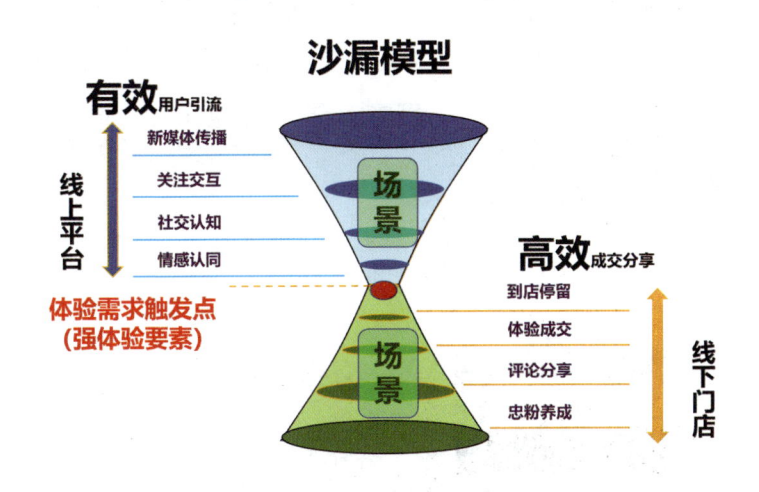

图 15-8 线上平台与线下门店结合的沙漏模型

15.2.1 新媒体传播，便捷高效

2017 年，武汉的一个房地产公司就策划了一个有趣的活动，把武汉想象成一个增强现实（augmented reality，AR）。具体情况就是假设增强现实在这个城市已经广泛使用，一个年轻人从下班坐地铁，然后到他自己所居住的地方，这一路上的所见所闻，都是以 AR 的方式实现的。

当时该房地产公司制作了一个小视频，视频内容是一个年轻人戴着一个增强现

实眼镜,可以看到地铁、道路及沿路的店铺都有了独特的内容标准和个性化内容推荐。

通过这种科技感十足的内容载体的综合展现,最终的目的是引出该房地产公司开发的楼盘,通过增强现实眼镜知道楼盘的物业位置在哪里,楼盘的特色是什么,绿化景观怎么样,整个楼盘的形象风格如何,这相当于通过 AR 技术做了一个植入宣传和广告。图 15-9 所示为该 AR 视频中的画面。

图 15-9 该 AR 视频中的画面

武汉的地铁 6 号线于 2016 年年底刚刚开通,该房地产公司通过与当地的地铁运营部门合作,制作了一个联名地铁卡,也就是看过视频的人可以通过添加微信成为好友,然后申请获得一张联名地铁卡。

这个视频仅仅在腾讯视频的播放量就超过了 500 万次,如图 15-10 所示,虽然内容创作和传播的投入很小,但是传播的效果惊人。

图 15-10 AR 视频在腾讯平台的播放量

这则 AR 短视频是由房地产公司策划和剪辑制作出来的,通过一些新媒体大 V 进行传播,在朋友圈引爆了大量的话题,进一步为该活动增加了更多流量。这就是笔者所说的用户引流的第一阶段——新媒体传播。

15.2.2 关注交互,保持活跃

新媒体进行传播之后,感兴趣的用户就会关注你的账号,然后与你互动。例如,房地产公司所策划的这个活动,因为极具地区特色和创意表现,立刻就通过新媒体

平台引发了大量的粉丝关注和评论。

另外，很多用户还主动添加了该房地产公司的平台公众号，通过线上的新媒体活动内容，用户得知可以通过添加微信来领取很有特色的地铁卡，这就是一种预先策划好的吸引用户关注交互的行为。

通过这一步留下来的用户更加精准，活跃度也更高。企业通过进一步和这些用户保持线上的沟通，就会最大限度地提高他们参与线下交流并最终成交的可能性。

15.2.3 社交认知，制造印象

什么是社交认知？就是别人关注你，与你有了互动，然后他就会对你有一定的认知。还是以这个房地产公司的活动为例，当用户领取这家公司和地铁运营部门联名的地铁卡后，他就会知道原来组织这个活动的是某家房地产公司，也知道了该楼盘正在预售的相关的详细情况。因此，不管他有没有买房的想法，该房地产公司都会在他的心目中留下一定的印象。

15.2.4 情感认同，交流沟通

用户引流的最后一个阶段就是情感认同。例如，用户在对你的楼盘留下印象之后，还要看你的楼盘有没有吸引他的地方，楼盘的风格怎么样？靠近地铁和江边的楼盘品质如何？楼盘的设计理念是什么？楼盘绿化的布置及绿化树种得怎么样？

这些就是让用户产生情感认同的一些因素，这对于其他企业和品牌来说也是一样的道理，情感认同看重的是产品的品质及与用户在线上交流的客服的沟通能力。

以上就是用户引流的 4 个阶段，各个阶段之间环环相扣，都非常重要。因此，企业或者品牌在进行用户引流的时候，整个团队需要密切配合，一步一步地完成并达到满意的营销效果。

15.3 线下门店，成交分享

线下门店曾经是主要的商业形态，很多城市的商业核心地段曾经也是一铺难求。但是 2013 年以后，移动互联网建设开始普及城市和乡村，新媒体带来了全新的信息获取方式，使线上购物越发便捷，线下门店开始流量下滑。

直到今天，单独依靠线下实体门店的自然到店客流，已经很难支撑起一家实体门店的日常运营成本。线上引流，门店承接线上流量带来的到店客流，做好沟通、服务和转化工作，已经成为一种必然的趋势，也因此催生了线上、线下紧密结合的新零售商业形态。

15.3.1 到店停留，体验成交

笔者还是以前文的房地产公司的活动为例，当用户被线上的短视频内容吸引，关注该企业的微信公众号后，并积极注册了个人信息、领取联名地铁卡，该企业通过活动策划，已经非常成功地将各个新媒体平台上粉丝的公域流量，转化成沉淀在企业公众号内的私域流量。

接下来，企业要做的就是找到用户需求的触发点，如楼盘封顶、售楼处开盘、名人大Ⅴ到场参观等，吸引用户的注意，通过一线销售经理单独添加他的个人微信，邀请用户来到现场参观体验。一旦受邀用户来到现场，就大大增加了销售经理与其面对面沟通、增加彼此信任和促进成交的机会。

这是线上引流、线下受邀体验的逻辑，不仅适用于房地产楼盘，也适用于各类实体门店、品牌专柜、展览展销会和临展快闪店等实体商业形态。

15.3.2 评论分享，忠粉养成

在实体门店，通过销售人员的沟通交流，陈述卖点，最终实现成交，成功将线上用户转变成线下客户以后，紧接着一个重要的事情就是鼓励用户添加企业的微信社群，或将对接的专属服务人员添加为微信好友，以便给予用户个性化的服务和进一步地给予其消费引导。

通常情况下，大部分从线上引流到线下的用户在成交以后，都会有一个敏感期，要么是付了订金以后对支付全款表现得很犹豫，要么是买了产品在使用中觉得不及预期。这个时期，专属服务人员的及时沟通，以及客户服务社群内的交流互动就显得十分必要，可以帮助用户消除疑问，打消顾虑，最后成功追缴余款或者使用户放心地使用产品。

当我们通过线上的沟通和服务提升了用户的信任度和好感，用户的评论和沟通内容也会变得越来越积极，品牌美誉度会由此在用户心目中逐步建立起来。

此时的专属服务人员已经赢得了用户的充分信任，我们可以适时引导并鼓励用户将自己的产品使用体验写成评论内容分享到朋友圈或自媒体账号。这样一来，新媒体端新一轮次的品牌自传播由此形成，涟漪会不断向外扩散，通过朋友圈看到对企业品牌正面评价的用户也会越来越多，口碑影响力也会越来越好。

同时，企业在开展社群运营和管理、激活私域流量的过程中，一定会发现一个事实情况：任何客户社群都由4类客户组成，而且大致还有一定的比例，比较多的是长期潜水的客户；一部分是愿意在社群里复购一些特定产品的客户；一小部分客户会比较认可企业提供的产品和服务，并积极地进行主动分享；还有一个相对比较小比例的客户群体，对企业形成了很高的认同度和忠诚度。

第4种客户群体，我们称为"忠粉客户"，是企业通过私域流量沉淀和发掘出来的宝藏，一定要善加呵护。这个客户群体是帮助企业进一步扩展品牌影响力的意见领袖，作为企业的管理层，不妨将这个群体视为企业的"外协"员工，把他们当作自己人，可以根据实情采取一些鼓励和奖励措施，让他们长期和企业一起发展、成长。

15.3.3 私域流量，长期运营

前文多次提到私域流量，相信大家由此也越发清楚私域流量在当下和将来企业开展新媒体品牌营销推广和新零售模式运营方面的重要性。下面，笔者专门就私域流量的定义和作用进行专题的陈述。

1. 如何理解私域流量

私域流量是相对公域流量的一种说法，其中"私"，是指个人的、私人的、自己的意思，与公域流量的公开的含义正好相反；"域"是指范围，即这个区域到底包含多大的范围；"流量"则是指具体的数量，如人流数、车流数或者用户访问量等。后面这两点，对于私域流量和公域流量来讲都是相同的。接下来，笔者具体诠释一下公域流量和私域流量。

公域流量的渠道非常多，各种门户网站、超级 App、新媒体平台及各类自媒体账号等都属于公域流量，其中不少平台都拥有亿级流量，并且通过流量分发来进行产品销售。它们的流量有一个共同特点，那就是流量都是属于平台的，就是我们所说的公域流量。商家入驻平台后，可以通过各种免费或者付费方式来提升自己的账号排名，推广自己的产品，由此获得公域流量的加持，从而在平台上获得用户和销售产品。

私域流量目前并没有统一的具体定义，但是私域流量有一些共同的特点，如图 15-11 所示。

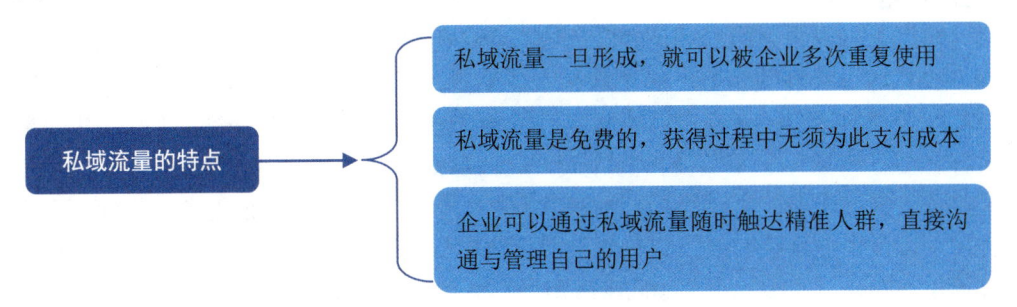

图 15-11 私域流量的特点

企业除了需要在引流和推广上下功夫外，还需要沉淀自己的大数据，也就是构建属于自己的专属私域流量池。私域流量池的构建关系企业的未来发展，如果企业

只是依靠广告、地推等传统宣传推广手段来从公域流量池里把流量导进来做生意，而不是想怎么留住用户，怎么构建私域流量池，那么企业的发展将是不可持续的，而且成本巨大，效益低下。

2. 私域流量怎么引入

那么，私域流量又从哪里来呢？私域流量的来源有以下4个方面。

（1）线上转化：通过企业抖音、微信公众号、视频号、头条号、知乎、小红书等各类新媒体平台，不断创作符合目标用户观看和阅读偏好的新媒体内容，并千方百计地从公域平台吸引粉丝，导入私域流量池。

（2）线下添加：线下实体门店在日常运营和活动现场，营业员接待客户时，如果和客户沟通得比较好，但是客户还是不准备当场购买，此时可以邀请客户扫码添加微信，或者邀请客户进群交流，通过私域场景进一步跟进客户。

（3）社群裂变：私域流量的最佳承载形式就是公众号和社群，通过社群的沟通和活动，培养社群成员对于企业和品牌的认同度，适当情况下可以通过铁杆粉丝的分享裂变，导入新的粉丝流量。

（4）合作共享：借助不同行业形态的存量客户资源，联合举办线上交流或线下体验活动，或者与行业意见领袖和自媒体大V合作，引发大V粉丝的关注和活跃互动，通过这一类的合作共享，私域流量池也可以不断壮大。

3. 私域流量如何维护

现阶段，国内商业市场环境的竞争越来越激烈，"巨无霸"企业垄断流量，普通企业流量缺乏，导致运营越发艰难，普通企业依靠广告付费购买公域流量的成本已经变得非常高。因此，只有尽快建立和扩大企业自己的私域流量池，获得稳定的企业发展空间，高效地利用私域流量，掌握激活流量和引导转化复购的方法，才是企业发展的核心所在。

可以毫不夸张地说，今天的企业核心竞争优势在哪里？怎么衡量？不是看企业有多少厂房，有哪些设备，员工数量多还是少，更不是看企业今年卖了多少产品，有多少原材料库存，有多少应收账款。因为这些指标只能衡量一个企业过去做得怎么样，但在市场环境不断变化的今天，这些指标有时候非但不能体现企业的实力，往往还会成为企业的某种负担和潜在的问题。但是，企业私域流量池的大小和活跃程度，以及企业是否有能力将粉丝和目标客户从公域平台以相对较小的成本导入私域流量池中，成为检验企业面向未来市场的营销能力的重要标准。

当今的企业必须对自有的私域流量池进行精细化的运营和管理，以提升流量导入的能力。企业做好私域流量的沟通和服务工作，要有能力激活私域流量并实现流量变现和转化，更要有能力将私域流量和企业的产品创新、服务创新、模式创新紧密地结合起来，让私域流量不断为企业的发展助力，真正将私域流量打造成企业的核心竞争力。

15.4 数字化品销，成就未来

行书至此，笔者认为有必要做一个系统的归纳，这些新媒体都通过数字技术进行智能化的内容分发和用户管理，从而实现高效、精准的内容触达，由此为用户提供所需的内容信息服务，并实现商业化获利。

在已经到来的 5G 时代和即将到来的元宇宙时代，我们所赖以生存的将是一个信息高效分发和精准匹配的社会，数字化品销将成为营销的主要形态。因此，在本书即将结尾时，我们也必须在总结当下的同时，对未来的企业品牌营销做出一番展望。

15.4.1 矩阵运营，品销合一

本书介绍的各类移动互联网内容创作平台，包括图文类新媒体，像微信公众号、大鱼号、头条号；视频和直播类新媒体，像抖音、快手、B 站、视频号等。这些新媒体平台可以统称为数字化新媒体，我们在这些平台上开设自媒体账号，构建一个新媒体矩阵，目的就在于通过线上的内容引流公域流量到私域流量池，由此为企业的品牌营销赋能，降低品牌营销的运营成本，提高运营效率，实现高效的用户转化。这样的品牌营销策划和运营称为"数字化品牌营销"，简称"数字化品销"。

运营新媒体有 3 个主要目标，分别是品牌推广、关系维护和产品销售，三者功能都可以在新媒体端加以实现。企业可以通过矩阵化新媒体运营，使企业在不同平台上开设的自媒体账号，或者在同一平台上的不同账号面向不同层次的目标人群，开展内容创作和发布，形成分工协作，使我们服务的目标粉丝或客户群体获得各自感兴趣的内容资讯服务，实现各取所需，各得其所。

以太平人寿的微信公众号运营为例，通过 3 个不同的公众账号，服务 3 类不同的群体。太平人寿是中国太平保险集团旗下的全国性专业寿险公司，它做了一个品牌号叫"太平人寿"，专门做企业的品牌宣传，内容面向企业上级主管单位、各类合作伙伴或企事业单位，如图 15-12 所示。

接着，太平人寿又做了一个服务型的账号叫"中国太平微服务"，专门服务于企业的保险客户，如图 15-13 所示。另外，太平人寿还做了一个营销号叫"太平微产品"，专门服务于有营销推广需求的代理人，可以用来进行保单费率查询和政策内容检索，并常常推出具备宣传推广作用的宣传海报，也就是说，把这个账号当作一个营销工具来使用，如图 15-14 所示。

图 15-12　"太平人寿"品牌号　　图 15-13　"中国太平微服务"服务号　　图 15-14　"太平微产品"营销号

这是一种比较合理的建立新媒体平台的方式，很多企业在刚开始运营新媒体时会走入一个误区，就是在一个运营号上什么都发，既要做品牌又要做服务，还要做销售，结果这个号就成了一个"四不像"账号，账号运营人员也无所适从，账号的粉丝更是看得一头雾水，留不住老粉也引不来新粉。因此，这样的公众号的用户黏性很弱，而且活跃度不高，发布的内容的阅读量也偏低。

新媒体运营者只有对新媒体账号综合分析、合理布局、有效利用，才是新媒体运营的成功之道。从这个意义上讲，在新媒体上，品牌、营销、销售和服务是一个业务流程上的不同阶段，它们之间并没有严格意义上的划分。

当一个用户在新媒体上了解了企业的品牌，营销的造势功能也已经具备；而当服务人员通过线上账号与用户开展沟通和交流的时候，销售的工作和服务的行为也就随之展开。因此，新媒体是实现高效率新零售的最好载体，基于新媒体端的数字化品牌营销可以实现品牌营销从业人员梦寐以求的完美状态——"品销一体"。

数字化品牌营销，就是需要运营团队在系统分析了用户需求的情况下，运用不同定位、不同功用的账号进行主动的内容营销和信息传达，各个账号之间分工协作，从而为企业的品牌建设和营销推广提供助力，实现企业在数字化媒体平台的品牌传播和营销转化。

15.4.2　5G 新媒体，营销元宇宙

时至今日，国内的新媒体生态已经日渐成熟，人们对于新媒体的认知也达到了

前所未有的高度，通过新媒体开展的各类社会化、个性化、智能化品牌营销的实践也可以说是日新月异、常看常新。

笔者在新媒体行业的咨询、培训和运营实践方面浸润多年、耳濡目染，常常为这一领域已经和正在发生的神奇的发展、变化、迭代、创新由衷地赞叹。在本书的最后一部分，笔者带大家对已经到来的 5G 时代和即将到来的人工智能元宇宙时代的品牌营销做一番"自以为是"的奇妙畅想，如图 15-15 所示。

图 15-15　品牌营销的畅想

首先，一起思考一个小问题，当前已经非常普及的以图文、短视频和直播为主的新媒体形态，是不是就是 5 年或 10 年之后新媒体的样式？或者说，会不会就是人类社会新媒体的终极形态？

你一定会和我一样摇头，怎么可能，人类社会还在不断向前发展，100 年前的报纸、70 年前的广播、50 年前的电视，曾经都是新媒体，新媒体的发展怎么会就此止步呢？

确实如此，我们不妨对 5G 时代的技术创新和由此诞生和成长中的新兴媒体形态做一个基本设想，具体内容如下。

- 基于人工智能、元宇宙、区块链和云平台的系统应用，无疑将是未来新媒体的核心。
- 无人零售和服务的终端设备、智能客服交互系统、虚拟现实技术（virtual reality，VR）、增强现实技术（augmented reality，AR）、混合现实技术（mixed reality，MR）、智能化可穿戴设备、物联网监测和数据采集设备都属于未来新媒体的展现形式，我们可以将这些新媒体形态统称为"基于 5G 技术和人工智能应用的新媒体"，简称"5G 新媒体"。

由此可见，伴随着 5G 技术在我国的不断普及，以及人工智能技术的不断深化，以"5G 新媒体"为内容载体的"智能营销"时代也必将向我们迎面走来。

笔者这里所说的"智能营销"可以定义为：利用大数据和智能算法分析目标顾客的消费行为和消费偏好，通过线上和线下及元宇宙虚拟空间的三方协同，进行大规模搜寻、对接、成交和服务客户的营销方式。

未来的品牌营销从业人员的岗位分工将更加细化，通过数据分析、内容定位、AI 生成、智能化分发、反馈信息处理、智能客服应用直到产品和服务的交付，都会形成一套更加完整和高效的商业生态。

不远的将来，大部分商务人士可以在元宇宙中工作、见面、开会和交易，不需要频繁地通勤和出差；基于区块链技术的财务结算将变得快捷和高效，很少会出现催款和拖欠的烦恼；通过和人工智能服务系统的对话，管理和技术人员可以获得更多更有用的知识和资讯支持，使工作变得更加简捷和高效。

"5G 新媒体"将在元宇宙的商业形态中使内容和信息的传播触达变得更加精准、高效和个性化，每个人都可以按照自己的需求偏好获得精准的信息服务。这样的一个时代，想想都让人心生向往。

为此，我们今天的新媒体运营和新零售营销实践，都是为了更快地接近和到达那个时代，所有的品牌营销人抬头展望、奋力实践都是为了把今天的资源、能力和禀赋作为基石和台阶，通过我们共同的努力，一步一步趋近于那个时代。

最后，我们在此做一个约定，以今天的新媒体运营和新零售实战作为"未来之门的金钥匙"，让我们有朝一日能共同开启"未来之门"，在品牌营销的智能时代相见。